Management-Reihe Corporate Social Responsibility

Reihenherausgeber
René Schmidpeter
Dr. Jürgen Meyer Stiftungslehrstuhl für Internationale Wirtschaftsethik und CSR
Cologne Business School
Köln, Deutschland

Weitere Bände in dieser Reihe
http://www.springer.com/series/11764

Lizenz zum Wissen.

Sichern Sie sich umfassendes Wirtschaftswissen mit Sofortzugriff auf tausende Fachbücher und Fachzeitschriften aus den Bereichen: Management, Finance & Controlling, Business IT, Marketing, Public Relations, Vertrieb und Banking.

Exklusiv für Leser von Springer-Fachbüchern: Testen Sie Springer für Professionals 30 Tage unverbindlich. Nutzen Sie dazu im Bestellverlauf Ihren persönlichen Aktionscode C0005407 auf *www.springerprofessional.de/buchkunden/*

Jetzt 30 Tage testen!

Springer für Professionals.
Digitale Fachbibliothek. Themen-Scout. Knowledge-Manager.

- Zugriff auf tausende von Fachbüchern und Fachzeitschriften
- Selektion, Komprimierung und Verknüpfung relevanter Themen durch Fachredaktionen
- Tools zur persönlichen Wissensorganisation und Vernetzung

www.entschieden-intelligenter.de

Springer für Professionals

Edeltraud Günther • Karl-Heinz Steinke
(Hrsg.)

CSR und Controlling

Unternehmerische Verantwortung als
Gestaltungsaufgabe des Controlling

Herausgeber
Edeltraud Günther
Fakultät f. Wirtschaftswissenschaften
Technische Universität Dresden
Dresden
Deutschland

Karl-Heinz Steinke
Internationaler Controller Verein e.V.
Wörthsee
Deutschland

ISSN 2197-4322 ISSN 2197-4330 (electronic)
Management-Reihe Corporate Social Responsibility
ISBN 978-3-662-47701-4 ISBN 978-3-662-47702-1 (eBook)
DOI 10.1007/978-3-662-47702-1

Die Deutsche Nationalbibliothek verzeichnet diese Publikation in der Deutschen Nationalbibliografie; detaillierte bibliografische Daten sind im Internet über http://dnb.d-nb.de abrufbar.

Springer Gabler
© Springer-Verlag Berlin Heidelberg 2016
Das Werk einschließlich aller seiner Teile ist urheberrechtlich geschützt. Jede Verwertung, die nicht ausdrücklich vom Urheberrechtsgesetz zugelassen ist, bedarf der vorherigen Zustimmung des Verlags. Das gilt insbesondere für Vervielfältigungen, Bearbeitungen, Übersetzungen, Mikroverfilmungen und die Einspeicherung und Verarbeitung in elektronischen Systemen.
Die Wiedergabe von Gebrauchsnamen, Handelsnamen, Warenbezeichnungen usw. in diesem Werk berechtigt auch ohne besondere Kennzeichnung nicht zu der Annahme, dass solche Namen im Sinne der Warenzeichen- und Markenschutz-Gesetzgebung als frei zu betrachten wären und daher von jedermann benutzt werden dürften. Der Verlag, die Autoren und die Herausgeber gehen davon aus, dass die Angaben und Informationen in diesem Werk zum Zeitpunkt der Veröffentlichung vollständig und korrekt sind. Weder der Verlag noch die Autoren oder die Herausgeber übernehmen, ausdrücklich oder implizit, Gewähr für den Inhalt des Werkes, etwaige Fehler oder Äußerungen.

Coverfoto: Michael Bursik

Gedruckt auf säurefreiem und chlorfrei gebleichtem Papier

Springer Berlin Heidelberg ist Teil der Fachverlagsgruppe Springer Science+Business Media
(www.springer.com)

Vorwort des Reihenherausgebers: Nachhaltigkeit messen, um sie zu managen!

Das Paradigma einer verantwortungsvollen Unternehmensführung (CSR) ist aus den aktuellen betriebswirtschaftlichen Diskussionen nicht mehr wegzudenken. Dabei entwickelt sich das CSR-Paradigma weg von einem rein defensiven Compliance orientierten Ansatz hin zu einem expliziten Managementansatz. Dabei wird klar, dass gesellschaftliche Verantwortung von Unternehmen nur dann im Unternehmen nachhaltig verankert wird, wenn sie in die Unternehmensstrategie integriert, mit den unternehmerischen Interessen verknüpft und vor allem aktiv im gesamten Wertschöpfungsprozess gemanagt wird.

Insbesondere im Rahmen der internationalen Diskussionen um die unternehmerische Verantwortung wurden internationale und nationale Guidelines und Prinzipien (UN Global Compact, ILO Labour Standards, ISO 26000, OECD Guidelines, Deutscher Nachhaltigkeitskodex etc.) entwickelt, die von der Strategie bis hin zur Implementierung unternehmerisches Handeln anleiten. Diese Neuausrichtung der Unternehmen spiegelt sich auch in innovativen Ansätzen des Rechnungswesens wieder. „Denn nur was man messen kann, kann man auch managen" – so eine bekannte Managementweisheit. Dazu muss das Rechnungswesen jedoch leistungswirtschaftliche Vorgänge adäquat abbilden, und alle drei Dimensionen der Nachhaltigkeit – Ökonomie, Ökologie und Soziales erfassen. Dafür benötigen wir eine neue Systematik im Rechnungswesen, die Nachhaltigkeit sowie auch verantwortungsvolles Management systematisch erfasst.

Neben rein finanziellen Indikatoren gewinnen hierbei auch nicht-finanzielle Indikatoren zunehmend an betriebswirtschaftlicher Relevanz. Gesellschaftliche Aspekte werden zwar schon heute teilweise im Rechnungswesen abgebildet, jedoch sehr unsystematisch (nur dann, wenn sie unmittelbare finanzielle Relevanz besitzen). Diese partielle Betrachtung von Nachhaltigkeit im Rechnungswesen gilt es daher in eine ganzheitliche Sichtweise und systematische Erfassung weiterzuentwickeln. Hierzu müssen alle Ressourcen (wirtschaftliche, ökologische und soziale) die in den Wertschöpfungsprozess einfließen, in die Bilanzierung miteinbezogen werden.

Dies wird nicht von heute auf morgen geschehen, sondern in verschiedenen Stufen. Das bestehende Rechnungswesen wird gegenwärtig so ausgebaut, dass die darauf aufbauenden Entscheidungen auch die gesellschaftliche bzw. ökologische Sichtweise beinhalten. Dazu ist es notwendig, auch monetär nicht bewertbare Sachverhalte mittels geeigneter Indikatoren zu erfassen und in die Entscheidungsabläufe des Unternehmens zu integrieren. Die systematische Weiterentwicklung des betrieblichen Rechnungswesens in Richtung Nachhaltigkeit liefert dann die dringend benötige Basis für interne unternehmerische Entscheidungen und belastbare externe Dialoge mit den Stakeholdern.

Es ist daher nicht verwunderlich, dass in nachhaltigkeitsorientierten Unternehmen das Interesse an Instrumenten und Ansätzen des Nachhaltigkeitscontrollings steigt. Controlling wird so zum Unterstützer einer nachhaltigen unternehmerischen Wertschöpfung – und damit zum Teil der Lösung! In der Management Reihe Corporate Social Responsibility schafft die vorliegende Publikation mit dem Titel „CSR und Controlling" exklusives und hoch innovatives Wissen, wie das Rechnungswesen die Umsetzung der Corporate Social Responsibility Strategie unterstützen und leiten kann.

Alle LeserInnen sind herzlich eingeladen, die in der Reihe dargelegten Gedanken aufzugreifen und für die eigenen beruflichen Herausforderungen zu nutzen sowie mit den Herausgebern, Autoren und Unterstützern dieser Reihe intensiv zu diskutieren. Ich möchte mich last but not least sehr herzlich bei den Herausgebern Prof. Dr. Edeltraud Günther und Karl-Heinz Steinke für das große Engagement, Patrick Ilg für das Projektmanagement, bei Michael Bursik und Janina Tschech vom Springer Gabler Verlag für die gute Zusammenarbeit sowie bei allen Unterstützern der Reihe aufrichtig bedanken und wünsche Ihnen, werte Leserinnen und werte Leser, nun eine interessante Lektüre.

Prof. Dr. René Schmidpeter

Einleitung der Herausgeber

Unter dem Ansatz der „Corporate Social Responsibility" (CSR) rücken die mit der Tätigkeit des Unternehmens verbundenen Auswirkungen auf Umwelt und Gesellschaft zunehmend in den Fokus der Öffentlichkeit. Gefordert wird der sorgsame Umgang mit den natürlichen Ressourcen, eine klimaschonende Produktion und nicht zuletzt die Beachtung weltweit anerkannter Standards im Umgang mit den Mitarbeitern. Es geht um die gesellschaftliche Legitimation (License to operate) der Art und Weise des wirtschaftlichen Handelns. Sie mündet in die Forderung, das unternehmerische Handeln einerseits gleichrangig auf die drei Dimensionen Ökonomie, Ökologie und Soziales auszurichten sowie andererseits die langfristige Entwicklung in den Blick zu nehmen und findet weltweit Eingang in entsprechenden Gesetzen und Verordnungen.

Zunächst stehen diese Forderungen nicht im Widerspruch zu einer modernen Auffassung von Controlling, wie sie der Internationale Controller Verein (ICV) vertritt. Demnach ist Controlling der auf die Sicherstellung nachhaltiger Wirtschaftlichkeit ausgerichtete Management-Prozess der betriebswirtschaftlichen Zielfindung, Planung und Steuerung eines Unternehmens. Controller tragen also als Partner des Managements auch Verantwortung für den nachhaltigen Erfolg des Unternehmens.

Allerdings ist auch festzustellen, dass viele Controller in der Praxis aus den unterschiedlichsten Gründen den Erfolg noch vielfach ausschließlich aus der finanziellen und häufig eher kurzfristigeren Perspektive betrachten. Die zunehmende Kodifizierung der Ansprüche aus der CSR und das steigende Engagement von Großinvestoren in nachhaltige Anlagen zwingen die Unternehmen jedoch dazu, sich mit der Thematik weiter auseinanderzusetzen. Zwar hat die Mehrzahl der Unternehmen die Relevanz des Themas erkannt, es fehlen aber häufig noch konkrete Handlungs- und Vorgehenspläne für die Umsetzung. Auch die Praxisbeiträge dieses Bandes zeigen die unterschiedliche Herangehensweise und Organisation. Sie sind aber auch eindrucksvolle Beispiele für das hohe Maß an Selbstverpflichtung, strategischer Orientierung, pragmatischer Vorgehensweise und innovativer Bewertungskonzepte.

Der ICV hat sich bereits frühzeitig (2010) aufgrund der erkennbaren strategischen Bedeutung der Nachhaltigkeit für die Unternehmenssteuerung mit den daraus resultierenden Auswirkungen auf das Controlling beschäftigt. Er ist der Überzeugung, dass der Controller in seiner Rolle als Business Partner des Managements über die notwendigen Erfahrungen und Kompetenzen zur Integration der neuen Anforderungen verfügt. Daher ist das Interesse des ICVs darauf gerichtet, den Unternehmen in der Praxis bewährte und umsetzbare Methoden und Verfahren der Integration der Anforderungen des CSRs an die Hand zu geben. Hervorgehoben werden muss jedoch gleichermaßen die Verantwortung der Geschäftsführung für die strategisch notwendigen Vorgaben einer nachhaltigen Ausrichtung der Unternehmenspolitik.

Dem Verständnis des ICV folgend, gaben wir als Herausgeber den Autoren aus der Praxis folgende Fragen als Richtschnur an die Hand, auf die nach einer kurzen Darstellung des Unternehmens eingegangen werden sollte:

- Welches Verständnis hat das Unternehmen von der Rolle des Controllings?
- Welches Verständnis von CSR hat das Unternehmen und wie ist im Unternehmen CSR organisiert?
- Wie erfolgt im Unternehmen das Zusammenspiel von CSR und Controlling?
    - Welche Ziele verfolgt man mit dem Zusammenspiel von CSR und Controlling?
    - Welche CSR-Inhalte werden im Controlling abgebildet und warum?
    - Wer verantwortet im Unternehmen das Zusammenspiel von CSR und Controlling und warum?
    - Welchen Nutzen bringt das Zusammenspiel von CSR und Controlling dem Unternehmen?
    - Welchen Herausforderungen sieht sich das Unternehmen beim Zusammenspiel von CSR und Controlling gegenüber?
- Was können andere Unternehmen von diesem Beitrag lernen und wo besteht noch Forschungsbedarf?

Die Beiträge gehen entsprechend der Ausrichtung des Controllings in den Unternehmen unterschiedlich auf die Fragen ein, sodass die Fokussierung gut zum Ausdruck gebracht wird.

Folgende Unternehmen beschreiben ihren Controllingansatz in diesem Buch:

- Datev eG – Software und IT Dienstleistungen für Steuerberater, Wirtschaftsprüfer, Rechtsanwälte und deren Mandanten
- Deutsche Post AG – Logistik- und Postunternehmen
- Deutsche Telekom AG – Telekommunikationsunternehmen
- Deutschen Bahn AG – Verkehrsunternehmen
- Robert Bosch GmbH – Automobilzulieferer, Hersteller von Gebrauchsgütern und Industrie- und Gebäudetechnik
- SAP AG – Softwarehersteller

Eingebettet sind die Praxisbeispiele in Beiträge von Wissenschaftlern, die sich seit längerem in ihrer Forschung der Einbindung von CSR in das Controlling widmen und sowohl fachlich als auch räumlich die deutschsprachige Forschungslandschaft widerspiegeln.

Folgende Wissenschaftler stellen ihre Sicht auf die Einbindung von CSR in das Controlling dar:

- Dr. Sebastian Berlin – International Performance Research Institute: IPRI
- Prof. Dr. James Bruton – Internationales Institut für Management und ökonomische Bildung, Universität Flensburg
- Dr. Jan Endrikat – Lehrstuhl für Betriebliches Rechnungswesen/Controlling, TU Dresden
- Prof. Dr. Matthias Fifka – Institut für Wirtschaftswissenschaft, Friedrich-Alexander-Universität Erlangen-Nürnberg
- Prof. Dr. Edeltraud Günther – Lehrstuhl für Betriebliche Umweltökonomie, TU Dresden
- Prof. Dr. Thomas Günther – Lehrstuhl für Betriebliches Rechnungswesen/Controlling, TU Dresden
- Prof. Dr. Frank Hartmann – Department of Accounting and Control, Erasmus University Rotterdam
- Prof. Dr. Dr. h.c. mult. Peter Horvath – International Performance Research Institute: IPRI
- Dr. Karen Maas – Department of Business Economics, Erasmus University Rotterdam
- Dr. Stefan Meyr – Institut für Controlling und Consulting, Johannes Kepler Universität Linz
- Dr. Paolo Perego – Department of Accounting and Control, Erasmus University Rotterdam
- Prof. Dr. Utz Schäffer – Institute of Management Accounting and Control, WHU – Otto Beisheim School of Management
- Prof. Dr. Stefan Schaltegger – Centre for Sustainability Management (CSM), Leuphana Universität Lüneburg
- Prof. Dr. Dr. h.c. Jürgen Weber – Institute of Management Accounting and Control, WHU – Otto Beisheim School of Management

Wir freuen uns, wenn wir mit diesem Buch Anregungen geben können, wie Corporate Social Responsibility in den Controllingalltag von Unternehmen Eingang finden kann. Ihre Anregungen für eine 2. Auflage nehmen wir gerne entgegen unter ema@mailbox.tu-dresden.de.

Das Projektmanagement, die Koordination der Autoren und die redaktionelle Betreuung lagen in der Hand von Herrn Patrick Ilg, M.Sc.. Durch seine Tätigkeit im Arbeitskreis „Green-Controlling" des ICV konnte er außerdem auch wertvolle inhaltliche Impulse liefern. Mit ruhiger Hand steuerte er den Entstehungsprozess des Sammelwerkes und trug durch sein persönliches Engagement wesentlich zur Fertigstellung dieses Buches bei. Dafür gilt ihm unser besonderer Dank.

Dresden und Wörthsee, Juli 2015

Prof. Dr. Edeltraud Günther
Karl-Heinz Steinke

Inhaltsverzeichnis

Teil I Konzeptionell-getriebene Betrachtungen und Theorie

CSR im Controlling 3
Edeltraud Günther, Jan Endrikat und Thomas Günther

Green-Controlling-Roadmap – Ansätze in der Unternehmenspraxis 23
Péter Horváth und Sebastian Berlin

Nachhaltigkeit – Modewelle oder ein neues Arbeitsfeld für Controller? 41
Jürgen Weber und Utz Schäffer

CSR, Nachhaltigkeit und Controlling – Zwischen Praxislücke und Forschungskonzepten 55
Stefan Schaltegger

Den Wald vor lauter Bäumen nicht sehen: Controller auf der Suche nach Nachhaltigkeit 71
Frank Hartmann, Karen Maas und Paolo Perego

Nachhaltigkeitsberichterstattung und Controlling – eine natürliche Symbiose 83
Matthias S. Fifka

Stellschrauben für CSR – soziale Wirkungen numerisch messbar machen 101
James Bruton

Strategische Perspektive bei der Integration der CSR in das Controlling unter besonderer Berücksichtigung von KMU 117
Stefan Mayr

Teil II Praktische Fallstudien

Nachhaltigkeit und Controlling im Zusammenspiel bei der SAP 135
Marc Müller, Diana Pauly und Daniel Schmid

GoGreen und das Carbon Accounting & Controlling Programm bei Deutsche Post DHL 147
Katharina Tomoff, Klaus Hufschlag und Patric Pütz

Gelungenes Zusammenspiel von CR- und Finanzfunktionen im „CR Controlling" bei der Deutschen Telekom 157
Silke Thomas

Corporate Social Responsibility bei der Deutschen Bahn AG 169
Richard Lutz und Christina Keindorf

CSR-Controlling am Beispiel Bosch 183
Stefan Asenkerschbaumer, Bernhard Schwager und Richard Watterott

Corporate Social Responsibility (CSR) und Controlling bei der DATEV eG ... 199
Claudia Maron und Madeleine Grüner

Autorenverzeichnis

Stefan Asenkerschbaumer Robert Bosch GmbH, Stuttgart, Deutschland

Sebastian Berlin IPRI, Stuttgart, Deutschland

James Bruton Universität Flensburg, Flensburg, Deutschland

Jan Endrikat Lehrstuhl für Betriebliches Rechnungswesen/Controlling, TU Dresden, Dresden, Deutschland

Matthias S. Fifka Institut für Wirtschaftswissenschaft, FAU Erlangen-Nürnberg, Erlangen, Deutschland

Madeleine Grüner DATEV eG, Nuremberg, Deutschland

Edeltraud Günther Lehrstuhl für Betriebliche Umweltökonomie, TU Dresden, Dresden, Deutschland

Thomas Günther Lehrstuhl für Betriebliches Rechnungswesen/Controlling, TU Dresden, Dresden, Deutschland

Frank Hartmann Rotterdam School of Management, Erasmus University, Rotterdam, Die Niederlande

Péter Horváth IPRI, Stuttgart, Deutschland

Klaus Hufschlag Deutsche Post DHL Group, Bonn, Deutschland

Christina Keindorf Deutschen Bahn AG, Berlin, Deutschland

Richard Lutz Deutschen Bahn AG, Berlin, Deutschland

Karen Maas Erasmus School of Economics, Erasmus University, Rotterdam, Die Niederlande

Claudia Maron DATEV eG, Nuremberg, Deutschland

Stefan Mayr Johannes Kepler Universität Linz, Linz, Österreich

Marc Müller SAP, Walldorf, Deutschland

Diana Pauly SAP, Walldorf, Deutschland

Paolo Perego Rotterdam School of Management, Erasmus University, Rotterdam, Die Niederlande

Patric Pütz Deutsche Post DHL Group, Bonn, Deutschland

Utz Schäffer Institut für Management und Controlling, WHU – Otto Beisheim School of Management, Vallendar, Deutschland

Stefan Schaltegger Leuphana Universität Lüneburg, Lüneburg, Deutschland

Daniel Schmid SAP, Walldorf, Deutschland

Bernhard Schwager Robert Bosch GmbH, Stuttgart, Deutschland

Silke Thomas Group Corporate Responsibility, Deutsche Telekom AG, Bonn, Deutschland

Katharina Tomoff Deutsche Post DHL Group, Bonn, Deutschland

Richard Watterott Robert Bosch GmbH, Stuttgart, Deutschland

Jürgen Weber Institut für Management und Controlling, WHU – Otto Beisheim School of Management, Vallendar, Deutschland

Teil I
Konzeptionell-getriebene Betrachtungen und Theorie

CSR im Controlling

Edeltraud Günther, Jan Endrikat und Thomas Günther

1 Rechnet sich CSR?

Veranlasst durch den Artikel des Wirtschaftsnobelpreisträgers Milton Friedman im New York Times Magazine „The social responsibility of business is to increase its profit" (Friedman 1970) wird seit mehr als 40 Jahren die Frage diskutiert, ob sich CSR für Unternehmen rechnet. Wissenschaftliche Einzelstudien, aber auch Metaanalysen, die den Stand der Forschung zusammenfassen, kommen in der Tendenz zu dem Ergebnis, dass Unternehmen, die sich für CSR engagieren, auch finanziell erfolgreicher sind (Griffin und Mahon 1997; Margolis und Walsh 2003; Orlitzky et al. 2003; Allouche und Laroche 2005). Nichtsdestotrotz stellen Praktiker und Wissenschaftler die Frage immer wieder neu, um CSR-Engagement (z. B. Aguinis und Glavas 2012; Carroll und Shabana 2010; Lu et al. 2014) zu rechtfertigen. Denn wie so häufig in der Betriebswirtschaftslehre, kommt es auf den Einzelfall an, sodass unterschieden werden muss, welche Dimension von CSR (ökonomisch, ökologisch oder sozial) betrachtet wird, wie CSR gemessen wird (z. B. CO_2-Emissionen oder Umweltrankings als Maß der Umweltleistung) und welcher spezifische Kontext (z. B. Länder- oder Branchenunterschiede) betrachtet wird. Denn für verschiedene Zusammenhänge und Richtungen findet sich empirische Evidenz (Abb. 1):

Der vorliegende Beitrag überträgt das Konzept des Öko-Controlling, wie dargelegt in Guenther et al. (2016), auf das breitere Anwendungsfeld CSR.

E. Günther (✉)
Lehrstuhl für Betriebliche Umweltökonomie, TU Dresden, Münchner Platz, 1/3, 01187 Dresden, Deutschland
E-Mail: bu@mailbox.tu-dresden.de

J. Endrikat · T. Günther
Lehrstuhl für Betriebliches Rechnungswesen/Controlling, TU Dresden, Münchner Platz, 1/3, 01187 Dresden, Deutschland

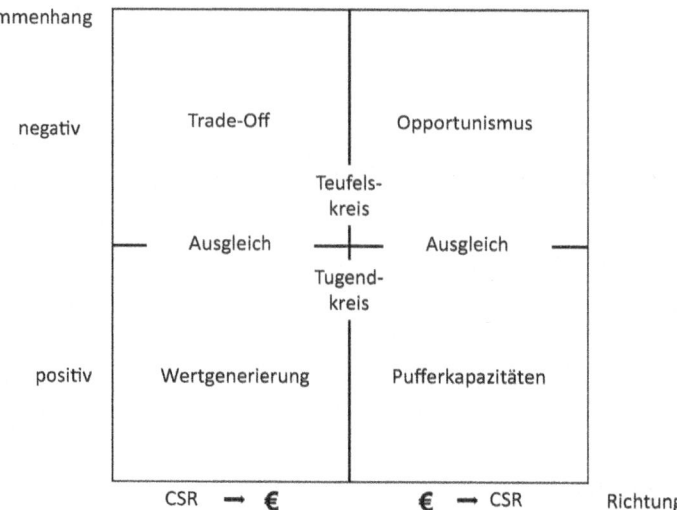

Abb. 1 Beziehung zwischen CSR und Unternehmenserfolg. (Quelle: In Anlehnung an Günther und Hoppe 2014, S. 13)

Die vorliegenden empirischen Befunde und entsprechende theoretische Erklärungsansätze lassen sich in die vier Felder der Matrix in Abb. 1 einordnen: Die zwei Felder Trade-Off und Wertgenerierung fokussieren auf die Wirkung von CSR auf den Unternehmenserfolg, wohingegen die Felder Pufferkapazitäten und Opportunismus die kausal entgegengerichtete Wirkung des Unternehmenserfolgs auf CSR in den Mittelpunkt rücken.

Die Wissenschaftler, die von einer Trade-Off-Hypothese bezüglich CSR und Unternehmenserfolg ausgehen, folgen dem neoklassischen Verständnis von Friedman (1962, 1970), demzufolge CSR-Engagement finanzielle und andere Ressourcen bindet und sie so der Wertschaffung entzieht (Preston und O'Bannon 1997; Waddock und Graves 1997). Entsprechend widerspricht CSR der Gewinnerzielungsabsicht von Unternehmen (McWilliams und Siegel 2000; Sarkis und Cordeiro 2001). Hinzu kommt eventuell auch noch das Risiko einer negativen Bewertung des CSR-Engagements von Seiten der kurzfristig finanziell orientierten Investoren (Mahapatra 1984, S. 33).

Die Wissenschaftler, die die Wertgenerierungshypothese vertreten, gehen von einem positiven Zusammenhang von CSR und Unternehmenserfolg aus (Orlitzky et al. 2003). Hierfür sprechen unterschiedliche Argumente: So kann eine Verbesserung des CSR-Engagements bezüglich der ökologischen Dimension (z. B. eine erhöhte Ressourceneffizienz) eine direkte Wirkung auf den Unternehmenserfolg entfalten (Porter 1991a, 1991b; Hart und Ahuja 1996; Esty und Porter 1998, 2005 sowie Porter und Van der Linde 1995; Schaltegger und Synnestvedt 2002), was auch „it pays"-Zusammenhang genannt wird. Darüber hinaus können aber auch indirekte Wirkungen entstehen: So können beispielsweise Umweltinnovationen die Wettbewerbsfähigkeit erhöhen (McWilliams und Siegel 2000; Clemens und Bakstram 2010) oder die Profitabilität steigen, wenn Kunden bereit sind, eine Preisprämie zu bezahlen (Orlitzky 2007; Reinhardt 1999; Willard 2002).

Die Vertreter der sog. Pufferkapazitätenhypothese gehen davon aus, dass finanzstarke Unternehmen in der Lage sind, Pufferkapazitäten wie z. B. Stabsabteilungen, Know-how oder freie finanzielle Ressourcen (Cyert und March 1963, S. 42) aufzubauen, die ihnen CSR-Aktivitäten ermöglichen (Waddock und Graves 1997; Bowen 2002; Ambec und Lanoie 2008; Molina-Azorin et al. 2009). Empirische Befunde bestätigen einen positiven Zusammenhang zwischen Unternehmenserfolg und CSR-Engagement für tatsächliche, erschließbare als auch mögliche Puffer (Daniel et al. 2004). Somit ist der finanzielle Erfolg eines Unternehmens auch eine Voraussetzung für CSR (Ullmann 1985).

Die Vertreter der Opportunismushypothese gehen davon aus, dass Manager bei Entscheidungen vor allem ihre variablen Vergütungsbestandteile im Blick haben, insbesondere wenn diese mit kurzfristigen finanziellen Erfolgskennzahlen verknüpft sind (McGuire et al. 2003). Preston und O'Bannon (1997, S. 421) argumentieren entsprechend, dass Manager dazu verleitet werden können, ihre variable Vergütung zu maximieren, indem sie (kurzfristig kostenwirksame) Ausgaben für das (eher langfristig erfolgswirksame) CSR-Engagement zurückfahren. Umgekehrt kann jedoch auch der Fall eintreten, dass von einer schlechten finanziellen Leistung durch CSR-Engagement abgelenkt werden soll.

Vor dem Hintergrund dieser vielfältigen möglichen Wirkungsbeziehungen muss überlegt werden, ob die Frage, die Forschung und Praxis seit langem stellt, nämlich „ob sich CSR rechnet", wirklich zielführend ist. Angenommen, dass es einen positiven Gesamtzusammenhang gibt, aber in einzelnen Fälle auch negative Zusammenhänge bestehen können, also die oberen Quadranten Trade-off und Opportunismus eintreten, sollte die Frage vielleicht eher lauten: „Wie rechnet sich CSR" (Reinhardt 1998)? Und konkreter: Wie muss CSR gesteuert werden, damit eine Wertschaffung möglich wird?

Im Gegensatz zur Frage, ob sich CSR rechnet, die von einer Vielzahl empirischer Studien untersucht worden ist, ist die Frage, wie eine CSR-Strategie implementiert und dann im Controlling gesteuert werden kann, bisher kaum adressiert worden (Wood 1991; Adams und Frost 2008; Delmas und Toffel 2004; Harris 2007).

Wenn nun die Richtung der Frage vom „OB" auf das „WIE" geändert wird, muss der Fokus weg von den Oberzielen und hin zu Strategien, Maßnahmen und Verhaltenssteuerung gelenkt werden; also hin zu den Kernthemen des Controllings. Aufgabe des Controllings ist nach dominierendem Verständnis im deutschsprachigen Raum die rechnungswesengestützte Informationsgenerierung und -aufbereitung zur Unterstützung der Unternehmensführung durch Planung und Kontrolle sowie zur Koordination mit anderen Führungssubsystemen (zum Vergleich verschiedener Controlling-Konzeptionen Coenenberg et al. 2012; Günther 2013). Impulse aus dem anglo-amerikanischen Raum aufgreifend, werden dabei Controlling-Systeme als sogenannte Management-Control-Systems auch zunehmend als formale, informationsbasierte Routinen und Prozeduren betrachtet, die von Managern genutzt werden, um Verhalten im Unternehmen so zu lenken, dass die Ziele und Strategien des Unternehmens umgesetzt werden (Simons 1995).

2 Was kann das CSR-Controlling leisten?

Da die Forschung zum CSR-Controlling noch in den Kinderschuhen steckt, ist das Thema sowohl aus theoretischer als auch aus praktischer Sicht noch sehr vage. Im klassischen Controlling werden CSR-Aspekte kaum diskutiert, geschweige denn als Kernthema des Controllings thematisiert (z. B. Crutzen und Herzig 2013; Epstein und Wisner 2005; Gond et al. 2012; Henri und Journeault 2010; Jansson et al. 2000; Pondeville et al. 2013). Da jedoch das Controlling die Praktiken und das Verhalten der Akteure einer Organisation steuert (Ahrens und Chapman 2007), die Strategie unterstützt (Langfield-Smith 1997) und die Zielerreichung begleitet (Flamholtz et al. 1985), bietet das Controlling eine große Chance, CSR in die Planungs- und Kontrollprozesse einzubinden (Adams und McNicholas 2007) und kann somit Unternehmen nachhaltiger werden lassen (Gond et al. 2012, S. 2006).

Doch mehr als das: In den nächsten Jahrzehnten und Jahrhunderten steht unsere Erde vor großen Herausforderungen, welche auch von den Unternehmen entsprechend angenommen werden sollten. So führte die European Environment Agency in ihrem State of the Environment Report (SOER) 2015 eine STEEP-Analyse[1] durch, um die sozialen, technologischen, ökonomischen, ökologischen und politischen Trends zu bestimmen. Folgende Megatrends wurden identifiziert: demografischer Wandel, Urbanisierung, Pandemien, technologischer Wandel, Hinterfragen des Wirtschaftswachstums, Multipolarität der Welt, Ressourcenknappheit, gefährdete Ökosysteme, Klimawandel, Umweltverschmutzung, Politikwandel. Zudem spannen die für Rio+20 entwickelten Sustainable Development Goals der UN, die die Millenium-Entwicklungsziele ablösen sollen, einen noch weiteren Bogen an Herausforderungen auf (vgl. Tab. 1).

Wenn es nun die Aufgabe des Controllings ist, Informationen zu gewinnen und diese quantitativ und/oder qualitativ aufzubereiten, um zukunftsorientierte, operative und strategische Entscheidungen des Managements zu unterstützen, dann kann CSR-Controlling dabei helfen, über die Unternehmensgrenzen hinaus den Herausforderungen dieser und künftiger Generationen gerecht zu werden und gleichzeitig die zukünftige Erfolgssicherung der Unternehmen im Blick zu behalten. Einerseits stellt sich damit direkt die Frage nach dem notwendigen Instrumentarium. Und andererseits ist die Ausrichtung der nachhaltigen Unternehmensführung festzulegen, um zu vermeiden, dass der Weg mangels Ziel vage bleibt (Milne et al. 2006)[2].

---

[1] Bei Hinzufügen einer Analyse der rechtlichen Rahmenbedingungen auch PESTEL-Analyse genannt.

[2] Milne spielt auf einen Dialog von Alice im Wunderland mit der Katze an: Alice zur Katze: „Willst du mir wohl sagen, wenn ich bitten darf, welchen Weg ich hier nehmen muss?" „Das hängt zum guten Teil davon ab, wohin du gehen willst," sagte die Katze. „Es kommt mir nicht darauf an, wohin –" sagte Alice. „Dann kommt es auch nicht darauf an, welchen Weg du nimmst," sagte die Katze. „– wenn ich nur irgendwo hinkomme, " fügte Alice als Erklärung hinzu. „Oh, das wirst du ganz gewiss," sagte die Katze, „wenn du nur lange genug gehst." Lewis Carroll „Alice's Adventures in Wonderland" (1865), dt. „Alice im Wunderland". Reclam, Stuttgart 1999.

Tab. 1 Sustainable Development Goals der United Nations. (UN 2015)

Goal 1	End poverty in all its forms everywhere
Goal 2	End hunger, achieve food security and improved nutrition and promote sustainable agriculture
Goal 3	Ensure healthy lives and promote well-being for all at all ages
Goal 4	Ensure inclusive and equitable quality education and promote lifelong learning opportunities for all
Goal 5	Achieve gender equality and empower all women and girls
Goal 6	Ensure availability and sustainable management of water and sanitation for all
Goal 7	Ensure access to affordable, reliable, sustainable and modern energy for all
Goal 8	Promote sustained, inclusive and sustainable economic growth, full and productive employment and decent work for all
Goal 9	Build resilient infrastructure, promote inclusive and sustainable industrialization and foster innovation
Goal 10	Reduce inequality within and among countries
Goal 11	Make cities and human settlements inclusive, safe, resilient and sustainable
Goal 12	Ensure sustainable consumption and production patterns
Goal 13	Take urgent action to combat climate change and its impacts
Goal 14	Conserve and sustainably use the oceans, seas and marine resources for sustainable development
Goal 15	Protect, restore and promote sustainable use of terrestrial ecosystems, sustainably manage forests, combat desertification, and halt and reverse land degradation and halt biodiversity loss
Goal 16	Promote peaceful and inclusive societies for sustainable development, provide access to justice for all and build effective, accountable and inclusive institutions at all levels
Goal 17	Strengthen the means of implementation and revitalize the global partnership for sustainable development

3 Wie ist das CSR-Controlling zu gestalten?

Um die oben skizzierten Herausforderungen zu meistern, stellt sich die Frage, wie das Controlling als Bindeglied zwischen der Unternehmensstrategie und der Steuerung der Organisation und ihrer Mitarbeiter verankert werden kann. Hierfür bietet sich eine Orientierung an bekannten anglo-amerikanischen Controllingansätzen wie z. B. von Simons (1995) oder Malmi und Brown (2008) an. Im deutschsprachigen Raum haben sich eigenständige Controllingsansätze wie z. B. die koordinationsorientierten Ansätze von Horváth (2011) oder Küpper (2008) oder der rationalitätssichernde Ansätze nach Schäffer und Weber (2004) herausgebildet (zum Vergleich Günther 2013) und auch in der Praxis durch-

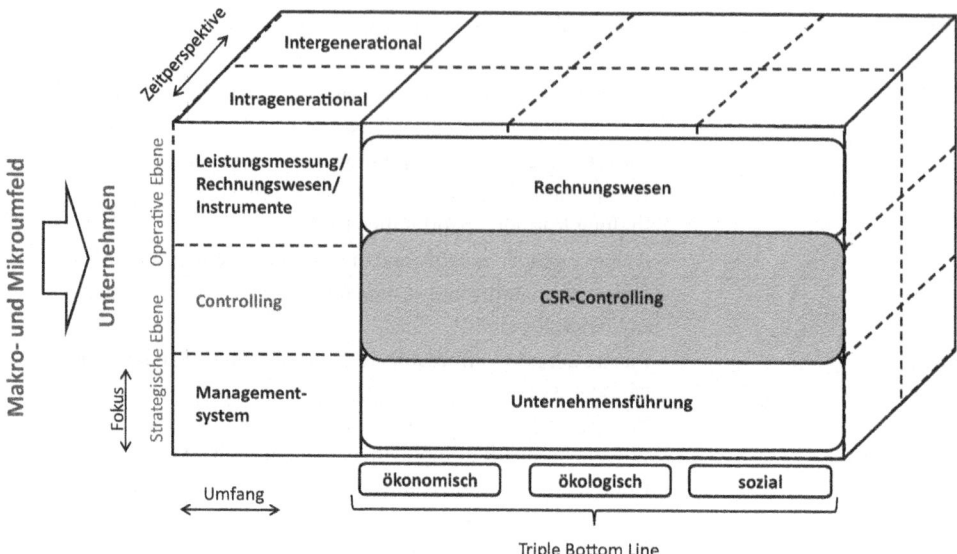

Abb. 2 Einordnung des CSR-Controllings. (Quelle: In Erweiterung von Guenther et al. 2016)

gesetzt (Günther und Gonschorek 2011). Basierend auf diesem Stand der Forschung kann CSR-Controlling wie in Abb. 2 dargestellt, strukturiert werden.

Abgeleitet vom oben dargelegten grundlegenden Verständnis von Controlling kann CSR-Controlling definiert werden als betriebliches Instrumentarium, das durch nachhaltigkeitsorientierte, funktionen- und unternehmensübergreifende Informationsgewinnung sowie durch quantitative und/oder qualitative Informationsaufbereitung eine Grundlage für zukunftsorientierte, operative und strategische Entscheidungsunterstützung des Managements liefert. Dabei soll durch geeignete Steuerungs- und Kontrollmechanismen die Durchsetzung der CSR-Ziele sichergestellt werden (in Weiterentwicklung von Günther 1994).

Das Rechnungswesen und das Controlling sind facettenreich und ihre Abgrenzung kann unterschiedlich erfolgen. Generell umfasst das Rechnungswesen monetäre Werkzeuge, Techniken und Instrumente, die das Management bei der unternehmenszielorientierten Entscheidungsfindung unterstützen sollen und in denen Informationen gesammelt, aufbereitet und geliefert werden, wie z. B. die Kostenrechnung, die operative Planung oder die Budgetierung. Je nach Region unterscheiden sich die Ansätze in ihrer Anwendung und Ausgestaltung. So weisen die anglo-amerikanischen Ansätze z. B. eine stärkere Kapitalmarktorientierung auf. Das Controlling orientiert sich am Prinzip kybernetischer Steuerungskreisläufe und ist vorwiegend monetär ausgerichtet (Günther 2013), beinhaltet aber auch kulturelle, administrative, organisationale und persönliche Steuerungsgrößen. Anthony (1965) war einer der Ersten, der Controlling definiert hat als „[…] the process by which managers assure that resources are obtained and used effectively and efficiently in the accomplishment of the organization's objective" (Anthony 1965, S. 17). Diese Sichtweise wurde nachfolgend erweitert, z. B. durch Simons (1995), der Controlling definiert als „[…] the formal, information-based routines and procedures managers use to maintain or alter patterns in organizational activities" (Simons 1995, S. 5). Simons betont dabei den formalen Charakter, die Nutzung durch das Management und den Fokus auf die Verhaltenssteuerung der Mitarbeiter, um die Unternehmensziele zu erreichen. Simons argumentiert auch, dass die Manager die unternehmerische Wirklichkeit reduzieren, um mit der Komplexität umgehen zu können und bezeichnet entsprechend die Aufmerksamkeit des Managements als kritischste Restriktion (Simons 1995, S. 17). Entsprechend muss das Controlling die unbeschränkten Möglichkeiten des Unternehmens im Möglichkeitenraum mit der beschränkten Aufmerksamkeit des Managements ausbalancieren (Simons 1995, S. 16).

Abbildung 2 spannt die drei Dimensionen des CSR-Controllings auf: den Umfang, die Zeitperspektive und den Fokus. Umfang und Zeitperspektive folgen dem Konzept der „Two Tiered Sustainability Equilibria" (Lozano et al. 2014, S. 1). Der Umfang orientiert sich an der Triple Bottom Line und beschreibt die Zusammenhänge der drei Säulen der ökonomischen, ökologischen und sozialen Nachhaltigkeit. Die Zeitperspektive unterscheidet zwischen einem intra- und intergenerationalen Horizont.

3.1 Zeitperspektive

Die UN World Commission on Environment and Development (die sogenannte Brundtland-Kommission) unterscheidet zwischen einer intra- und intergenerationalen Gerechtigkeit. Während die intragenerationationale Gerechtigkeit sich auf die Verantwortung innerhalb einer Generation und insbesondere auf die Verteilung der Wohlfahrt zwischen Industrie- und Entwicklungsländern bezieht, fokussiert sich die intergenerationale Gerechtigkeit auf die Verantwortung für zukünftige Generationen. Eine Maxime für unternehmerische Verantwortung kann lauten (Günther 2008): „Strebe Gerechtigkeit unter den heute Lebenden und gegenüber künftigen Generationen an, in Bezug auf die Möglichkeit, ihre Grundbedürfnisse zu befriedigen (Verteilungsprinzip)." Zielkonflikte ergeben sich z. B. bei der Nutzung erneuerbarer Energien wie z. B. der Entscheidung zwischen der Nutzung von Pflanzen zur Energiegewinnung oder Nutzung von Pflanzen als Lebensmittel („Teller oder Tank"). Im Controlling wird die intergenerationelle Gerechtigkeit i. d. R. ausgeblendet und die intragenerationale Gerechtigkeit findet nur sehr verkürzt Eingang in Analysen und Methoden. Die übliche langfristige oder strategische Planung betrachtet meist nur wenige Jahre (i. d. R. 3 – 10 Jahre). Eine Ausnahme bildet die Methode der Szenarioplanung, die Unternehmen nutzen, um sich auf die Zukunft vorbereiten (Siemens 2001; Bayer 2013; Shell 2008). Gesellschaftliche Verantwortung zu übernehmen, bedeutet auch an zukünftige Generationen zu denken – eine große Herausforderung, wenn sich die Akteure der Kapitalmärkte extrem kurzfristig an Quartalsergebnissen orientieren. Die Diskussion um eine nachhaltige Orientierung der Managervergütung im VorstAG mutet auch bei allem guten Willen vor dem Hintergrund der intergenerationellen Gerechtigkeit fragwürdig an (ASPEN-Principles) ASPEN-Institute 2010.

3.2 Umfang

Ziel eines umfassenden CSR-Controllings muss die Maxime sein, „Wähle diejenigen Handlungsalternativen, die in der Summe ihrer ökonomischen, ökologischen und sozialen Folgen besser abschneiden (vergleichendes Gesamturteil)" (Günther 2008). Diese Maxime folgt dem sogenanntenTriple-Bottom-Line-Ansatz (Carroll 1979; Elkington 1997). Alle drei Säulen können in Summe die Basis für unternehmerische Verantwortung darstellen. Ziel des CSR-Controllings muss es sein, über die rein finanzielle Dimension hinaus auch ökologische und soziale Ziele in den Blick der Steuerung zu nehmen. Diese können sich aus gesetzlichem Druck, aber auch aus dem Wettbewerb und aus ethischen Wertvorstellungen ableiten. Eine Orientierung zur inhaltlichen Ausgestaltung des CSR-Controllings gibt z. B. die Global Reporting Initiative (Tab. 2):

Aber auch die Dimensionen im Einzelnen werden durch Standards konkretisiert, so z. B. die Umweltdimension durch die DIN EN ISO 14031 zur Umweltleistungsbewertung und die soziale Dimension durch den Social Accountability 8000 Standard zur Messung der Social Compliance.

3.3 Fokus

Das Controlling bildet die Verbindung zwischen dem Rechnungswesen auf der einen und dem Managementsystem auf der anderen Seite: Ziel des Controllings ist die Verhaltenssteuerung, um CSR-Ziele und -Strategien umzusetzen, während das Rechnungswesen sich lediglich auf Informationsbeschaffung und Entscheidungsunterstützung fokussiert und das Managementsystem den generellen Rahmen für die Unternehmensführung setzt. Die Bewertung von Auswirkungen kann dabei prinzipiell monetär (wie im Rechnungswesen) oder nicht-monetär sein, wobei bei Letzterem wiederum zwischen quantitativ (z. B. CO_2-Emissionen in Tonnen) und qualitativ (z. B. Gleichberechtigung der Geschlechter) unterschieden werden kann.

Malmi und Brown (2008, S. 290) vertreten z. B. die Ansicht, „management controls include all the devices and systems managers use to ensure that the behaviours and decisions of their employees are consistent with the organisation's objectives and strategies, but exclude pure decision-support systems". Messinstrumente und Rechnungswesensysteme sind erforderlich, da sie die Informationsbasis für das Controlling legen, das allerdings darüber hinausgeht. Denn das Controlling beinhaltet neben der instrumentellen, eine prozessorientierte (Planung, Realisation, Kontrolle als Feedback und Feedforward), eine inhaltsorientierte und eine organisationale Perspektive (Günther 2013).

Die prozessorientierte Sicht des Controllings zeigt, WIE gesteuert werden soll. Zum Beispiel können Maßnahmen des Arbeits- und Gesundheitsschutzes im Hinblick auf einen möglichst niedrigen Krankenstand geplant werden, das Management und die Mitarbeiter setzen diese Maßnahmen um und ein Gesundheitscontrolling wie z. B. bei der Deutschen Bahn AG kontrolliert dann, inwieweit die Maßnahmen umgesetzt wurden bzw. ob die Ziele erreicht wurden. Bei der Kontrolle wird zwischen einer Feedback-Schleife, d. h.

Tab. 2 Kategorien und Unterkategorien der Global Reporting Initiative. (Quelle: GRI 2013).

Kategorie	Wirtschaftlich	Ökologisch
Aspekte	• Wirtschaftliche Leistung • Marktpräsenz • Indirekte wirtschaftliche Auswirkungen • Beschaffung	• Materialien • Energie • Wasser • Biodiversität • Emissionen • Abwasser und Abfall • Produkte und Dienstleistungen • Compliance • Transport • Insgesamt • Bewertung der Lieferanten hinsichtlich ökologischer Aspekte • Beschwerdeverfahren hinsichtlich ökologischer Aspekte

Kategorie	Gesellschaftlich			
Unterkategorien	*Arbeitspraktiken und menschenwürdige Beschäftigung*	*Menschenrechte*	*Gesellschaft*	*Produktverantwortung*
Aspekte	• Beschäftigung • Arbeitnehmer-Arbeitgeber-Verhältnis • Arbeitssicherheit und Gesundheitsschutz • Aus- und Weiterbildung • Vielfalt und Chancengleichheit • Gleicher Lohn für Frauen und Männer	• Investitionen • Gleichbehandlung • Vereinigungsfreiheit und Recht auf Kollektivverhandlungen • Kinderarbeit • Zwangsarbeit oder Pflichtarbeit • Sicherheitspraktiken	• Lokale Gemeinschaften • Korruptionsbekämpfung • Politik • Wettbewerbswidriges Verhalten • Compliance • Bewertung der Lieferanten hinsichtlich gesellschaftlicher Auswirkungen	• Kundengesundheit und -sicherheit • Kennzeichnung von Produkten und Dienstleistungen • Marketing • Schutz der Kundendaten • Compliance

Tab. 2 (Fortsetzung)

Kategorie	Gesellschaftlich		
	• Bewertung der Lieferanten hinsichtlich Arbeitspraktiken • Beschwerdeverfahren hinsichtlich Arbeitspraktiken	• Rechte der indigenen Bevölkerung Prüfung • Bewertung der Lieferanten hinsichtlich Menschenrechte • Beschwerdeverfahren hinsichtlich Menschenrechtsverletzungen	• Beschwerdeverfahren hinsichtlich gesellschaftlicher Auswirkungen

dem Vergleich von Plan- oder Sollwerten mit Istwerten (z. B. Plan-Fehltage zu Ist-Fehltagen), und einer Feedforward-Schleife unterschieden, d. h. der Frage, wie die Planung und der Controllingprozess selbst i. S. einer Erreichung zukünftiger Ziele verbessert werden können. Die inhaltsorientierte Perspektive beschäftigt sich mit der Frage, was gesteuert werden soll. Dabei gibt es unterschiedliche Controllingkonzeptionen, wobei die modemeren Ansätze wie die koordinationsorientierten Ansätze nach Horváth (2011) oder Küpper (2008) bzw. der rationalitätssichernde Ansatz nach Schäffer und Weber (2004) auch Schnittstellen zur Organisation oder zum Personalwesen berücksichtigen. Schließlich stellt sich die Frage, wie Controlling in einem Unternehmen organisiert werden kann (vgl. hierzu ausführlich Coenenberg et al. 2012, S. 54 ff.).

Die Sicht angloamerikanischer Ansätze zum Controlling ist teilweise noch umfassender. Malmi und Brown (2008) differenzieren z. B. in cultural controls (Clans, Werte und Symbole), Planung (lang- und kurzfristige Planung), cybernetic controls (Budgetierung, finanzielle, nicht-finanzielle und hybride Messsysteme), Entlohnung und administrative controls (Führungsstrukturen, Organisationsstrukturen sowie Politiken und Prozesse).

3.4 Einbindung in das Makro- und Aufgabenumfeld

Unternehmen sind in ein Makro- und Aufgabenumfeld eingebettet. Das Makroumfeld umfasst „die generellen Bedingungen in einem geografischen Raum, die für eine größere Anzahl von Unternehmungen mit unterschiedlichen Sachzielen gelten und die Möglichkeiten der Bildung bestimmter Sachziele sowie Durchführung strategischer Verhaltensweisen im Einzelfall beeinflussen" (Kubicek und Thom 1976, S. 3988). Es kann durch eine sogenannte PESTEL-Analyse, d. h. eine Analyse der politischen, ökonomischen, gesellschaftlichen, technologischen, ökologischen und rechtlichen Rahmenbedingungen erfasst werden. Eine Orientierung bzgl. möglicher Ziele für das CSR-Controlling geben z. B. die Sustainable Development Goals (UN Open Working Group Proposal for sustainable development goals for Rio+20 in UN 2014).

Das Aufgabenumfeld wird charakterisiert durch Anspruchsgruppen, die konkrete Anforderungen an das Unternehmen stellen können, wie Freeman formuliert als „any group or individual who can affect or is affected by the achievement of a corporation's objectives" (Freeman 1984, S. 46). Gerade das wechselseitige Wirkungsgefüge zeigt die Notwendigkeit eines aktiven CSR-Controllings. Zu den Stakeholdern zählen branchenspezifische Gruppen wie Lieferanten, Kunden und Wettbewerber, aber auch weitere Gruppen wie Anteilseigner und Kreditgeber sowie Mitarbeiter, Staat und Öffentlichkeit. Die Bedeutung der Stakeholderanalyse resultiert aus der Vorsteuerungsfunktion, die das Umfeld auf CSR-Aktivitäten hat (Poser et al. 2012), aber auch aus den Effekten auf die Stakeholder (z. B. im True Economic Value Added™ der Trucost Plc 2013).

Nachfolgende Abb. 3 gibt zusammenfassend einen Überblick über eine mögliche Ausgestaltung und Einbettung des CSR-Controllings in den Kontext der Unternehmensführung (Malmi und Brown 2008).

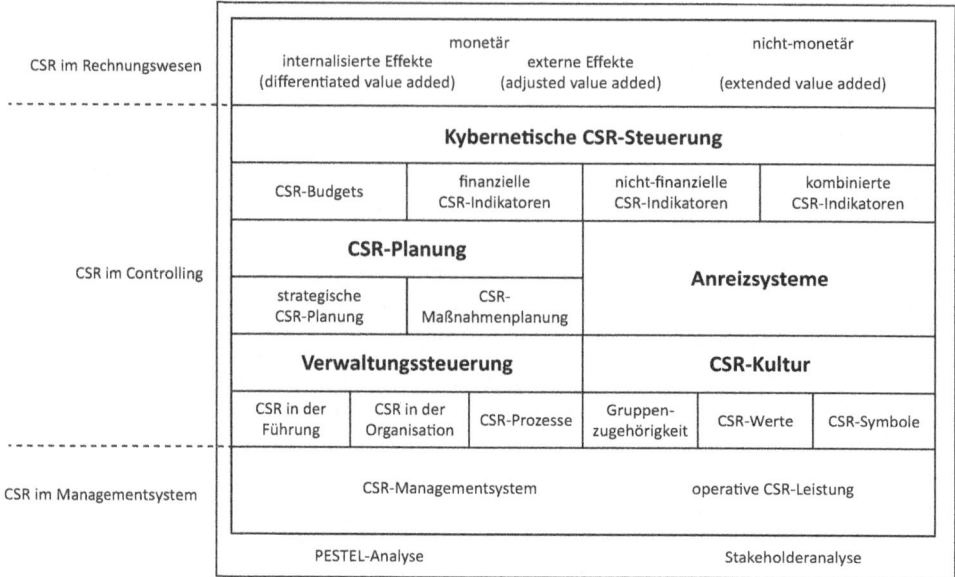

Abb. 3 Ausgestaltung und Einbettung eines CSR-Controllings. (Quelle: in Erweiterung von Malmi und Brown 2008)

4 CSR-Controllingansätze in der Praxis

Fokussiert man auf den Kern des Controllings und dessen Strukturierung nach Malmi und Brown (2008), so können die einzelnen Steuerungsgrößen nach ihrer zeitlichen Ausrichtung in intra- und intergenerational ausgerichtete Größen differenziert werden. Zur Veranschaulichung sind in nachfolgender Tabelle Beispiele aus der Literatur und aus Nachhaltigkeitsberichten den einzelnen Feldern zugeordnet (Tab. 3).

Zusammenfassend kann festgehalten werden, dass Ziel einer CSR-orientierten Unternehmenskultur sein sollte, das Verhalten der Mitarbeiter in Bezug auf CSR-Ziele zu steuern, kurz- und langfristige CSR-Ziele in die Unternehmensplanung zu integrieren und entsprechende Vorgaben abzuleiten. Die kybernetische Unternehmenssteuerung umfasst die Budgetierung, finanzielle und nicht-finanzielle Leistungsindikatoren sowie deren Kombination. Das Anreizsystem regt CSR-orientiertes Verhalten an und die Verwaltungssteuerung umfasst die Führungsstruktur, die Organisationsstruktur, aber auch konkrete Abläufe im Unternehmen.

Tab. 3 Komponenten des CSR-Controllings anhand von Beispielen aus Nachhaltigkeitsberichten (Quelle: In Erweiterung von Guenther et al. 2016)

Komponenten des Controllings (nach Malmi und Brown)	Intragenerationale Ausgestaltung	Intergenerationale Ausgestaltung
Kybernetische CSR-Steuerung (CSR-Budgets, finanzielle und nicht-finanzielle CSR-Indikatoren)	Messung der Wirkungen unternehmerischen Handelns weltweit (z. B. Burritt und Schaltegger 2001; Günther und Kaulich 2005 oder Epstein und Roy 2001), z. B. hat PUMA ein sogenanntes Environmental Profit and Loss Account erstellt und die SAP AG: bewertet Umweltaspekte ökonomisch („Die Verringerung unserer Emissionen trug laut unserer eigenen Berechnungen dazu bei, seit 2008 Kosten in Höhe von 220 Mio. € zu vermeiden.")	Steuerung von Innovationen (Wagner 2007) und End-of-Life-Wirkungen (Neu und Simmons 1996; Lee und Hutchison 2005). SIEMENS hat FuE-Richtlinien, die Umweltaspekte berücksichtigen
CSR-Planung (lang- und kurzfristig)	Berücksichtigung von CSR-Aspekten bei Investitionsentscheidungen (z. B. Hugo und Pistikopoulos 2005)	Intergenerationale Szenarioplanung (z. B. Nowack et al. 2011) oder Infrastrukturplanung (z. B.Meyr et al. 2013), z. B. die Pictures of the Future von SIEMENS oder die Shell Energie-Szenarien 2050. BMW will die Mobilität von morgen durch zukunftsweisende Fahrzeuge, aber auch nachhaltige und intelligente Mobilitätsdienstleistungen gestalten
Anreizsysteme	CSR-orientierte Vergütungssysteme (Govindarajulu und Daily 2004), RWE ermittelt Ziele im Stakeholderdialog und leitet aus diesem variable Vergütungsbestandteile ab. Bei Royal Dutch Shell PLC vergibt der CEO Preise in den Bereichen Gesundheit, Sicherheit, Umwelt und gesellschaftliche Leistung	Anreizsysteme, die die nachfolgenden Generationen in den Blick nehmen (z. B. Carroll 1985). In Familienunternehmen besteht häufig ein Anreiz, das Unternehmen an die nächste Generation weiterzugeben, wie man es von der vorangegangenen Generation geerbt hat (z. B. Stiftung Familienunternehmen)

Tab. 3 (Fortsetzung)

Komponenten des Controllings (nach Malmi und Brown)	Intragenerationale Ausgestaltung	Intergenerationale Ausgestaltung
Verwaltungssteuerung (CSR in der Führung, CSR in der Organisation, CSR-Prozesse)	In der Organisationsstruktur sind CSR-Themen verankert (z. B. Atkinson et al. 2000 oder, Günther et al. 2013). DHL hat ein „go green sponsors board" eingerichtet, die Lufthansa ist an allen deutschen Stationen nach ISO 14001 zertifiziert und hat eine Umweltstrategie 2020 auf oberster Ebene installiert, die Münchner Rückversicherungsgesellschaft AG hat eine Corporate-Citizenship-Strategie verabschiedet	In den Führungs- und Verwaltungsstrukturen sind CSR-Themen langfristig verankert (z. B. Walls et al. 2012). Viele Unternehmen haben mittlerweile Chief Sustainability Officers, die sowohl die Triple Bottom Line als auch die Zeitdimension der Nachhaltigkeit in den Blick nehmen
CSR-Kultur (Werte, Normen, Gruppenzugehörigkeit)	Symbolisches Handeln mit intragenerationaler Wirkung (Berry und Rondelli 1998) z. B. bei Lanxess AG: „Über die gesetzlich verpflichtenden Zertifizierungen hinaus lassen wir, abhängig von Kundenwünschen, Produkte auch zusätzlich zertifizieren. So verfügen wir beispielsweise über Zertifikate, die die Konformität mit religiösen Speisegesetzen attestieren"	Intergenerational angelegte Wertesysteme (van Marewijk 2003), z. B. BASF SE „we create sustainable chemistry"

5 Fazit

Um noch einmal auf Alice im Wunderland zurückzukommen: Wenn sich das Controlling gesellschaftliche Verantwortung nicht als leitende Prämisse zu Eigen macht, wird es auch keinen Beitrag zum CSR-Engagement leisten können. Der vorliegende Beitrag hat aufgezeigt, dass das Controlling eine Schlüsselrolle bei der Umsetzung des CSR-Engagements in Unternehmen spielen kann.

Besonderes Augenmerk sollte dabei darauf gelegt werden, interne Ressourcen und Fähigkeiten zu nutzen, das Controllingsystem am unternehmensspezifischen Kontext auszurichten, verschiedenste Steuerungsgrößen wie im Controlling-Framework von Malmi und Brown (2008) zu nutzen und schließlich zu akzeptieren, dass die Einführung Zeit kostet.

Thesen

Und so können wir im Sinne von Alice im Wunderland schließen:

„Willst Du mir wohl sagen, wenn ich bitten darf, wie ich mein Controlling gestalten soll?" fragte der Manager.

„Das hängt zum guten Teil davon ab, wie Du Verantwortung übernehmen willst", antwortete die Katze.

„Es kommt mir nicht darauf an, Verantwortung zu übernehmen"; erwiderte der Manager.

„Dann spielt auch die Ausgestaltung des Controlling keine Rolle." erklärte die Katze.

„Wenn ich mein Unternehmen nur irgendwie steuere" fügte der Manager als Erklärung hinzu.

„Oh, irgendwie steuern wirst Du ganz gewiss, aber wirst Du auch richtig steuern?" sagte die Katze.

Literatur

Adams, C. A., & Frost, G. R. (2008). Integrating sustainability reporting into management practices. *Accounting Forum, 32*(4), 288–302.

Adams, C. A., & McNicholas, P. (2007). Making a difference. *Accounting, Auditing and Accountability Journal, 20*(3), 382–402.

Aguinis, H., & Glavas, A. (2012). What we know and don't know about corporate social responsibility a review and research agenda. *Journal of Management, 38*(4), 932–968.

Ahrens, T., & Chapman, C. S. (2007). Management accounting as practice. *Accounting, Organizations and Society, 32,* 1–27.

Allouche, J., & Laroche, P. (2005). A meta-analytical examination of the link between corporate social and financial performance. *Revue de Gestion des Ressources Humaines, 57,* 18–41.

Ambec S., & Lanoie, P. (2008). Does it pay to be green? A systematic overview. *The Academy of Management Journal, 22*(4), 45–62.

Anthony, R. N. (1965). *Planning and control systems. A framework for analysis.* Boston: Harvard University Press.

Atkinson, S., Schaefer, A., & Viney, H. (2000). Organizational structure and effective environmental management. *Business Strategy and the Environment, 9*(2), 108.

Bayer. (2013). http://materialscience.bayer.com/de/Company/Organization/New-Business.aspx. Zugegriffen: 3. Mai 2013.

Berry, M. A., & Rondinelli, D. A. (1998). Proactive corporate environmental management: A new industrial revolution. *Academy of Management Executive, 12*(2), 38–50.

Bowen, F. E. (2002). Organizational slack and corporate greening: Broadening the debate. *British Journal of Management, 13*(4), 305–316.

Burritt, R. L., & Schaltegger, S. (2001). Eco-efficiency in corporate budgeting. *Environmental Management and Health, 12*(2), 158–174.

Carroll, A. B., & Shabana, K. M. (2010). The business case for corporate social responsibility: a review of concepts, research and practice. *International Journal of Management Reviews, 12*(1), 85–105.

Carroll, B. J. (1985). *Talking with business. The view of 101 top executives of smaller businesses on their role in supporting non-profit activities and partnerships with schools*. Washington, D.C.: United States Department of Education.

Clemens, B., & Bakstram, L. (2010). A framework of theoretical lenses and strategic purposes to describe relationships among firm environmental strategy, financial performance, and environmental performance. *Management Research Review, 33*(4), 293–405.

Coenenberg, A. G., Fischer, T. M., & Günther, T. (2012). *Kostenrechnung und Kostenanalyse*. Stuttgart: Schäffer-Poeschel.

Crutzen, N., & Herzig, C. (2013). A review of the empirical research in management control, strategy and sustainability. In L. Songini, A. Pistoni, & C. Herzig (Hrsg.), *Studies in managerial and financial accounting*, S. 165–195.

Cyert, R. M., & March, J. G. (1963). *A behavioral theory of the firm*. Englewood Cliffs: Prentice-Hall.

Daniel, F., Lohrke, F. T., Fornaciari, C. J., & Turner, R. A. (2004). Slack resources and firm performance: A meta-analysis. *Journal of Business Research, 57*(2004), 565–574.

Delmas, M., & Toffel, M. W. (2004). Stakeholders and environmental management practices: an institutional framework. *Business Strategy and the Environment, 13*(4), 209–222.

Elkington, J. (1997). *Cannibals with forks: The triple bottom line of 21st century business*. Oxford: Capstone.

Epstein, M. J., & Roy, M. J. (2001). Sustainability in action: Identifying and measuring the key performance drivers. *Long range planning, 34*(5), 585–604.

Epstein, M. J., & Wisner, P. S. (2005). Managing and controlling environmental performance: Evidence from Mexico. *Advances in Management Accounting, 14*, 115–137.

Esty, D. C., & Porter, M. E. (1998). Industrial ecology and competitiveness: Strategic implications for the firm. *Journal of Industrial Ecology, 2*(1), 35–44.

Esty, D. C., & Porter, M. E. (2005). National environmental performance: An empirical analysis of policy results and determinants. *Environment and Development Economics, 10*(4), 391–434

Flamholtz, E. G., Das, T. K., & Tsui, A. S. (1985). Toward an integrative framework of organizational control. *Accounting, Organizations and Society, 10*(1), 35–50.

Freeman, R. E. (1984). *Strategic management: A stakeholder approach*. Boston: Pitman.

Friedman, M. (1962). *Capitalism and freedom*. Chicago: The University of Chicago Press, Phoenix Books.

Friedman, M. (1970). *The social responsibility of business is to increase its profits*. New York: Times Magazine.

GRI (Global Reporting Initiative). (2013). G4 Sustainability Reporting Guidelines. https://www.globalreporting.org/resourcelibrary/GRIG4-Part1-Reporting-Principles-and-Standard-Disclosures.pdf. Zugegriffen: 17. März 2015.

Gond, J.-P., Grubnic, S., Herzig, C., & Moon, J. (2012). Configuring management control systems: theorizing the integration of strategy and sustainability. *Management Accounting Research, 23*, 205–223.

Govindarajulu, N., & Daily, B. F. (2004). Motivating employees for environmental improvement. *Industrial Management and Data Systems, 104*(4), 364–372.

Griffin, J. J., & Mahon, J. F. (1997). The corporate social performance and corporate financial performance debate: Twenty-five years of incomparable research. *Business and Society, 36*(1), 5–31.

Guenther, E., & Kaulich, S. (2005). The EPM-KOMPAS: an instrument to control the environmental performance in small and medium-sized enterprises. *Business Strategy and the Environment, 14*(6), 361–371.

Guenther, E., Endrikat, J., & Guenther, T. (2016). Environmental management control systems: A conceptualization and a review of the empirical evidence. *Journal of Cleaner Production*, in press.

Günther, E. (1994). *Ökologieorientiertes Controlling. Konzeption eines Systems zur ökologieorientierten Steuerung und empirischen Validierung*. München: Vahlen Verlag.

Günther, E. (2008). *Ökologieorientiertes Management*. Günther: UTB GmbH.

Günther, T. (2013). Conceptualisations of „controlling" in German-speaking countries: analysis and comparison with Anglo-American management control frameworks. *Journal of Management Control, 23*(4), 269–290.

Guenther, E., Hueske, A. K., Stechemesser, K., & Buscher, L. (2013). The "why not"-perspective of green purchasing: A multi level case study analysis. *Journal of Change Management, 13*(4), 407–423.

Günther, E., & Hoppe, H. (2014). Merging limited perspectives: A synopsis of measurement approaches and theories of the relationship between corporate environmental and financial performance. *Journal of Industrial Ecology, 18*(5), 689–707.

Günther, T., & Gonschorek, T. (2011). Wertorientierte Unternehmensführung im deutschen Mittelstand – Ergebnisse einer empirischen Studie. *Controlling, 23*(1), 18–27.

Harris, N. (2007). Corporate engagement in processes for planetary sustainability: understanding corporate capacity in the non-renewable resource extractive sector, Australia. *Business Strategy and the Environment, 16*(8), 538–553.

Hart, S. L., & Ahuja, G. (1996). Does it pay to be green? An empirical examination of the relationship between emission reduction and firm performance. *Business Strategy and the Environment, 5*(1), 30–37.

Henri, J. F., & Journeault, M. (2010). Eco-control: The influence of management control systems on environmental and economic performance. *Accounting, Organizations and Society, 35*(1), 63–80.

Horváth, P. (2011). *Controlling* (12. Aufl.). München: Vahlen.

Hugo, A., & Pistikopoulos, E. N. (2005). Environmentally conscious long-range planning and design of supply chain networks. *Journal of Cleaner Production, 13*(15), 1471–1491.

Jansson, Å., Nilsson, F., & Rapp, B. (2000). Environmentally driven mode of business development: a management control perspective. *Scandinavian Journal of Management, 16*(3), 305–333.

Kubicek, H., & Thom, N. (1976). Umsystem, betriebliches. *Handwörterbuch der Betriebswirtschaft, 4*, 3977–4017.

Küpper, H.-U. (2008). *Controlling – Konzeption, Aufgaben, Instrumente* (5th Aufl.). Stuttgart: Schäffer-Poeschel.

Langfield-Smith, K. (1997). Management control systems and strategy: a critical review. *Accounting, Organizations and Society, 22*(2), 207–232.

Lee, T. M., & Hutchison, P. D. (2005). The decision to disclose environmental information: A research review and agenda. *Advances in accounting, 21*, 83–111.

Lozano, R., Carpenter, A., & Huisingh, D. (2014). A review of „theories of the firm" and their contributions to Corporate Sustainability. *Journal of Cleaner Production*. doi:10.1016/j.jclepro.2014.05.007

Lu, W., Chau, K. W., Wang, H., & Pan, W. (2014). A decade's debate on the nexus between corporate social and corporate financial performance: a critical review of empirical studies 2002–2011. *Journal of Cleaner Production, 79*, 195–206.

Mahapatra, S. (1984). Investor reaction to a corporate social accounting. *Journal of Business Finance and Accounting, 11*(1), 29–40

Malmi, T., & Brown, D. A. (2008). Management control systems as a package: opportunities, challenges and research directions. *Management Accounting Research, 19*(2), 287–300.

Margolis, J. D., & Walsh, J. P. (2003). Misery loves companies: Rethinking social initiatives by business. *Administrative Science Quarterly, 48*(2), 268–305.

van Marrewijk, M. (2003). Concepts and definitions of CSR and corporate sustainability: Between agency and communion. *Journal of Business Ethics, 44*, 95–105.

McGuire, J., Dow, S., & Argheyd, K. (2003). CEO incentives and corporate social performance. *Journal of Business Ethics, 45*(4), 341–359

McWilliams, A., & Siegel, D. (2000). Corporate social responsibility and financial performance: Correlation or misspecification? *Strategic Management Journal, 21*(5), 603–609

Meyr, J., Günther, E., & von Feilitzsch, S. (2013). Sustainable management at a public transport provider – from large-scale scenarios to small-scale decisions. *Zeitschrift für Umweltpolitik und Umweltrecht, 36*(4), 460–503.

Milne, M. J., Kearins, K., & Walton, S. (2006). Creating adventures in wonderland: the journey metaphor and environmental sustainability. *Organization, 13*(6), 801–839.

Molina-Azorin, J. F., Claver-Cortes, E., Lopez-Gamero, M. D., & Tari, J. J. (2009). Green management and financial performance: A literature review. *Management Decision, 47*(7), 1080–1100.

Neu, D., & Simmons, C. (1996). Reconsidering the „social" in positive accounting theory: The case of site restoration costs. *Critical Perspectives on Accounting, 7*(4), 409–435.

Nowack, M., Endrikat, J., & Guenther, E. (2011). Review of Delphi-based scenario studies: quality and design considerations. *Technological Forecasting and Social Change, 78*(9), 1603–1615.

Orlitzky, M. (2007). *Links between corporate social responsibility and corporate financial performance: Theoretical and empirical determinants. Corporate social responsibility.* In J. Allouche (Hrsg.) Hampshire: Palgrave Macmillan

Orlitzky, M., Schmidt, F., & Rynes, S. (2003). Corporate social and financial performance: A meta-analysis. *Organization Studies, 24*(3), 403–441.

Pondeville, S., Swaen, V., & De Rongé, Y. (2013). Environmental management control systems: The role of contextual and strategic factors. *Management accounting research,* 24(4), 317–332.

Porter, M. E. (1991a). America's green strategy. *Scientific American, 264*(4), 168–168.

Porter, M. E. (1991b). Green competitiveness. *Scientific American, 264*(4), 1–2

Porter, M. E., & Van der Linde, C. (1995). Green and competitive: Ending the stalemate. *Harvard Business Review, 73*(15), 120–134

Poser, C., Guenther, E., & Orlitzky, M. (2012). Shades of green: Using computer-aided qualitative data analysis to explore different aspects of corporate environmental performance. *Journal of Management Control, 22*(4), 413–450.

Preston, L., & O'Bannon, D. P. (1997). The corporate social-financial performance relationship: A typology and analysis. *Business and Society, 36*(4), 419–429

Reinhardt, F. L. (1998). Environmental product differentiation: Implications for corporate strategy. *California management review, 40*(4), 43.

Reinhardt, F. L. (1999). Bringing the environment down to earth. *Harvard Business Review, 77*(4), 149–158

Sarkis, J., & Cordeiro, J. J. (2001). An empirical evaluation of environmental efficiencies and firm performance: Pollution prevention versus end-of-pipe practice. *European Journal of Operational Research, 135*(1), 102–113

Schäffer, U., & Weber, J. (2004). Thesen zum Controlling. In E. Scherm & G. Pietsch (Hrsg.), *Controlling – Theorien und Konzeptionen* (S. 459–466). München: Vahlen.

Schaltegger, S., & Synnestvedt, T. (2002). The link between green and economic success: Environmental management as the crucial trigger between environmental and economic performance. *Journal of Environmental Management, 65*(4), 339–346

Shell International BV. (2008). Shell Global Scenarios to 2025. http://www-static.shell.com/content/dam/shell/static/aboutshell/downloads/our-strategy/shell-global-scenarios/exsum-23052005.pdf. Zugegriffen: 09.Mai 2014

Siemens. (2001). Pictures of the Future – Die Zeitschrift für Forschung und Innovation. http://www.siemens.com/innovation/pool/de/Publikationen/Zeitschriften_pof/PoF_Herbst_2001/PoF_2-01_D_1203848.pdf. Zugegriffen: 23. März 2015.

Simons, R. (1995). *Levers of control.* Boston: Harvard Business School Press.

The ASPEN-Institute. (2010). Long-term value creation – guiding principles for corporations and investors. http://www.aspeninstitute.org/sites/default/files/content/images/Aspen_Principles_with_signers_June_10_0.pdf. Zugegriffen: 13. Sept. 2015.

Ullmann, A. (1985). Data in search of a theory: A critical examination of the relationship among social performance, social disclosure and economic performance of U.S. firms. *Academy of Management Review, 10*(3), 540–557.

UN. (2015). Sustainable Development Goals. https://sustainabledevelopment.un.org/topics/sustainabledevelopmentgoals. Zugegriffen: 20. Sept. 2015.

Waddock, S. A., & Graves, S. B. (1997). The corporate social performance: Financial performance link. *Strategic Management Journal, 18*(4), 303–319.

Wagner, M. (2007). On the relationship between environmental management, environmental innovation and patenting: Evidence from German manufacturing firms. *Research Policy, 36*(10), 1587–1602.

Walls, J. L., Berrone, P., & Phan, P. H. (2012). Corporate governance and environmental performance: is there really a link?. *Strategic Management Journal, 33*(8), 885–913.

Willard, B. (2002). *The sustainability advantage: Seven business case benefits of a triple bottom line*. Canada: New Society Publishers.

Wood, D. J. (1991). Corporate social performance revisited. *Academy of Management Review, 16*(4), 691–718.

Prof. Dr. Edeltraud Günther leitet den Lehrstuhl für Betriebliche Umweltökonomie an der Technischen Universität Dresden und ist seit 2005 Gastprofessor in an der University of Virginia in Charlottesville, USA. Sie beschäftigt sich seit fast 25 Jahren mit der Frage, wie die ökologische Dimension der Nachhaltigkeit in unternehmerische Entscheidungen, auch Investitionsentscheidungen, integriert werden kann.

Dr. Jan Endrikat ist wissenschaftlicher Mitarbeiter am Lehrstuhl für Betriebliches Rechnungswesen/Controlling der Technischen Universität Dresden. Sein Forschungsschwerpunkt liegt an der Schnittstelle zwischen Nachhaltigkeitsmanagement und strategischem Controlling und umfasst Themen wie mögliche Erfolgspotentiale von Nachhaltigkeit und Corporate Social Responsibility, Messung von Nachhaltigkeitsleistung und Nutzung von Management Control Systems zur Umsetzung von Nachhaltigkeitsstrategien. Seine Arbeiten wurden unter anderem veröffentlicht im European Management Journal, im Journal of Business Ethics und in den Geneva Papers on Risk and Insurance.

Prof. Dr. Thomas Günther ist Professor für betriebliches Rechnungswesen/Controlling an der Technischen Universität Dresden. Er forscht zum Design von Controlling-Systemen und zur Messung, Bewertung und Steuerung von immateriellen Ressourcen und Non-financials. Neben zwei verbreiteten Lehrbüchern zum operativen Controlling und zum strategischen Controlling hat er in verschiedensten internationalen und deutsch-sprachigen wissenschaftlichen als auch praxisorientierten Zeitschriften veröffentlicht. Er ist managing editor des Journal of Management Control.

Green-Controlling-Roadmap – Ansätze in der Unternehmenspraxis

Péter Horváth und Sebastian Berlin

1 Einleitung

Die Vermeidung und Verminderung von Umweltbelastungen im Sinne ökologieorientierter Unternehmensziele (Günther 2008) bildet ein Kernthema der gesellschaftlichen Verantwortung von Unternehmen (ISO 26000) und einen entscheidenden Bestandteil des Konzepts der Corporate Social Responsibility (Schneider 2012; Carroll 1999). Der Beitrag, den das Controlling leisten kann um ökologieorientierte Unternehmensziele messen und steuern zu können, wird seit Jahrzehnten unter Begriffen wie „Umweltcontrolling" (z. B. Tschandl 2012), „Environmental (Management) Accounting" (z. B. Schaltegger und Burritt 2000) und „Green-Controlling" (Horváth 2011; Horváth 2012) untersucht. Unter Green-Controlling wird die „Erweiterung der Aufgaben, Prozesse und Instrumente des Controllings auf Aspekte der ökologischen Nachhaltigkeit" (Steinke et al. 2014, S. 20) verstanden. Green-Controlling bildet durch die Ausrichtung auf die ökologischen Aspekte der Unternehmensaktivitäten einen wesentlichen Bestandteil des CSR-Controllings.

Trotz der Vielzahl an Erkenntnissen scheinen die Herausforderungen der Praxis mit der Implementierung von Green-Controlling-Ansätzen jedoch nicht gelöst (Lee 2011; Christ und Burritt 2013). Dies wirkt sich negativ auf die weitere Verbreitung des CSR-Controllings aus. Nur wenn die Probleme in den Teilbereichen des CSR-Controllings gelöst sind, kann dieses umfänglich implementiert werden und sich in den Unternehmen verbreiten.

Ein Grund für die geringe Verbreitung ist die mangelnde Berücksichtigung der Implementierungsziele in den Green-Controlling-Konzeptionen. In diesem Beitrag werden drei typische Implementierungsziele vorgestellt und die Konsequenzen die sich daraus für das

S. Berlin (✉) · P. Horváth
IPRI, Stuttgart, Deutschland
E-Mail: SBerlin@ipri-institute.com

© Springer-Verlag Berlin Heidelberg 2016
E. Günther, K.-H. Steinke (Hrsg.), *CSR und Controlling*, Management-Reihe Corporate Social Responsibility, DOI 10.1007/978-3-662-47702-1_2

Green-Controlling ergeben werden, beschrieben. Den Ausgangspunkt bildet das Verständnis von Green-Controlling in Wissenschaft und Praxis.

2 Entwicklung des Verständnisses von Green-Controlling in Wissenschaft und Praxis

2.1 Wissenschaftliche Entwicklung

Green-Controlling ist bereits seit mehreren Jahrzehnten ein Gegenstand der Controllingforschung. Ullmann beschreibt bereits 1976 ein „Corporate Environmental Accounting System" durch welches die Umweltauswirkungen unternehmerischer Tätigkeiten bewertet werden können (Ullmann 1976). In der Wissenschaft viel beachtete Publikationen wie der Brundtland Report (United Nations 1987) und der „Blueprint for a Green Economy" (Pearce et al. 1989) führten dazu, dass die Anzahl wissenschaftlicher Publikationen zu Green-Controlling ab Ende der 1980er-Jahre sprunghaft anstieg (vgl. hierzu die Literaturstudie von Schaltegger et al. 2011).

Die Beiträge waren dabei sowohl international als auch im deutschsprachigen Raum von Anfang an anwendungsorientiert, d. h. an den Herausforderungen der Praxis, ausgerichtet. So beschreiben Gray und Gray et al. Anfang der 1990er-Jahre die Konsequenzen, die sich aus einer ökologieorientierten Unternehmensausrichtung für das Rechnungswesen ergeben (Gray 1990; Gray et al. 1993). Bereits ab Mitte der 1990er-Jahre werten Ditz et al. (1995) sowie Bennett und James (2000) erstmals eine größere Anzahl an Fallstudien im Bereich des Green-Controllings aus. Den ersten umfassenden konzeptionellen Beitrag liefern Schaltegger und Burritt (2000) mit ihrem Entwurf eines auf Ökoeffizienz ausgerichteten „Environmental Management Accounting".

Während bis dahin vor allem Erfassungs- und Bewertungsaspekte im Mittelpunkt der Green-Controlling-Forschung standen, veränderte sich der Themenfokus ab dem Jahr 2000. Zunehmend wurden von da an Steuerungsaspekte, im Sinne von „Environmental Management Control", untersucht (z. B. Henri und Journeault 2010; Gond et al. 2012; Epstein und Buhovac 2014). Diese Entwicklung dauert bis heute an und wird durch eine steigende Anzahl quantitativer Studien begleitet (z. B. Pondeville et al. 2013; Christ und Burritt 2013).

Auch im deutschsprachigen Raum wurden beide Themen, sowohl Erfassungs- und Bewertungsaspekte als auch Steuerungsaspekte, frühzeitig aufgegriffen. Im Bereich der Erfassung und Bewertung von Umweltbelastungen innerhalb des Controllings wurden dazu verschiedene Ansätze zur Erfassung betrieblicher Umweltkosten diskutiert (z. B. Fichter et al. 1997; Letmathe 1998; Günther und Günther 2003; Prammer 2008; Müller 2010). Zudem beschäftigte sich die Forschung mit der Messung des Erfolgs betrieblicher Umweltschutzaktivitäten (z. B. Schaltegger und Sturm 1995; Sturm 2000).

Der Beitrag von Wagner und Janzen (1991) markiert den Einstieg in die breite wissenschaftliche Diskussion von Steuerungsaspekten des Green-Controllings. Es folgten weitere, meist konzeptionelle, Beiträge unter dem Schlagwort „Öko-Controlling" (z. B. Hallay und Pfriem 1992; Günther 1994; Seidel 1995). Ab dem Jahr 2000 lag der Schwerpunkt in der deutschsprachigen Literatur zunehmend auf der Erweiterung spezifischer Controllinginstrumente wie der Prozesskostenrechnung (Herbst 2001) oder dem Target Costing (Berlin 2015) um ökologieorientierte Aspekte.

2.2 Entwicklung und Verbreitung in der Unternehmenspraxis

Die Entwicklung und Verbreitung des Green-Controllings lässt sich anhand von Umsetzungsempfehlungen für die Praxis sowie anhand von empirischen Studien nachvollziehen. Seit Mitte der 1990er-Jahre veröffentlichten mehrere Regierungs- und Nicht-Regierungsorganisationen ihre Empfehlungen für die Umsetzung des Green-Controllings. Diese fokussieren meist auf einen Teilaspekt des Green-Controllings, insbesondere die Umweltkostenrechnung. Als Beispiele seien Empfehlungen der US-amerikanischen Environmental Protection Agency (EPA 1995), des Vereins Deutscher Ingenieure (VDI 2001) sowie der International Federation of Accountants (IFAC 2005) genannt. Nur wenige Praxisleitfäden nehmen eine ganzheitliche Perspektive ein. Als Ausnahmen seien das „Handbuch Umweltcontrolling" des Bundesumweltministeriums und des Umweltbundesamts (BMU und UBA 2001) als auch der Leitfaden „Green-Controlling" des Internationalen Controller Vereins genannt (Steinke et al. 2014).

Die Verbreitung des Green-Controllings soll anhand von drei Studien dargestellt werden, die die Entwicklungen in den letzten zwei Jahrzehnten zusammenfassen. Die Studie von Bartolomeo et al. (2000) fasst den Status quo der Verbreitung des Green-Controllings in mehreren europäischen Ländern für Mitte der 1990er-Jahr zusammen. Hinsichtlich der Verbreitung des Green-Controllings zeigen die Studien vor allem die Lücke zwischen der wahrgenommenen Wichtigkeit der Umsetzung des Green-Controllings und dem tatsächlichen Umsetzungsstand. Deutlich wird dies im Fall der Investitionsplanung. Während zum Zeitpunkt der Studie bereits etwa die Hälfte der befragten Unternehmen angeben, dass die Investitionsplanung das wichtigste Instrument einer ökologieorientierten Unternehmenssteuerung ist, passen nur etwa ein Viertel der Unternehmen ihre Investitionsplanung im Sinne des Green-Controllings an. Die Autoren kommen daher zu dem Schluss, dass Green-Controlling zu diesem Zeitpunkt für die meisten Unternehmen überwiegend durch punktuelle Aktivitäten gekennzeichnet ist, deren Bedeutung allerdings zunehmen wird.

In ihrem Studienbericht stellen Herzig und Schaltegger (2009) die Ergebnisse von zwei Umfragen zum Stand des Nachhaltigkeitsmanagements bei den 120 größten Unternehmen Deutschlands in den Jahren 2002 und 2006 vor. Die Studie zeigt, dass in etwa einem Drittel der Unternehmen das Controlling durch ökologische Fragestellungen betroffen ist. Die Anwendungshäufigkeit von ökologieorientierten Methoden innerhalb des Controllings liegen im Vergleich mit anderen Funktionsbereichen auf einem niedrigen Niveau. Insgesamt stellen die Autoren eine deutliche Dynamik in der Operationalisierung des Nachhaltigkeitsmanagements fest und verweisen dabei insbesondere auf den Einsatz integrativer Methoden in verschiedenen Funktionsbereichen.

Die aktuellste Studie zum Stand des Green-Controllings in deutschen Unternehmen wurde durch den Internationalen Controller Verein veröffentlicht (ICV 2011). Die Ergebnisse zeigen, dass das Green-Controlling als eine Erweiterung der Aufgaben des Controllings wahrgenommen wird. Dies beschränkt sich nicht nur auf den Nachweis der Wirtschaftlichkeit oder die Erhebung von Kennzahlen, sondern beinhaltet auch die Sensibilisierung, Beratung und Motivation der Führung und anderer Akteure, in dem u. a. ökologische und ökonomische Zusammenhänge laufend hinterfragt werden. Die Studie zeigt, dass diese Themenstellungen in die vorhandenen Prozesse integriert werden sollten, anstatt parallele Green-Controlling-Prozesse und -Systeme aufzubauen.

Die vorgestellten Leitfäden und Studien verdeutlichen, dass insgesamt ein hohes Bewusstsein für das Green-Controlling in der Unternehmenspraxis vorhanden ist. Deutlich wird auch, dass hieraus der Anstoß zu dessen Umsetzung folgt (Lee 2011; Christ und Burritt 2013). Es finden sich Hinweise darauf, dass das Green-Controlling überwiegend bei Unternehmen implementiert ist, die ökologische Themen als Vorreiter in ihr Geschäftsmodell integrieren. Die weite Verbreitung bei Unternehmen mit weniger ambitionierten Zielen lässt scheinbar noch auf sich warten. Allerdings kann diese Wahrnehmung auch aus der bislang mangelnden Berücksichtigung der Implementierungsziele folgen, wie der nachfolgende Abschnitt zeigt.

2.3 Probleme durch die mangelnde Berücksichtigung der Implementierungsziele in Wissenschaft und Praxis

Bisherige Studien zum Green-Controlling berücksichtigen die Implementierungsziele nur implizit. So wird in der Studie von Bartolomeo et al. (2000) davon ausgegangen, dass Green-Controlling der internen Entscheidungsunterstützung dient und insbesondere Transparenz über die Kosten und Nutzen von Umweltmanagementmaßnahmen herstellt. Herzig und Schaltegger (2009) gehen davon aus, dass die einzelnen betrieblichen Teilfunktionen, inklusive des Controllings, das Nachhaltigkeitsmanagement des Unternehmens unterstützen wollen. Unter Nachhaltigkeitsmanagement wird hierbei das Entwickeln und Umsetzen der Nachhaltigkeitsstrategie des Unternehmens verstanden. Die ICV-Studie (ICV 2011) vertieft diese Blickrichtung, indem zwischen verschiedenen Typen von Umweltstrategien unterschieden wird. Der Studie entsprechend, resultieren daraus unmittelbare Konsequenzen für die Ausgestaltung des Green-Controllings.

Durch die eingeschränkte Berücksichtigung der Implementierungsziele ergeben sich unmittelbare Auswirkungen für Wissenschaft und Praxis. Wissenschaftlich entstehen einerseits ein Erfassungsproblem und andererseits ein Erklärungsproblem. Werden nur einzelne Instrumente erfasst, bleiben die Beziehungen zwischen Implementierungszielen und Implementierungsumfang unerkannt. Spezifische Ausbaustufen des Green-Controllings, bestehend aus einer Auswahl von Instrumenten und Prozessen, können nicht erfasst werden und der scheinbar beliebige Einsatz einzelner Instrumente kann nicht tiefergehend erklärt werden.

Nur wenige konzeptionelle Beiträge differenzieren zwischen Implementierungsstadien, in denen gezielt einzelne Instrumente und Methoden des Green-Controllings implementiert und angewendet werden. Als Beispiel sei der Beitrag von Günther und Stechemesser

(2011) angeführt, der zwischen dem „Differentiated Green Controlling" (Erweiterung der Kosten- und Leistungsrechnung um interne Umweltkosten), dem „Adjusted Green Controlling" (Integration externer Umweltkosten) sowie dem „Extended Green Controlling" (Berücksichtigung nicht-monetärer Größen) unterscheidet.

Die mangelnde Differenzierung der Green-Controlling-Lösungen („one-size-fits-all") führt im Hinblick auf die Umsetzung eines CSR-Controllings für die Unternehmen zu drei Problemen:

1. Es fehlt die Orientierung für die Auswahl und den Einsatz bedarfsgerechter Instrumente und Prozesse. Dies erschwert insbesondere mittelständischen Unternehmen, die effiziente und effektive Umsetzung des Green-Controllings und in der Folge des CSR-Controllings.
2. Mit einer „one-size-fits-all" Lösung ist es sehr wahrscheinlich dass die Entscheidungsträger mit Informationen über- oder unterversorgt werden. Dies ist nicht im Sinne eines effizienten, an den Bedarfen der Unternehmensführung orientierten CSR-Controllings.
3. Eine „one-size-fits-all" Lösung überfordert die verantwortlichen Mitarbeiter, da die Implementierung meist als zu umfangreich wahrgenommen wird. Es leiden, die für die Implementierung von CSR-Themen entscheidende Überzeugung und Mitwirkung der Mitarbeiter und Führungskräfte.

Lösbar sind diese Herausforderungen indem sich die unternehmensspezifische Green-Controlling-Lösung an den Zielen des Unternehmens orientiert. Es ergeben sich verschiedene Ausbaustufen des Green-Controlling.

3 Ausbaustufen des Green-Controllings

3.1 Elemente des Green-Controllings

Durch Green-Controlling erweitert sich der Fokus der traditionellen Controllingaufgaben, -prozesse und -instrumente um ökologieorientierte Sachverhalte (Steinke et al. 2014). Green-Controlling weist damit dieselben Elemente auf wie ein traditionelles Controlling (Abb. 1).

Anhand von Unternehmensbeispielen wird allerdings deutlich, dass die Erweiterung des Controllings um ökologieorientierte Sachverhalte selten zu einem einzigen Zeitpunkt erfolgt. Vielmehr lassen sich in der Unternehmenspraxis verschiedene Ausbaustufen des Green-Controllings beobachten, die sich auf drei grundsätzliche Implementierungsziele zurückführen lassen. Dies sind die 1) Umsetzung von Umwelt(einzel)maßnahmen, 2) die Bereitstellung interner und externer Umweltberichte sowie 3) die Entwicklung und Umsetzung der Umweltstrategie. Aus den Implementierungszielen ergeben sich spezifische Unterstützungsbedarfe der Unternehmensführung und entsprechende Ziele, die mit dem Green-Controlling verfolgt werden. Anhand der Ziele lassen sich damit der maßnahmengetriebene, der reportinggetriebene und der strategiegetriebene Implementierungsansatz für das Green-Controlling unterscheiden (Abb. 2).

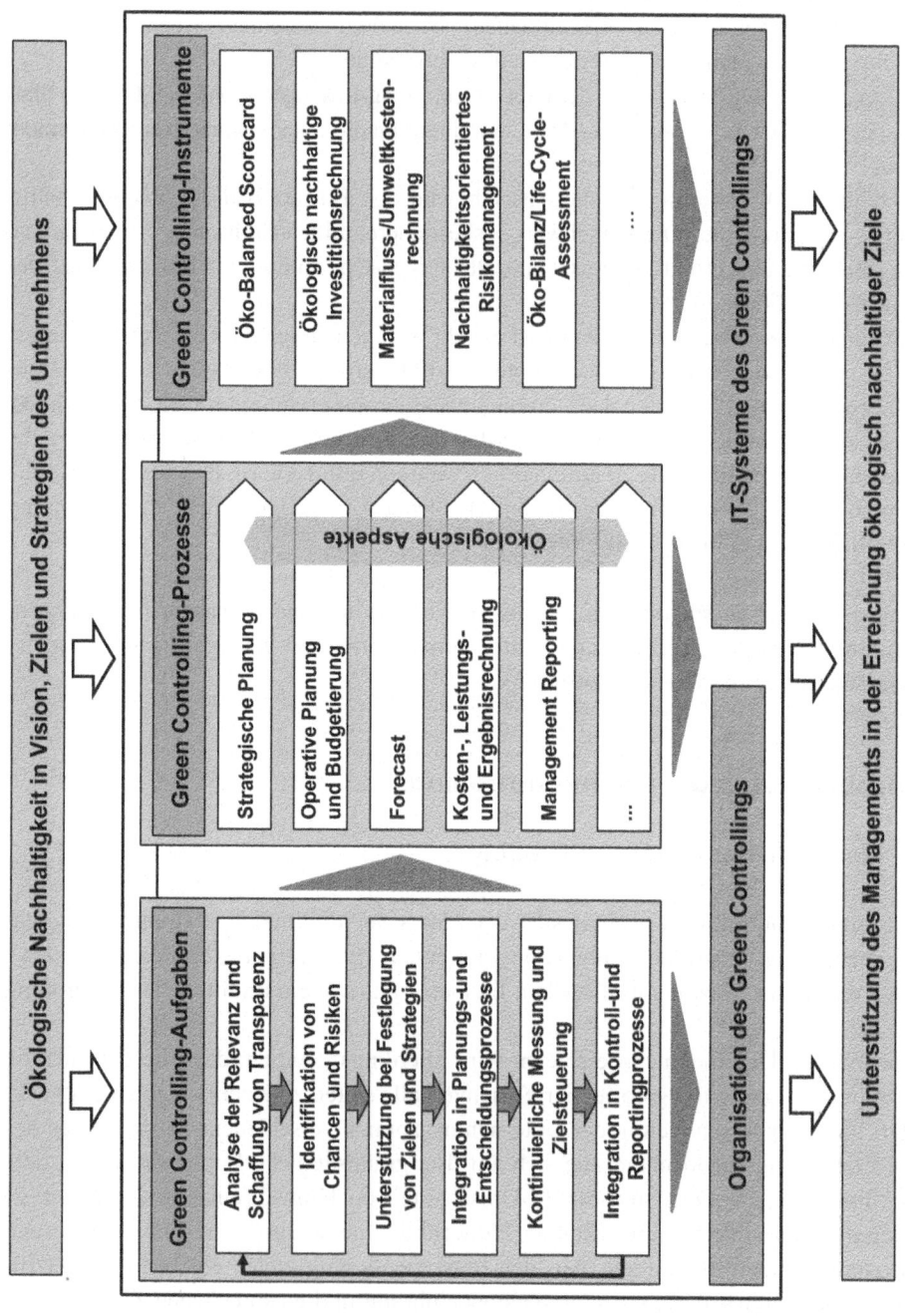

Abb. 1 Elemente des Green-Controllings (Steinke et al. 2014, S. 47)

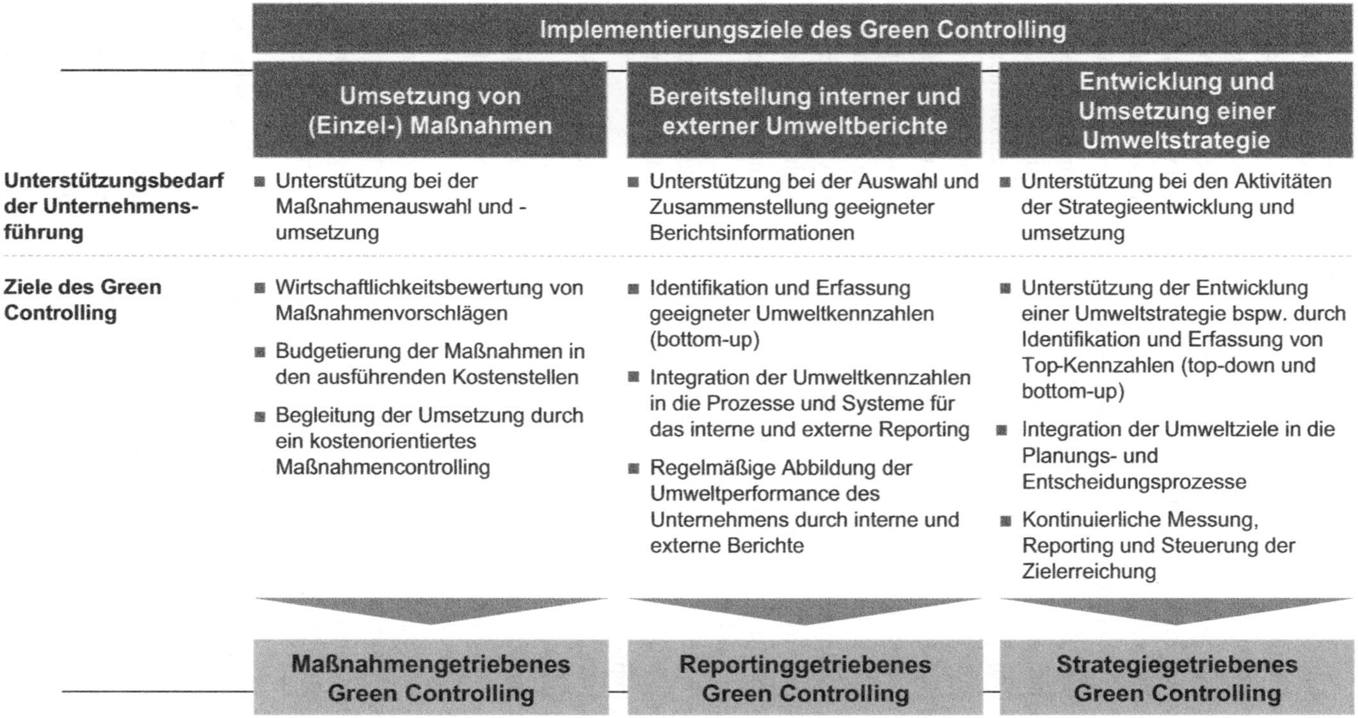

Green-Controlling-Roadmap – Ansätze in der Unternehmenspraxis

	Implementierungsziele des Green Controlling		
	Umsetzung von (Einzel-) Maßnahmen	**Bereitstellung interner und externer Umweltberichte**	**Entwicklung und Umsetzung einer Umweltstrategie**
Unterstützungsbedarf der Unternehmensführung	▪ Unterstützung bei der Maßnahmenauswahl und -umsetzung	▪ Unterstützung bei der Auswahl und Zusammenstellung geeigneter Berichtsinformationen	▪ Unterstützung bei den Aktivitäten der Strategieentwicklung und umsetzung
Ziele des Green Controlling	▪ Wirtschaftlichkeitsbewertung von Maßnahmenvorschlägen ▪ Budgetierung der Maßnahmen in den ausführenden Kostenstellen ▪ Begleitung der Umsetzung durch ein kostenorientiertes Maßnahmencontrolling	▪ Identifikation und Erfassung geeigneter Umweltkennzahlen (bottom-up) ▪ Integration der Umweltkennzahlen in die Prozesse und Systeme für das interne und externe Reporting ▪ Regelmäßige Abbildung der Umweltperformance des Unternehmens durch interne und externe Berichte	▪ Unterstützung der Entwicklung einer Umweltstrategie bspw. durch Identifikation und Erfassung von Top-Kennzahlen (top-down und bottom-up) ▪ Integration der Umweltziele in die Planungs- und Entscheidungsprozesse ▪ Kontinuierliche Messung, Reporting und Steuerung der Zielerreichung
	Maßnahmengetriebenes Green Controlling	**Reportinggetriebenes Green Controlling**	**Strategiegetriebenes Green Controlling**

Abb. 2 Implementierungsansätze des Green-Controllings

3.2 Maßnahmengetriebener Ansatz

Den Ausgangspunkt des Ansatzes bilden (Einzel-)Maßnahmen des Umweltmanagements bzw. das Umweltprogramm des Unternehmens. So werden sowohl technische Maßnahmen wie die Anschaffung energieeffizienter Produktionsmaschinen als auch nicht-technische Maßnahmen wie das Anlegen eines Feuchtbiotops auf dem Firmengelände unter diesem Ansatz subsumiert. Entscheidendes Abgrenzungskriterium ist, dass die einzelnen Maßnahmen nicht in ein strategieorientiertes Top-down-Vorgehen eingebunden sind. Vielmehr erfolgt die Identifikation und Umsetzung der Maßnahmen bottom-up, häufig auf Initiative einzelner Mitarbeiter. Die Verknüpfung dieser Maßnahmen mit der Umweltstrategie des Unternehmens, soweit diese vorhanden ist, fehlt weitgehend.

Das Controlling begleitet die Planung und Umsetzung der Maßnahmen operativ. Innerhalb dieses Ansatzes nimmt das Controlling daher maßnahmenorientierte Aufgaben wahr. Charakteristisch ist die monetäre Sicht auf die Maßnahmen mittels vorhandener Controlling-Prozesse und -Instrumente. Dazu gehören die Bewertung der Maßnahmen in bestehenden Wirtschaftlichkeitsrechnungen, die Budgetierung der Maßnahmen in den ausführenden Kostenstellen sowie die Erfassung und die Analyse der maßnahmenspezifischen Kosten. Aus Sicht des Controllings unterscheiden sich diese Maßnahmen des Umweltmanagements damit im Wesentlichen nicht von Maßnahmen in anderen Bereichen wie dem Bereich Qualität.

Deutlich wird die praktische Ausgestaltung des maßnahmengetriebenen Ansatzes anhand der Stabilo International GmbH sowie der Takata AG, die überwiegend diesem Implementierungstyp zuzuordnen sind.

Um die CSR-Aktivitäten des Unternehmens zu fokussieren, definierte Stabilo im Jahr 2009 mit der „Strategie 2014" erstmals konkrete Nachhaltigkeitsziele und entwickelte ein Nachhaltigkeitsprogramm (Stabilo 2014). Das Stabilo-Controlling unterstützte die Entwicklung des Nachhaltigkeitsprogramms durch einen unternehmensspezifischen Kennzahlenkatalog auf der Grundlage der Global Reporting Initiative (GRI). Die Kosten und Erlöse der Umsetzung des Programms werden durch ein Maßnahmencontrolling erfasst, welches zudem Informationen zur erreichten Nachhaltigkeitsperformance für alle Nachhaltigkeitsdimensionen zusammenführt. Die erfassten Informationen fließen in den jährlichen Nachhaltigkeitsreport ein und bilden die Grundlage der folgenden Budgetplanungen (Abb. 3).

Für Takata zählt der Respekt für die Natur zu den Leitlinien unternehmerischer Entscheidungen (Takata 2014). Um diesem Anspruch gerecht zu werden, entwickelte das Controlling drei Säulen, um Umweltbelastungen zu minimieren und Energiekosten einzusparen. Green-Controlling bei Takata umfasst die Erweiterung des klassischen Kennzahlensystems um neu entwickelte Kennzahlen (1. Säule), die insbesondere Transparenz über die Energiekosten der Produktion auf Kostenträgerebene ermöglichen. Die Kennzahlen sollen darüber hinaus die in den Zielvereinbarungen der Mitarbeiter festgelegten Ziele operationalisieren (2. Säule). Letztlich unterstützt und priorisiert das Controlling die Projekte, welche die Umwelt entlasten, Energie sparen, oder Umweltrisiken vermeiden

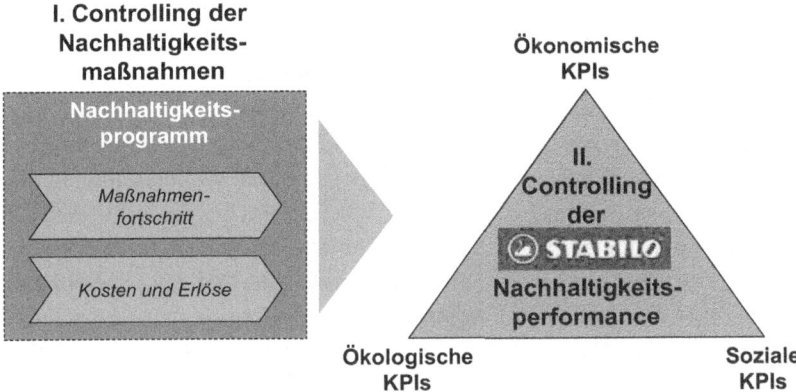

Abb. 3 Transparenz über Nachhaltigkeitsprogramm und -performance (Stabilo 2014)

("Green Projects") durch Wirtschaftlichkeitsberechnungen, Datenrecherchen und ein Ergebnistracking (3. Säule) (Abb. 4).

Bei beiden Unternehmen stehen Informationen über die Umweltmaßnahmen im Mittelpunkt des Green-Controllings. Deutlich wird in beiden Fällen jedoch auch die hohe Bedeutung unternehmensspezifischer Umweltkennzahlen, die den Übergang zu dem reportingorientierten Ansatz markieren. Zudem weisen beide Unternehmen bereits strategische Elemente wie die Anbindung an die Nachhaltigkeitsziele (Stabilo) und die Zielvereinbarungen (Takata) auf.

3.3 Reportinggetriebener Ansatz

Den Ausgangspunkt des reportinggetriebenen Ansatzes bildet der Anspruch, weitgehende Transparenz hinsichtlich relevanter ökologischer Größen zu schaffen. Entsprechend der

Abb. 4 Drei Säulen des Green Controlling bei Takata (Takata 2014)

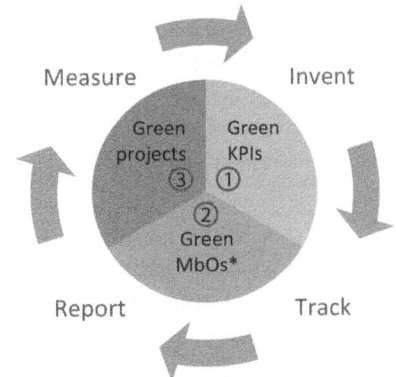

Informationsbedarfe interner und externer Anspruchsgruppen wird das Ziel verfolgt, die Umweltbelastungen des Unternehmens und seiner Produkte zu erfassen und darüber zu berichten. Eine hohe Bedeutung kommt in diesem Zusammenhang insbesondere der Veröffentlichung von Umwelt- und Nachhaltigkeitsberichten zu.

Um die Umweltbelastungen erfassen zu können, sind durch das Controlling zunächst geeignete Umweltkennzahlen zu identifizieren und deren Ist-Stände zu ermitteln. Die Kennzahlen werden überwiegend auf der Grundlage der Umweltbelastungen der ausgeführten Unternehmensprozesse sowie auf Basis von Berichtsstandards wie dem GRI identifiziert (Bottom-up-Vorgehen). Die Ermittlung der Ist-Stände erfolgt häufig manuell mit entsprechend hohem Aufwand, was in vielen Fällen auf eine Datenhaltung parallel zu den etablierten IT-Systemen zurückzuführen ist. Das Controlling ist daher bestrebt die identifizierten Umweltkennzahlen möglichst in die vorhandenen Prozesse und Systeme für das interne und externe Reporting zu integrieren. Idealerweise können in der Folge dann regelmäßige Berichte über die Umweltperformance des Unternehmens sowohl intern als auch extern veröffentlicht werden.

Die Beispiele der CargoLine GmbH & Co. KG sowie der Flughafen München GmbH, die überwiegend diesem Implementierungstyp zuzuordnen sind, verdeutlichen die praktische Ausgestaltung des reportinggetriebenen Ansatzes.

Die Mitgliedsunternehmen der CargoLine, eine der größten Kooperationen mittelständischer Logistikdienstleister, haben sich in ihren strategischen Zielen unter anderem darauf verständigt, gesellschaftlich, ökologisch und wirtschaftlich nachhaltig zu handeln (CargoLine 2013). Neben der Initiierung von Maßnahmen „grüner Logistik" wurde insbesondere das Ziel verfolgt, die kooperationsweiten CO_2-Emissionen zu erfassen und für die internen und externen Anspruchsgruppen auszuweisen. Unter dem Begriff „Network Carbon Footprint" wurde daraufhin im Zeitraum von 2011 bis 2012 erstmals eine kooperationsweite CO_2-Erfassung durchgeführt (Räuchle 2014). Die Ziele der CO_2-Erfassung waren die Erstellung individueller, partnerbezogener CO_2-Sendungstabellen, die darauf basierende Möglichkeit zu Optimierungen und regelmäßigen CO_2-Messungen sowie die Möglichkeit als erste Kooperation eine zertifizierte Ökobilanz nach DIN EN ISO 14064-1:2006 veröffentlichen zu können. Die Veröffentlichung erfolgte nach einer weiteren CO_2-Erfassung im Jahr 2013 im Rahmen des ersten Nachhaltigkeitsberichts der Kooperation. Außer den CO2-Daten enthält der Bericht weitere ökologische und soziale Kennzahlen entsprechend des GRI-Standards.

Der Aufbau einer Nachhaltigkeitsberichterstattung bildete bei dem Flughafen München die Grundlage auf der entschieden wurde, ob Nachhaltigkeitsziele in der Unternehmensstrategie verankert werden sollen (Streck und Horváth 2014, S. 513 ff.). Als Ergebnis wird seitdem z. B. das Ziel des CO_2-neutralen Wachstums verfolgt. Nachhaltigkeitskennzahlen entsprechend dem GRI-Standard bildeten von da ab einen elementaren Bestandteil des Berichtswesens. In der Folge wurden bereits im Jahr 2010 der Nachhaltigkeits- und der Geschäftsbericht in einen einzigen Bericht integriert. Seitdem hat der Flughafen München den Standard für eine integrierte Berichterstattung innerhalb des International Integrated Reporting Council (IIRC) gemeinsam mit anderen Unternehmen weiterentwickelt und im eigenen Unternehmen angewendet. Im Jahr 2014 erschien der aktuelle integrierte Geschäftsbericht.

Sowohl bei CargoLine als auch beim Flughafen München bildet das Reporting einen entscheidenden Bestandteil des Green-Controllings. Im Gegensatz zum maßnahmengetriebenen Ansatz steht dabei jeweils die Umweltbelastung des gesamten Unternehmens und nicht (nur) einzelner Maßnahmen im Fokus. Der Kommunikation der relevanten Kennzahlen an externe Anspruchsgruppen in Form eines Nachhaltigkeitsberichts kommt dabei eine besonders hohe Bedeutung zu. Auch im Fall dieser beiden Unternehmensbeispiele wird jedoch deutlich, dass eine trennscharfe Einteilung in die einzelnen Implementierungsansätze nicht möglich ist. In beiden Unternehmen sind strategieorientierte Elemente wie die Definition von Nachhaltigkeitszielen als auch die Kopplung der Kennzahlen mit Maßnahmen wie im Fall von Green-Logistics bei CargoLine relevant.

3.4 Strategiegetriebener Ansatz

Der strategiegetriebene Ansatz ist durch die Entwicklung und Umsetzung einer Umweltstrategie top-down durch die Unternehmensleitung geprägt. Ausgehend von den Umweltwirkungen des Unternehmens und seiner Produkte sowie den Anspruchsgruppen des Unternehmens werden mittels einer Wesentlichkeitsanalyse umweltstrategische Themenfelder identifiziert. Aus diesen werden anschließend das Umweltleitbild und die Umweltstrategie des Unternehmens abgeleitet. Die Strategieumsetzung erfolgt entsprechend der Systematik des strategischen Managements mittels Kennzahlen, Maßnahmen und Verantwortlichkeiten.

Das Green-Controlling unterstützt die Entwicklung einer Umweltstrategie durch die Identifikation und Bewertung von Chancen und Risiken umweltstrategischer Themen, durch Erkennung und Erfassung von Top-Kennzahlen (top-down und bottom-up) sowie durch die Ableitung von Zielwerten für die Kennzahlen. Im Bereich der Strategieumsetzung ist es die Aufgabe des Green-Controllings Maßnahmenvorschläge zu bewerten und verabschiedete Maßnahmen zu budgetieren. Ein Maßnahmencontrolling ermöglicht es den Maßnahmenfortschritt über einen längeren Zeitraum nachzuvollziehen. Über die Begleitung der Maßnahmen hinaus, erfordert ein strategiegetriebenes Green-Controlling die Integration umweltstrategischer Ziele in die Planungs- und Entscheidungsprozesse. Dazu zählen die bestehenden Planungsabläufe wie Vertriebs- und Produktionsplanung, die vorhandenen Wirtschaftlichkeitskalküle wie Investitionsrechnungen und Produktkalkulationen sowie Teilaspekte des Controllings wie das Projektcontrolling. Im Fokus stehen die Planung, die Messung und das Reporting der Zielerreichung.

Deutlich werden die Besonderheiten des strategiegetriebenen Ansatzes anhand der Beispiele der Hansgrohe SE, einem Hersteller von Sanitätsprodukten, sowie der Heinrich Koch Internationale Spedition GmbH.

Hansgrohe vereint die Aktivitäten zur nachhaltigkeitsorientierten Unternehmensführung unter dem „Green Company"-Ansatz. Dazu wird die nachhaltigkeitsorientierte Vi-

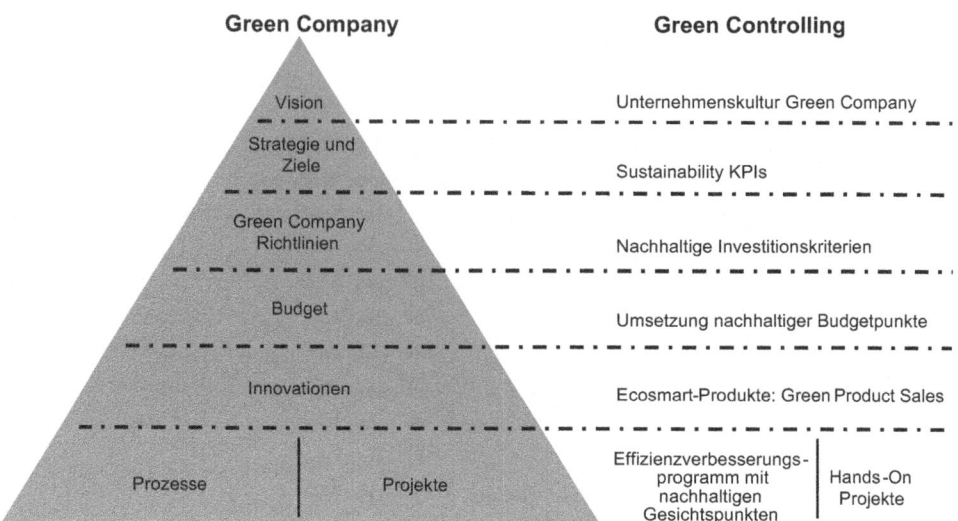

Abb. 5 Verknüpfung von Green-Company und Green-Controlling bei Hansgrohe. (Hansgrohe 2013)

sion und Strategie des Unternehmens durch Richtlinien, Budgets, Innovationen, Prozesse und Projekte operationalisiert (◉ Abb. 5, Hansgrohe 2013). Das Green-Controlling unterstützt jede Ebene der Strategieentwicklung und -umsetzung durch eigene Beiträge. Als Beispiele seien die Bereitstellung geeigneter Steuerungskennzahlen (CSR-KPIs) sowie die Erweiterung der Investitionsrechnungen um nachhaltigkeitsorientierte Investitionskriterien genannt. Deutlich wird die enge Verzahnung des Green-Controllings mit dem Nachhaltigkeitsprogramm des Unternehmens.

Um das Umweltmanagement bei Koch International langfristig an strategischen Umweltzielen auszurichten, wurde im Jahr 2012 ein Strategieprojekt gestartet (Berlin und Fieselmann 2014). Im Bereich der Strategieentwicklung wurden dazu sieben strategische Umweltziele verabschiedet. Mit Unterstützung des Controllings wurden für diese Ziele geeignete Kennzahlen und Zielwerte identifiziert. Um die Umweltziele erfüllen zu können, sind alle Unternehmensbereiche angehalten, ihren Beitrag für die Erreichung eines Umweltziels durch Prognosen zu quantifizieren (z. B. „Um wieviel Liter kann der Durchschnittsverbrauch des Fuhrparks 2014 gesenkt werden?"). Dabei wird auf Informationen des Controllings zurückgegriffen. Die Vorschläge werden in der Geschäftsleitung unter Beteiligung des Controllings diskutiert und verabschiedet und bilden dann einen Bestandteil der Zielvereinbarungen der Führungskräfte. Unterstützt wird die Umsetzung durch ein Nachhaltigkeitsreporting innerhalb des bestehenden Managementinformationssystems „BOARD". Dieses enthält empfängerorientierte Berichte für die Führungskräfte. Koordiniert wird die (mindestens) monatliche Datenerfassung durch das Umweltmanagement anhand eines Reportingkalenders. Die gesammelten Informationen werden auch für den Nachhaltigkeitsbericht eingesetzt, der seit 2013 jährlich veröffentlicht wird.

Beide Unternehmensbeispiele zeigen wie sich das Green-Controlling an den Aktivitäten der Strategieentwicklung und -umsetzung ausrichtet. In beiden Phasen liefert das

Controlling unmittelbare Unterstützung und entwickelt, wenn nötig, die vorhandenen Instrumente und Prozesse weiter. Die Gestaltung des Green-Controllings, ausgehend von der Umwelt- oder Nachhaltigkeitsstrategie (top-down), stellt den wesentlichen Unterschied zu den vorher vorgestellten Ansätzen dar.

3.5 Konsequenzen für die Green-Controlling-Implementierung

Wie die Unternehmensbeispiele gezeigt haben, richtet sich die Green-Controlling-Implementierung nach den Zielen der Unternehmensleitung. Idealerweise folgt die Implementierung einem Top-down-Ansatz, der die Umweltstrategie mittels Green-Controlling-Instrumenten und -Abläufen operationalisiert. Wie gezeigt, ist dies aber nur eine von drei Möglichkeiten. Vielmehr sehen der maßnahmen- und der reportinggetriebene Ansatz eher ein Bottom-up-Vorgehen vor, welche die Ziele der Unternehmensleitung durch ausgewählte Instrumente wie das Maßnahmencontrolling und das Reporting begleitet.

Neben der inhaltlichen Ausrichtung der Implementierung, die aus den Zielen der Unternehmensleitung folgt, ist es entscheidend, ob die Implementierung durch die Green-Controlling-Verantwortlichen aktiv vorangetrieben wird oder ob die Akteure eher passiv handeln. Übernimmt das Controlling hinsichtlich der Green-Controlling-Implementierung eine aktive, gestalterische Rolle kann es zu einem wesentlichen Treiber der ökologieorientierten Unternehmenssteuerung werden (Berlin et al. 2014). Aus der Kombination der zwei wesentlichen Implementierungsdimensionen, nämlich der Implementierungsrichtung (top-down/bottom-up) sowie dem Aktivitätsgrad des Controllings (aktiv/passiv) lassen sich idealtypische Implementierungstypen und -pfade ableiten (Abb. 6).

Der Implementierungstyp „lame duck" (lahme Ente) verfolgt die punktuelle Implementierung einzelner Green-Controlling-Instrumente wie des Maßnahmencontrollings während

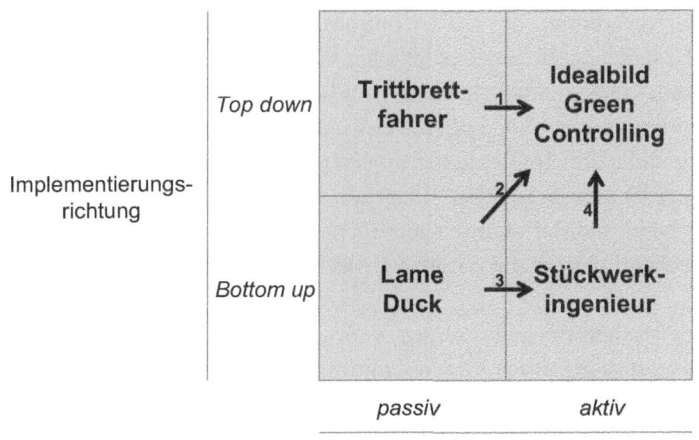

Abb. 6 Implementierungstypen und -pfade für Green-Controlling

der Typ „Trittbrettfahrer" die strategiegetriebene Implementierung des Green-Controllings bezeichnet. In beiden Implementierungstypen übernimmt das Controlling keine aktive Rolle, sondern folgt anderen Unternehmensbereichen wie dem Umweltmanagement.

„Stückwerkingenieur" bezeichnet einen Implementierungstyp, in dem das Controlling die Unternehmensführung aktiv mit ausgewählten Green-Controlling-Instrumenten unterstützt. Das „Idealbild Green-Controlling" hingegen beschreibt die strategiegetriebene Implementierung des Green-Controllings, bei der das Controlling selbst eine führende Rolle übernimmt.

Einem Unternehmen, welches Green-Controlling implementieren möchte, stehen, ausgehend von der unternehmensspezifischen Ausgangssituation, mehrere Implementierungspfade zur Verfügung. Wie in Abb. 6 durch die Pfeile angedeutet, ist dabei die aktive der passiven (Pfade 1, 2 und 3) sowie die Top-down- der Bottom-up-Implementierung (Pfade 2 und 4) vorzuziehen. Inwiefern das Controlling diese Entwicklung beeinflussen kann, ist pfadabhängig. So ist der Aktivitätsgrad maßgeblich mit der Motivation der handelnden Controller verknüpft. Pfade die eine „Aktivierung" des Controllings bedingen, können daher direkt aus dem Controlling-Bereich heraus beschritten werden. Hingegen obliegt die Entscheidung, ob eine Umweltstrategie entwickelt und umgesetzt werden soll, als Ausgangspunkt der strategiegetriebenen Implementierung (top-down), der Unternehmensleitung und nicht dem Controlling. Diesbezüglich kann das Controlling daher nur bedingt Einfluss darauf ausüben, ob von einer Bottom-up- zu einer Top-down-Implementierung gewechselt wird.

4 Fazit und Ausblick

Der vorliegende Beitrag veranschaulicht den aktuellen Stand des Green-Controllings. Deutlich wird, dass trotz umfangreicher wissenschaftlicher Konzepte noch keine flächendeckende Verbreitung des Green-Controllings in der Praxis erfolgt ist. Dies wirkt sich negativ auf die Verbreitung des CSR-Controllings aus, von dem Green-Controlling ein wesentlicher Bestandteil ist. Ein wesentlicher Grund für die geringe Verbreitung ist, dass die vorhandenen Konzepte die Ziele der Unternehmensleitung, die einer Green-Controlling-Implementierung zugrunde liegen, vernachlässigen.

Der Beitrag stellt drei Implementierungsansätze des Green-Controllings vor, die anhand von Unternehmensbeispielen illustriert werden. Der maßnahmengetriebene, der reportinggetriebene und der strategiegetriebene Ansatz erweitern das vorhandene Controlling entsprechend der für die Ansätze typischen Unterstützungsbedarfe der Unternehmensführung.

Wie die empirischen Beispiele zeigen, vermeiden die Unternehmen durch die bedarfsorientierte Ausgestaltung ihres Green-Controllings die Probleme, die sich durch eine „one-size-fits-all"-Lösung ergeben. Deutlich wird zudem, dass die Implementierungsansätze einen Einstiegspunkt für die Implementierung des Green-Controllings darstellen, von dem aus weitere Implementierungsaktivitäten ausgehen können.

Obwohl sich die Liste der Unternehmen noch um ein Vielfaches verlängern ließe, bleibt offen in welchem Umfang sich welcher Implementierungstyp tatsächlich in der Unternehmenslandschaft wiederfindet. Studien dazu und welche weiteren Konsequenzen mit den Implementierungstypen verknüpft sind, müssen durch die Wissenschaft noch durchgeführt werden.

Letztlich bieten sich die Erkenntnisse zum Green-Controlling für die Übertragung auf die Implementierung des CSR-Controllings an. Auch wenn dort die betrachteten Bereiche vielfältiger sind, kann davon ausgegangen werden, dass die grundlegenden Implementierungsfragestellungen ähnlich gelagert sind. Entsprechend bietet die Green-Controlling Roadmap grundlegende Erkenntnisse, um die weite Verbreitung des CSR-Controllings in einer Vielzahl von Unternehmen zu unterstützen.

Literatur

Bartolomeo, M., Bennett, M., Bouma, J. J., Heydkamp, P., James, P., & Wolters, T. (2000). Environmental management accounting in Europe: Current practice and future potential. *European Accounting Review, 9*(1), 31–52. doi:10.1080/096381800407932.

Bennett, M., & James, P. (2000). *The green bottom line. Environmental accounting for management: Current practice and future trends*. Sheffield: Greenleaf Pub.

Berlin, S. (2015). *Target Costing für ökologische Produkte*. Baden-Baden: Nomos.

Berlin, S., & Fieselmann, U. (2014). Strategisches Green Controlling – Erfolgreiche Integration ökologischer Ziele in die Unternehmenssteuerung. In P. Horváth & U. Michel. (Hrsg.), *Controller Agenda 2017 – Trends und Best Practices* (S. 193–206). Stuttgart.

Berlin, S., Schulze, M., & Stehle, A. (2014). Umsetzung eines Green Controlling – Erfolg durch Integration. *Controller Magazin, 6,* 47–49.

Bundesumweltministerium; Umweltbundesamt (Hrsg.). (2001). *Handbuch Umweltcontrolling*. 2., völlig überarb. und erw. Aufl. München: Vahlen.

CargoLine GmbH & Co. KG. (2013). Nachhaltigkeitsbericht. http://www.cargoline.de/datei.php?src=download/NHB_CargoLine_2013.pdf. Zugegriffen: 19. Jan. 2015, Stand: 2013

Carroll, A. B. (1999). Corporate social responsibility: Evolution of a definitional construct. *Business & Society, 38*(3), 268–295. doi:10.1177/000765039903800303.

Christ, K. L., & Burrit, R. L. (2013). Environmental management accounting, the significance of contingent cariables for adoption. *Journal of Cleaner Production, 2013*(41), 163–173.

Ditz, D., Ranganathan, J., & Banks, D. (Hrsg.). (1995). *Green ledgers: Case studies in corporate environmental accounting*. Washington, D.C.: World Resources Institute.

EPA. (1995). *An introduction to environmental accounting as a business management tool: Key concepts and terms*. Hg. v. United States Environmental Protection Agency.

Epstein, M. J., & Buhovac, A. R. (2014). *Making sustainability work, Best practices in managing and measuring corporate social, environmental and economic impacts*, 2014. San Francisco: Sheffield.

Fichter, K., Loew, T., & Seidel, E. (1997). *Betriebliche Umweltkostenrechnung. Methoden und praxisgerechte Weiterentwicklung*. Berlin: Springer.

Gray, R. (1990). *The Greening of accountancy: The profession after Pearce*. ACCA Research Report 17, ACCA, London.

Gray, R., Bebbington, J., & Walters, D. (1993). Accounting for the Environment. London: Paul Chapman and Chartered Institute of Certified Accountants [ACCA].

Gond, J.-P., Grubnic, S., Herzig, C., & Moon, J. (2012). Configuring management control systems: Theorizing the integration of strategy and sustainability. *Management Accounting Research, 23*(3), 205–223. doi:10.1016/j.mar.2012.06.003.

Günther, E. (1994). *Ökologieorientiertes Controlling. Konzeption eines Systems zur ökologieorientierten Steuerung und empirische Validierung.* München: Vahlen.

Günther, E. (2008). *Ökologieorientiertes Management; Um-(weltorientiert) Denken in der BWL.* Stuttgart: Lucius und Lucius.

Günther, E., & Günther, T. (2003). Zur adäquaten Berücksichtigung von immateriellen und ökologischen Ressourcen im Rechnungswesen. *Controlling, 15*(3/4), 191–199.

Günther, E., & Stechemesser, K. (2011). Instrumente des Green Controllings: ein Blick zurück ein Blick nach vorn. *Controlling-Zeitschrift für erfolgsorientierte Unternehmensführung, 23,* 417–423.

Hallay, H., & Pfriem, R. (1992). *Öko-Controlling. Umweltschutz in mittelständischen Unternehmen.* Frankfurt a. M.: Campus.

Hansgrohe (2013). Bewerbung für den Green Controlling Preis der Péter Horváth-Stiftung 2012. http://www.controllerverein.com/redaktion/download.php?id=3199&type=file. Zugegriffen: 19. Jan. 2015, Stand: 2012.

Henri, J.-F., & Journeault, M. (2010). Eco-control: The influence of management control systems on environmental and economic performance. *Accounting, Organizations and Society, 35*(1), 63–80. doi:10.1016/j.aos.2009.02.001.

Herbst, S. (2001). *Umweltorientiertes Kostenmanagement durch Target Costing und Prozesskostenrechnung in der Automobilindustrie.* Lohmar: Eul.

Herzig, C., & Schaltegger, S. (2009), *Wie managen deutsche Unternehmen Nachhaltigkeit?, Bekanntheit und Anwendung von Methoden des Nachhaltigkeitsmanagements in den 120 größten Unternehmen Deutschlands.* Lüneburg: CSM Centre for Sustainability Management.

Horváth, P. (2011) Making green profitable – eine (neue) Aufgabe des Controllings? In P. Kajüter, T. Mindermann, & C. Winkler (Hrsg.), *Controlling und Rechnungslegung – Bestandsaufnahme, Schnittstellen, Perspektiven* (S. 3–15). Stuttgart: Schäffer-Poeschel.

Horváth, P. (2012). Green Controlling – Bedarf einer Integration von ökologischen Aspekten in das Controlling? In M. Tschandl (Hrsg.), *Integriertes Umweltcontrolling* (2. Aufl., S. 41–50). Wiesbaden: Gabler.

ICV (Internationaler Controller Verein e.V.). (2011). *Green Controlling, eine (neue) Herausforderung für den Controller?, Ergebnisse einer Studie im Internationalen Controllerverein (ICV) durch die Ideenwerkstatt*, Stuttgart: Gauting.

IFAC. (2005). *International guidance document: Environmental management accounting.* New York: IFAC.

Lee, K.-H. (2011). Motivations, barriers, and incentives for adopting environmental management (cost) accounting and related guidelines, a study of the republic of Korea. *Corporate Social Responsibility and Environmental Management, 18*(1), 39–49.

Letmathe, P. (1998). *Umweltbezogene Kostenrechnung.* München: Vahlen.

Müller, A. (2010). *Umweltorientiertes betriebliches Rechnungswesen* (3. Aufl.). München: Oldenbourg.

Pearce, D. W., Markandya, A., & Barbier, E. (1989). *Blueprint for a green economy.* London: Earthscan.

Pondeville, S., Swaen, V., & de Rongé, Y. (2013). Environmental management control systems: The role of contextual and strategic factors. *Management Accounting Research, 24*(4), 317–332. doi:10.1016/j.mar.2013.06.007.

Prammer, H. K. (2008). *Integriertes Umweltkostenmanagement. Bezugsrahmen und Konzeption für eine ökologisch nachhaltige Unternehmensführung.* Wiesbaden: Gabler.

Räuchle, P. (2014 Jan. 30). CargoLine: Sendungsspezifischer CO2-Fußabdruck für Logistiknetzwerke, Vortrag im Rahmen des Expertenforums „Green Controlling@Logistics". Frankfurt a. M.

http://www.controllerverein.com/redaktion/download.php?type=file&id=3612. Zugegriffen: 19. Jan. 2015, Stand: 30.01.2014.

Schaltegger, S., & Burritt, R. (2000). *Contemporary environmental accounting.* Sheffield: Greenleaf Publishing.

Schaltegger, S., Gibassier, D., & Zvezdov, D. (2011). *Environmental management accounting. A bibliometric literature review.* Lüneburg: CSM, Centre for Sustainability Management.

Schaltegger, S., & Sturm, A. (1995). *Öko-effizienz durch Öko-Controlling. Zur praktischen Umsetzung von EMAS und ISO 14001.* Stuttgart: Schäffer-Poeschel.

Schneider, A. (2012). Reifegradmodell CSR – eine Begriffsklärung und -abgrenzung. In A. Schneider & R. Schmidpeter (Hrsg.), *Corporate social responsibility. Verantwortungsvolle Unternehmensführung in Theorie und Praxis.* Berlin: Springer.

Seidel, E. (1995) Ökologisches Controlling – Zur Konzeption einer ökologisch Verpflichteten von und in Unternehmen. In R. Wunderer (Hrsg.), *Betriebswirtschaftslehre als Management- u. Führungslehre.* Stuttgart: Schäffer-Poeschel

Stabilo International GmbH. (Hrsg.). (2014). Bewerbung für den Green-Controlling-Preis der Péter Horváth Stiftung 2014 durch die STABILO International GmbH „CO als Business Partner der nachhaltigen Unternehmensführung". http://www.controllerverein.com/redaktion/download.php?type=file&id=3877. Zugegriffen: 19. Jan. 2015, Stand: 27.11.2014.

Steinke, K.-H., Schulze, M., Berlin, S., Stehle, A., & Georg, J. (2014). *Green Controlling. Leitfaden für die erfolgreiche Integration ökologischer Zielsetzungen in Unternehmensplanung und -steuerung.* München: Haufe.

Streck, M., & Horváth, P. (2014). Nachhaltigkeitsstrategie und Integrated Reporting beim Flughafen München. *Zeitschrift für Controlling, 26*(8/9), 513–516.

Sturm, A. (2000). Performance Measurement und Environmental Performance Measurement. Entwicklung eines Controllingmodells zur unternehmensinternen Messung der betrieblichen Umweltleistung. Univ. Diss. TU Dresden.

Takata, A. G. (Hrsg.). (2014). Maximize innovation to minimize environmental impact. http://www.controllerverein.com/redaktion/download.php?type=file&id=3878. Zugegriffen: 19. Jan. 2015, Stand: 27.11.2014.

Tschandl, M. (Hrsg.). (2012). *Integriertes Umweltcontrolling* (2. Aufl.). Wiesbaden: Gabler.

Ullmann, A. A. (1976). The corporate environmental accounting system: A management tool for fighting environmental degradation. *Accounting, Organizations and Society, 1*(1), 71–79.

United Nations. (Hrsg.). (1987). *Our common future. Report of the world commission on environment and development.* New York.

VDI (Verein Deutscher Ingenieure). (2001). *VDI-Richtlinie 3800. Ermittlung der Aufwendungen für Maßnahmen zum betrieblichen Umweltschutz.* GmbH & Co. KG: Düsseldorf.

Wagner, G. R., & Janzen, H. (1991). Ökologisches Controlling. Mehr als ein Schlagwort? *Controlling, 3*(3), 120–129.

Prof. Dr. Dr. h.c. mult. Péter Horváth ist emeritierter Professor für Controlling an der Universität Stuttgart und Aufsichtsratsmitglied des von ihm gegründeten International Performance Research Institutes (IPRI). Seine Forschungsprojekte und Veröffentlichungen fokussieren die Weiterentwicklung des Controllings.

Dr. Sebastian Berlin leitet den Fachkreis Green Controlling des Internationalen Controller Vereins und verantwortet als Mitglied der Institutsleitung den Forschungsschwerpunkt „Sustainability Management" des International Performance Research Institute (IPRI) in Stuttgart. Im Mittelpunkt seiner Forschungs- und Beratungsprojekte stehen die Entwicklung und Umsetzung von Nachhaltigkeitsstrategien in mittelständischen Unternehmen.

Nachhaltigkeit – Modewelle oder ein neues Arbeitsfeld für Controller?

Jürgen Weber und Utz Schäffer

Die Autoren danken Johannes Georg für seine hilfreichen Kommentare und Anregungen bei der Entstehung dieses Beitrags.

1 Einführung

Die Zunft der Controller kann auf eine sehr erfolgreiche Entwicklung zurückblicken (vgl. ausführlich Weber und Schäffer 2013). Ihr Standing in den Unternehmen hat einen sehr hohen Stand erreicht (vgl. Schäffer et al. 2012). Zugleich und eng damit verbunden fühlen sich viele Controller auf Augenhöhe mit dem Management.

Ein wesentlicher Grund für diese Entwicklung liegt in einer deutlichen Ausweitung der Breite der von ihnen wahrgenommenen Aufgaben – und ist zugleich ihre Folge: Früher standen nur monetäre Steuerungsgrößen (noch eingeschränkter: Kosten und Erlöse) im Fokus; hierfür sind Controller mittlerweile die „single source of truth" im Unternehmen. Heute zählen aber auch nicht-finanzielle Kennzahlen zu den standardmäßig geplanten und kontrollierten Größen; Controller fühlen sich für das Performance Measurement und Performance Management verantwortlich. Diese Entwicklung ging einher mit einem gestiegenen Zugang zu allen Funktionsbereichen in den Unternehmen; insbesondere in den Bereichen Einkauf und Vertrieb haben Controller in den letzten Jahren deutlich an Verankerung gewonnen (vgl. Schäffer et al. 2012, S. 199). In der dort zu findenden Liste beobachtbarer Spezialisierungen im Controlling (Schäffer und Weber 2015b, S. 176) erscheint

---

J. Weber (✉) · U. Schäffer
Institut für Management und Controlling, WHU – Otto Beisheim School of Management,
Burgplatz 2, 56179 Vallendar, Deutschland
E-Mail: Fotini.Noutsia@whu.edu

© Springer-Verlag Berlin Heidelberg 2016
E. Günther, K.-H. Steinke (Hrsg.), *CSR und Controlling,* Management-Reihe
Corporate Social Responsibility, DOI 10.1007/978-3-662-47702-1_3

2011 auch Nachhaltigkeit mit einem – sehr niedrigen – Wert von 6 % der Unternehmen.[1] Dieser hat sich bis 2014 leicht auf 7 % erhöht[2] – zumindest in einigen kapitalmarktorientierten Unternehmen[3] ist Nachhaltigkeit mittlerweile als eine weitere Controllingspezialisierung angekommen.

Ein zweiter wesentlicher Grund für den Bedeutungszuwachs der Controller ist der Rollenwandel, den die Controller in den letzten Jahren vollzogen haben („vom Erbsenzähler zum Business Partner" – Schäffer und Weber 2014). Dieser wird nicht nur normativ in vielen Publikationen gefordert (Siegel 2003), sondern lässt sich auch empirisch beobachten (Schäffer und Weber 2014). Ein Agieren als Business Partner ist dabei mit Attributen wie pro-aktiv und mitverantwortlich verbunden und bezieht sich grundsätzlich auf das gesamte Aufgabenfeld der Manager.

Beide skizzierten Entwicklungen beantworten die im Titel des Beitrags gestellte Frage eindeutig: Wenn die Berücksichtigung von nachhaltigem Handeln für Manager Relevanz besitzt, müssen Controller sie auch in dieser Facette der Managementaufgabe unterstützen. Wenn hier entsprechende neue Steuerungsgrößen erforderlich sind, dann müssen diese auch in den „Steuerungsbaukasten" der Controller integriert werden. Diese Einschätzung scheint auch auf Seiten der Controller Platz zu greifen: Nachhaltigkeit erreichte in der ersten WHU-Zukunftsstudie im Jahr 2011 den Rang 6 einer Liste von 10 Zukunftsthemen im Controlling (Weber et al. 2012b). Die aktuelle Bedeutung im Jahr 2011 wurde dabei mit 4,4 auf einer 7er-Skala eingeschätzt, die erwartete Bedeutung für 2016 mit 4,9.[4]

Allerdings scheint dieser hohe Wert von Nachhaltigkeit in den Augen der Controller – trotz einer Vielzahl gegenteiliger normativer Beiträge (ICV 2014) – nur begrenzt nachhaltig zu sein. In der aktuellen, drei Jahre später durchgeführten zweiten WHU-Zukunftsstudie, erreicht Nachhaltigkeit nur noch den Rang 12, mit einer Bedeutungseinschätzung von lediglich 3,5 für das aktuelle Jahr 2014 und 4,4 für das Jahr 2019 (Schäffer und Weber 2015a).

Bedeutet das, dass Nachhaltigkeit in den Augen der Controller nur eine Modewelle darstellt, die aktuell dabei ist, wieder abzuebben? Die Antwort auf diese Frage hängt wesentlich davon ab, wie wichtig Nachhaltigkeit als Zielgröße für das Unternehmen von den Controllern eingeschätzt wird. Diese Bedeutung sei im nächsten Abschnitt ausführlicher analysiert.

---

[1] Vertriebscontrolling findet sich dagegen in mehr als der Hälfte der Unternehmen (59 %) als Spezialisierung.

[2] Vgl. Schäffer und Weber 2015b, S. 176.

[3] Das Vorkommen der Nachhaltigkeitsspezialisierung ist positiv korreliert mit der Kapitalmarktorientierung. Allerdings finden sich auch kleinere Unternehmen mit einer solchen Spezialisierung.

[4] Bei der Interpretation dieser Bedeutungssteigerung ist zu bedenken, dass eine solche in vergleichbarer Form bei allen Zukunftsthemen zu beobachten war. Nachhaltigkeit machte hier keine Ausnahme.

2 Ist Nachhaltigkeit ein nachhaltiges Ziel von Unternehmen?

Die Forderung nach Nachhaltigkeit unternehmerischen Handelns als Ausdruck eines gesellschaftlich und sozial verantwortlichen Verhaltens[5] wird üblicherweise mit Hilfe des sogenannten Triple-Bottom-Line-Ansatzes formuliert (Elkington 1997): drei Komponenten (ökologische, ökonomische und soziale Nachhaltigkeit) sollen gleichzeitig verfolgt werden. Betrachtet man die praktische Umsetzung dieses normativen Ansatzes, scheint allerdings in den Augen der Controller *keine* gleiche Gewichtung vorzuliegen. Eine umfangreiche qualitative Studie[6] (Weber et al. 2012a) zeigt vielmehr einen „ökonomischen Triple-Bottom-Line-Ansatz" (Weber et al. 2012a, S. 17) als vorherrschend: Ökonomische Ziele dominieren die ökologischen und sozialen. Dieses Ergebnis wird in der quantitativen Erhebung der ersten WHU-Zukunftsstudie bestätigt (Weber et al. 2012b, S. 63 f.). Damit besteht ein Widerspruch zwischen der beobachtbaren Empirie und dem normativen Anspruch des Konzepts der Nachhaltigkeit.

Dieser Widerspruch ist nicht zufällig, sondern systemimmanent. Im marktwirtschaftlichen Kontext liegt die unternehmerische Zielsetzungskompetenz letztlich bei den Eigentümern. Dies gilt auch für mitbestimmte Unternehmen im deutschen Umfeld. Interessen anderer Stakeholder bilden dabei den Rahmen, in dem die Ziele frei gesetzt werden können. Sie wirken – begrenzend oder erweiternd – auf die Handlungsmöglichkeiten des Unternehmens, aber nicht auf dessen grundsätzliche Zielfunktion.

In einer solchen Situation obliegt es also der Entscheidung der Unternehmenseigner, die Nachhaltigkeitsziele gleichberechtigt zu befolgen oder dies nicht zu tun. Fällt diese Entscheidung gegen eine gleichberechtigte Befolgung aus, dürfen ökologische und soziale Ziele nur so weit berücksichtigt werden, wie sie auf die ökonomischen Ziele einzahlen – oder zumindest diese nicht negativ beeinflussen.

Wie die Praxis zeigt, gilt eine solche Zielkomplementarität (Win-win-Situation) oder Zielneutralität für viele Maßnahmen. Einige davon lassen sich sehr leicht erkennen und unmittelbar ökonomisch rechnen. Ein Beispiel hierfür sind Energieeinsparungen, die gleichzeitig den CO_2-Ausstoß vermindern und Energiekosten reduzieren. Naheliegend wäre auch die Aufrechnung der Mehrkosten ökologischer und sozialer Maßnahmen durch damit erzielbare höhere Erlöse; die Erfahrung zeigt aber, dass Kunden hierfür nur ungern bezahlen wollen (Weber et al. 2012a, S. 20).

---

[5] In diesem Beitrag wird das nachhaltige Handeln eines Unternehmens als Ausdruck der Corporate Social Responsibility (CSR) verstanden. Vgl. zum Begriff der Corporate Social Responsibility insbesondere Carroll 1999. Eine differenzierte Betrachtung des Begriffs findet sich in Dahlsrud 2008. In Deutschland ist CSR auch unter „gesellschaftlicher Verantwortung" bekannt. Vgl. z. B. DIN ISO 26000 2011.

[6] Sie wurde im Center for Controlling & Management an der WHU durchgeführt. Im CCM arbeiten überwiegend DAX-gelistete Großunternehmen im Controlling zusammen. Das Thema Controlling & Nachhaltigkeit war Gegenstand einer ca. 18 Monate dauernden qualitativen Untersuchung, in der u. a. semistrukturierte Interviews mit den Leitern des Konzerncontrollings und hochrangigen Vertretern der Nachhaltigkeitsabteilungen der Unternehmen geführt wurden.

Häufig fällt die Erfassung und Quantifizierung der finanziellen Wirkungen allerdings nicht so leicht. Beispiele für Quantifizierungsprobleme sind soziale Projekte, die die Motivation der Beschäftigten erhöhen und die Akquisition von Mitarbeitern erleichtern, oder die Reduzierung von ökologischen Belastungen in Produkten, deren Kommunikation sich als Mittel zur Differenzierung gegenüber dem Wettbewerb verwenden lässt. Eine Berechnung wäre streng genommen auch dann erforderlich, wenn ökologische und soziale Lasten auf Lieferanten überwälzt werden, indem entsprechende Standards als conditio sine qua non für die Aufrechterhaltung von Lieferbeziehungen gesetzt werden.

Noch schwieriger abzuschätzen ist die Frage, in wie weit das Unternehmen der Forderung nach sozialer und ökologischer Nachhaltigkeit gerecht werden muss, um die gesellschaftliche Legitimität seines Handelns zu gewährleisten („licence to operate", Weber et al. 2012a, S. 23). Hieraus könnten auch unterschiedliche strategische Positionierungen resultieren (ICV 2014). Zumindest ein Mindestmaß an Aktivitäten im ökologischen und sozialen Bereich ist erforderlich, um in der Gesellschaft als adäquater, guter Spieler akzeptiert zu werden. Dieses wirkt als eine Form von Nebenbedingung für das monetäre Ziel.

Gilt das Prinzip der „ökonomischen Triple-bottom-Line", ist es – in einer Begrenzungsfunktion – Aufgabe der Controller, das ökonomische Ziel gegen die sozialen und ökologischen Ziele entsprechend zu schützen.[7] Es wäre in dieser Konstellation nicht rational, auf Gewinn zugunsten der beiden anderen Ziele zu verzichten. Einen solchen Verzicht könnten nur die Anteilseigner beschließen. Dies liegt nicht in der Kompetenz der Manager.

Um mögliche konfligierende Wirkungen von Nachhaltigkeit zu verhindern, ist im ersten Schritt die Transparenz über ihr tatsächliches Vorhandensein erforderlich. Hierzu müssen die angesprochenen direkten und indirekten Wirkungen ökologischen und sozialen Handelns quantifiziert werden. Die wenigen angesprochenen Beispiele haben bereits darauf hingewiesen, dass grundsätzlich viele Optionen für ein nachhaltiges Handeln vorliegen, bevor eine komplementäre oder zielneutrale Situation in eine konfliktäre umschlägt. Wenn für ökologisch und sozial motivierte Maßnahmen in Unternehmen noch viel Potenzial besteht, das eröffnet werden kann, müssen bzw. sollten Controller neben der bereits angesprochenen Begrenzungsfunktion auch eine Anstoß gebende und eher treibende Rolle übernehmen, um sicherzustellen, dass die legitimitätserhöhenden und zugleich auch wettbewerblich positiven Wirkungen ökologischer und sozialer Maßnahmen hinreichend im Management beachtet werden. Diese aktive Rolle wird im Regelfall die begrenzende Rolle der Controller umfangmäßig deutlich übersteigen.

Die Berücksichtigung ökonomischer Nachhaltigkeit stellt Controller schließlich vor keine grundsätzlich neuen Herausforderungen. Das Ziel der langfristigen Gewinnmaximierung lernt ein BWL-Studierender schon im ersten Semester kennen; das Thema, kurzfristige Gewinne gegen langfristige Gewinnchancen auszutarieren, ist ein zentraler Aspekt

---

[7] Dieses ist als eine konzeptionelle, keine empirisch motivierte Aussage zu verstehen, die beinhalten würde, dass solche Situationen häufiger in den Unternehmen auftreten. Vergleiche zum grundsätzlichen Zusammenspiel von verschiedenen Zielfunktionen und ihren Implikationen für die Aufgaben des Controllings auch Schäffer 2004.

für Controller in der Koordination der strategischen und der operativen Planung oder bei der Gestaltung von Incentiveplänen für das Management. Entsprechende negative Befunde, z. B. die einer zu starken Bedeutung von Quartalabschlüssen für die Steuerung des Unternehmens, zeigen aber, dass trotz des fehlenden konzeptionellen Neuigkeitswerts praktischer Handlungsbedarf vorliegt.

3 Einbindung sozialer und ökologischer Ziele in die Steuerung der Unternehmen

Im Folgenden sei davon ausgegangen, dass das Unternehmen dem modifizierten Triple-Bottom-Line-Ansatz folgt. In einem ersten Schritt gilt es dann für die Controller herauszuarbeiten, wie sich welche potenziellen Ziele sozialer und ökologischer Nachhaltigkeit auf die ökonomische Zielsetzung des Unternehmens positiv auswirken (Win-win-Situation) oder diese zumindest nicht negativ beeinflussen. Vom Ausgang dieser Analyse, vom konkreten Grad des Einflusses auf das ökonomische Ziel, ist es dann abhängig, wie im zweiten Schritt entsprechende soziale und ökologische Maßnahmen konkret ausgewählt und umgesetzt werden sollten (Weber et al. 2012a).[8]

3.1 Analyse der Bedeutung von Nachhaltigkeit für das Unternehmen

Im ersten Schritt gilt es zu analysieren, wo die größten Hebel liegen, um ökologische und soziale Ziele zu erreichen. Diese Aufgabe ist inhaltlich im Bereich der strategischen Planung zu verorten.[9] Auch auf dieser Planungsebene sind die Controller intensiv involviert.[10] Wie generell in der periodischen Planung, organisieren sie den Planungsprozess (hier – falls vorhanden – mit der Strategieabteilung gemeinsam) und begleiten ihn kritisch, indem sie Planungsansätze hinterfragen und ggf. neue Inhalte anstoßen, falls sie in der ursprünglichen Planung fehlten. Bezogen auf Nachhaltigkeit kann dies z. B. die Nutzung eines einfachen Frameworks bedeuten, das an anderer Stelle entwickelt wurde (Weber et al. 2012a).

---

[8] Der zweite Schritt ist in ähnlicher Form anzugehen, wenn die Eigentümer einen „reinen" Triple-Bottom-Line-Ansatz wählen.

[9] Vergleiche zu einer Verankerung ökologischer Ziele in der strategischen Planung ausführlich und mit vielen Beispielen versehen ICV 2014, S. 49–64.

[10] Die Ergebnisse des WHU-Controllerpanels zeigen, dass Controller in der Strategiefindung und -umsetzung wichtige Aufgaben übernehmen. Es wird aber auch deutlich, dass ihre Beteiligung am Strategieprozess in den letzten Jahren nicht – wie erwartet – weiter zugenommen hat. Auf dem Weg zu einer strategischen Partnerrolle des Controllings ist somit noch ein gutes Stück zurückzulegen (vgl. Schäffer und Erhart 2014).

Ausgangspunkt dieses Frameworks ist der von außen auf die Unternehmen einwirkende Druck, sich sozial und ökologisch nachhaltig zu verhalten, auf den die Unternehmen reagieren müssen. Für diese Reaktion sind zwei zentrale Fragen zu beantworten:

1. Wie wirkt sich die Forderung, nachhaltig zu agieren, auf das Marktpotenzial des Unternehmens aus?
2. Welche Konsequenzen resultieren aus der Forderung für seine Leistungserstellung?

Für die Bestimmung des Marktpotenzials kann man weitergehend zum einen fragen, ob das Produktportfolio schon nachhaltige Produkte enthält, die entsprechend zu promoten wären (z. B. Propagierung von Video-Konferenzen durch einen Netzanbieter als Ersatz für physische Treffen), oder es in die Richtung höherer Nachhaltigkeit entwickelt werden könnte (z. B. in Richtung geringerer Energieverbräuche von weißer Ware). Für die Einschätzung des Marktpotenzials ist zum anderen die Frage wichtig, ob und wie leicht es gelingt, neue nachhaltige Produkte (z. B. neue Niedrig-Temperatur-Waschmittel) schneller als der Wettbewerb auf dem Markt zu verankern. Beide Fragen sind nicht nur für die Abschätzung von marktbezogenen Chancen, sondern auch von marktbezogenen Risiken zu stellen: Etablierte Produkte können sich als nicht mehr wettbewerbsfähig erweisen (z. B. „Spritschleudern"), nachhaltigere Alternativprodukte durch regulatorische Änderungen schnell den Markt erobern (z. B. FCKW-freie Kühlschränke).

Für das Thema Leistungserstellung ist ähnlich zu argumentieren. Auf der Chancenseite stellen sich z. B. die Fragen, ob eine besonders nachhaltige Leistungserstellung (z. B. Gewährleistung erträglicher Arbeitsbedingungen in der Textilindustrie) bei entsprechender Kommunikation Differenzierungsvorteile für das Unternehmen verspricht, oder – um ein anderes Beispiel zu nennen – durch eine Reduzierung des Energieverbrauchs sowohl der CO_2-Ausstoß verringert als auch Energiekosten und damit Produktionskosten reduziert werden können. Auf der Seite der Risiken gilt es z. B., die Gefahr eines – sich von Kundenseite ergebenden oder durch Regulierung erzwungenen – Nachfragerückgangs aufgrund nicht-nachhaltiger Leistungserstellung abzuschätzen. Ein aktuelles Beispiel liefert die Energiewirtschaft (Atomstrom). Ein anderes Risiko erwächst aus dem erschwerten Zugang zu Ressourcen (z. B. am Kapitalmarkt, wenn das Unternehmen nicht in entsprechenden Ratings, wie etwa dem Dow Jones Sustainability Index [DJSI], notiert ist) oder aus einem zunehmenden öffentlichen Druck, wie es für die chemische Industrie vor geraumer Zeit der Fall war, was zu einer Vorreiterfunktion in der Umsetzung ökologischer Nachhaltigkeit geführt hat.

Fasst man beide Analyserichtungen zusammen, kommt man zur – sehr pragmatischen – Abb. 1. Sie nennt in den differenzierten vier Feldern auch jeweils eine Branche als Beispiel, die für das jeweilige Feld typisch ist. Das bedeutet aber nicht, dass die Zuordnung für jedes einzelne Unternehmen dieser Branchen zutreffen muss. Die Analyse ist in jedem Unternehmen sehr individuell durchzuführen.

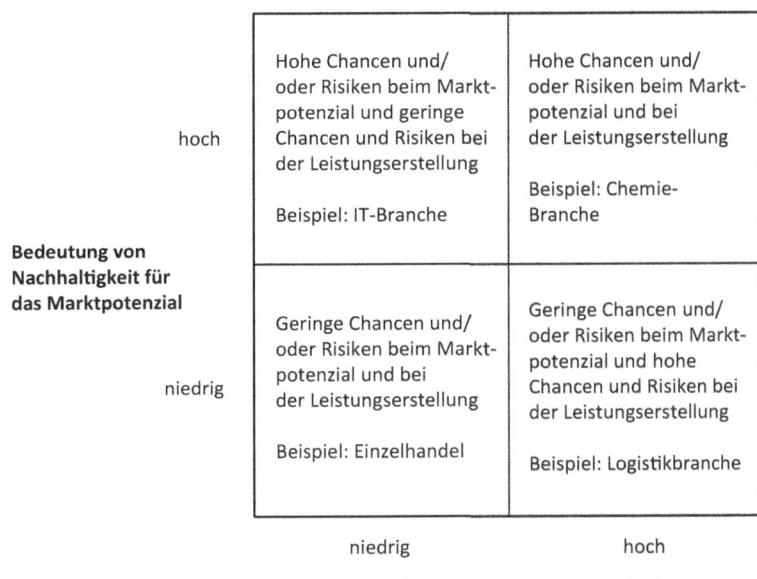

Abb. 1 Ansatz zur Ermittlung der Bedeutung der Nachhaltigkeit für ein Unternehmen. (Modifiziert entnommen aus Weber et al. 2012a, S. 36, 38)

Die Bedeutungsanalyse liefert eine erste Basis zur Beantwortung der Frage, mit welchen Inhalten[11], wie stark und auf welchem Wege die Einbindung von ökologischen und sozialen Zielen in die Steuerung der Unternehmen erfolgen kann bzw. – falls hier allgemeine Aussagen möglich sind – erfolgen sollte. Dabei gilt die Faustregel: Je wichtiger Nachhaltigkeit für ein Unternehmen ist, desto stärker muss die Verfolgung der ökologischen und sozialen Ziele auf dem Weg einer umfassenden Einbindung in die Regelsteuerung des Unternehmens erfolgen. Die unterschiedlichen Planungs- und Kontrollebenen sind dann ebenso zu adressieren wie die Anreizgestaltung und die Organisation von Nachhaltigkeit. Schließlich bedarf es in diesem Fall auch einer entsprechenden Informationsbasis, ohne die eine Regelsteuerung nicht erfolgen könnte. Umgekehrt kann sich die Steuerung bei geringer Bedeutung von Nachhaltigkeit auf einzelne, selektive Projekte beschränken, die dann ausreichend sind, um soziale und ökologische Ziele hinreichend zu verfolgen. Dieses Spektrum unterschiedlicher Steuerungsmöglichkeiten sei im folgenden Abschnitt im Überblick und in ausgewählten Teilaspekten noch näher beleuchtet.

---

[11] Vgl. die Themenfelder der GRI Richtlinien in Global Reporting Initiative (2013) sowie empirische Anhaltspunkte zur Setzung von Themenschwerpunkten in Weber et al. (2010).

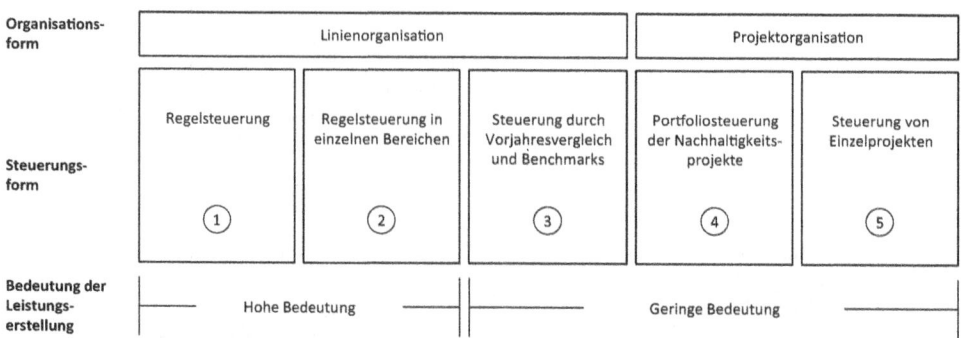

Abb. 2 Spektrum der Steuerungsformen zur Steuerung von Nachhaltigkeit in der Leistungserstellung am Beispiel der CCM-Unternehmen. (Weber et al. 2012a, S. 85)

3.2 Formen der Steuerung von Nachhaltigkeit

An dieser Stelle seien die Analyse der Bedeutung von Nachhaltigkeit und damit auch die strategische Positionierung des Unternehmens als gegeben vorausgesetzt (Weber et al. 2012a, S. 20). Aufzuzeigen ist nun das Spektrum von Steuerungsmöglichkeiten, das – wie bereits angesprochen – von einer vollständigen Integration in die Regelsteuerung bis hin zur Steuerung von Einzelprojekten reicht.[12] Die Abb. 2 zeigt für den Aspekt der Leistungserstellung, wie dieses Spektrum in einem Sample von 8 Großunternehmen konkret ausgefüllt wurde (Weber et al. 2012a, S. 84 ff.).

Spielt die Nachhaltigkeit in der Leistungserstellung für ein Unternehmen in allen Geschäftsbereichen eine zentrale Rolle, so ist Nachhaltigkeit durchgehend ein in der Regelsteuerung zu berücksichtigendes Thema (Fall 1) bzw. sollte dies sein. In den hier im Sample zu verortenden zwei von acht Unternehmen beschränkte sich die ökologische Nachhaltigkeit auf das Thema CO_2-Emissionen. Durch die Integration von Nachhaltigkeit wurde der Regelsteuerungsprozess in diesen Fällen deshalb nicht deutlich komplexer.

In zwei weiteren Unternehmen (Fall 2) wurde Nachhaltigkeit ebenfalls in die Regelsteuerung aufgenommen, dies allerdings nur für einzelne Geschäftsbereiche, nicht unternehmensübergreifend. In beiden Fällen differierte die Bedeutung von Nachhaltigkeit zwischen den Geschäftsbereichen deutlich. Fällt die Bedeutung der Nachhaltigkeit noch geringer aus, verbleibt als dritte Variante einer Steuerung innerhalb der Linienorganisation, auf einen Vergleich der aktuellen Werte mit den Werten des Vorjahres oder ein Benchmarking zwischen einzelnen Produktionsstandorten zurückzugreifen, ohne damit die Regelsteuerung substanziell zu beeinflussen (Fall 3). Auch dieser Fall war im Sample

---

[12] Nicht weiter diskutiert werden soll, dass auch die Unternehmenskultur eine wesentliche Steuerungswirkung ausüben kann. Dies ist z. B. in der chemischen Industrie der Fall, die – wie bereits angesprochen – seit langem auf ökologische Nachhaltigkeit ausgerichtet ist. Im Mission Statement von Henkel z. B., erscheint Nachhaltigkeit als einer von fünf angesprochenen zentralen Werten.

(mit zwei Unternehmen) vertreten. Die damit erzielbare Steuerungswirkung ist allerdings begrenzt.[13]

Der Steuerung innerhalb der Linienorganisation steht die Steuerung eines Portfolios von Projekten oder eines einzelnen Projekts gegenüber – auch hierfür fand sich im Sample des CCM jeweils ein Unternehmensbeispiel. Bei Ersterem (Fall 4) durchlaufen die Nachhaltigkeitsprojekte – wie alle anderen Projekte im Unternehmen auch – einen Projektgenehmigungsprozess, innerhalb dessen die technischen und finanziellen Aspekte des Projektes geprüft werden. Nach Abschluss des Projektes erfolgt dann eine entsprechende Kontrolle des Projektresultates. Bei einer Projektportfoliosteuerung aller Nachhaltigkeitsprojekte (Fall 5) ist zu Beginn eine umfassende Analyse erforderlich, auf der basierend ein Nachhaltigkeitsprogramm mit entsprechenden Einzelprojekten initiiert wird. Durch regelmäßige Reviews werden die Umsetzung des Programms und die Zielerreichung kontrolliert. Die Wahl einer Projektportfoliosteuerung bietet sich an, wenn zur Umsetzung des Themas Nachhaltigkeit viele Einzelprojekte durchgeführt werden, eine zeitliche Staffelung der Projekte gegeben ist oder größere Interdependenzen zwischen den einzelnen Projekten bestehen. Generell sind Projekte dann ein adäquates Mittel, Nachhaltigkeitsziele zu erfüllen, wenn diese für das Unternehmen keine herausgehobene Rolle spielen.

Controller sind bei allen unterschiedenen Steuerungsformen geeignet und gefordert. Für die projektbezogene Steuerung sei als Beleg der Aussage darauf hinzuweisen, dass insgesamt ca. ein Fünftel der Arbeitszeit von Controllern auf Projektarbeit (16 %) und Investitionsplanung und -kontrolle (5 %) entfällt (Schäffer und Weber 2015b, S. 13). Prozessual sind hier keine grundsätzlichen Abweichungen vom gewohnten Projektcontrolling zu erwarten, mit Ausnahme vielleicht von notwendigen Ergänzungen der Prozessvorschriften, etwa der Integration von sozialen und ökologischen Zielen in das Template zur Kalkulation von Investitionsprojekten. Inhaltlich ist allerdings eine Beschäftigung mit einem für Controller bislang unüblichen, neuen Feld erforderlich, was eine weitere Ergänzung ihrer Geschäftskenntnisse nach sich ziehen muss. Ohne diese könnten sie ihre unterschiedlichen, anfangs genannten Funktionen nicht wahrnehmen.

Für die zuvor angesprochene Integration in die Regelsteuerung führt kein Weg an den Controllern vorbei. Sie sind diejenigen, die das gesamte Spektrum an Instrumenten für die Unternehmenssteuerung im Blick haben, aufeinander abstimmen und im Zusammenspiel zu weiten Teilen betreiben. Die hier zu bearbeitenden Teilaufgaben sind zu umfangreich, um sie in diesem Beitrag näher zu diskutieren (Weber et al. 2012a; ICV 2014). Nur zwei Themen seien im Folgenden herausgegriffen.

Das erste dieser beiden Themen ist Carbon Accounting. Dieses besitzt für die ökologische Komponente der Nachhaltigkeit eine sehr große Bedeutung, weil hier in den letzten Jahren ein erheblicher gesellschaftlicher Druck entstanden ist bzw. aufgebaut wurde („Klimakatastrophe"), weil dieses ökologische Ziel einfach zu verstehen und relativ problemlos zu messen ist und – auch deshalb – bereits in Ausschnitten monetarisiert wurde (Emissionshandel). Die gesellschaftliche ökologische Diskussion hat sich so sehr auf den

---

[13] Zumindest war dies in den an der Studie beteiligten Unternehmen der Fall.

CO_2-Ausstoß fokussiert, dass es nicht zu erwarten ist, dass diese Komponente ökologischer Belastung in der nächsten Zeit an Bedeutung verlieren wird. Deshalb finden sich mittlerweile viele Unternehmen, in denen konkrete CO_2-Ziele vereinbart wurden. Zu Anfang wurden entsprechende Reduktionsvorgaben nicht analytisch abgeleitet, sondern nur geschätzt oder nach Vergleichen mit Wettbewerbern festgelegt (Weber et al. 2012a, S. 86). Ein solches Vorgehen reicht aber auf Dauer nicht aus, weil sich anfangs zwar relativ leicht Reduzierungserfolge erzielen lassen, nach dem Ernten der „low hanging fruits" aber deutlich intensivere Überlegungen erforderlich sind, was mit vertretbaren Mitteln in welcher Zeit möglich ist. Dies erfordert eine deutlich aussagekräftigere informatorische Grundlage, auch dahingehend, wo CO_2-Ausstöße im Unternehmen für welche Produkte anfallen und wie sich diese über die Zeit entwickeln. Diesem Erfordernis gerecht zu werden, bedeutet den Aufbau eines Carbon Accountings (Hufschlag 2010).

Carbon Accounting ist Controllern aus zwei Gründen heraus als neues Arbeitsfeld quasi „auf den Leib geschneidert": Zum einen sind Controller sehr erfahren darin, managementrelevante Informationen zu erfassen und aufzubereiten; für die üblichen finanziellen Steuerungsgrößen haben sie sich – wie anfangs angemerkt – die Position einer „single source of truth" erarbeitet. Zum anderen kann sich ein Carbon Accounting eng an die Struktur der Kostenrechnung anlehnen, die – zumindest im deutschen Kontext – sehr genau Faktorverbräuche erfasst und zuordnet, sodass diese Verbräuche Basis zur Berechnung des CO_2-Ausstoßes sein können. Ein Carbon Accounting ohne diesen Bezug aufzubauen, wäre sehr aufwändig und/oder zu ungenau – ein mustergültiges Beispiel eines ausdifferenzierten, mit der Kostenrechnung verknüpften Carbon Accountings findet sich bei der Deutschen Post DHL (Hufschlag 2010), für die die kohlendioxidbezogene Nachhaltigkeit eine hohe Bedeutung besitzt, und dies sowohl auf der Leistungs- als auch auf der Produktseite. Dies rechtfertigt die Kosten des Carbon Accountings.

Das zweite anzusprechende Thema ist die Incentivierung des Managements. Wenn Nachhaltigkeitsziele gesetzt werden und im Handeln der Führungskräfte berücksichtigt werden sollen, dann ist es auch erforderlich, sie mit in die Anreizgestaltung einzubeziehen. Fehlen sie im Set anreizrelevanter Ziele, besteht die (hohe) Gefahr, dass sie im täglichen Handeln vernachlässigt werden. Auch auf diesem Feld besteht also Gestaltungsbedarf. Controller sind heute wesentlich an der Formulierung und der Anwendung der Incentivesysteme beteiligt. Sie sind deshalb – neben der HR-Abteilung – gefordert, entsprechende Nachhaltigkeitsziele in die Leistungsbeurteilung und variable Vergütung der Manager zu integrieren.

Um als Basis für die Incentivierung der Manager dienen zu können, müssen die Zielgrößen eine hohe Qualität besitzen, was noch nicht in jedem Unternehmen erfüllt ist (Weber et al. 2012a, S. 87). Dass auf diesem Feld dennoch Fortschritte gemacht wurden, lässt sich an den Zielen der Controller selbst erkennen: Wie das WHU-Controllerpanel zeigt (vgl. Abb. 3), spielen Nachhaltigkeitsziele für den Bonus der Controller zwar noch keine große Rolle; sie sind aber immerhin schon im Set der relevanten Bemessungsgrößen angekommen und haben für die individuelle Leistungsbeurteilung eine überraschend hohe Bedeutung.

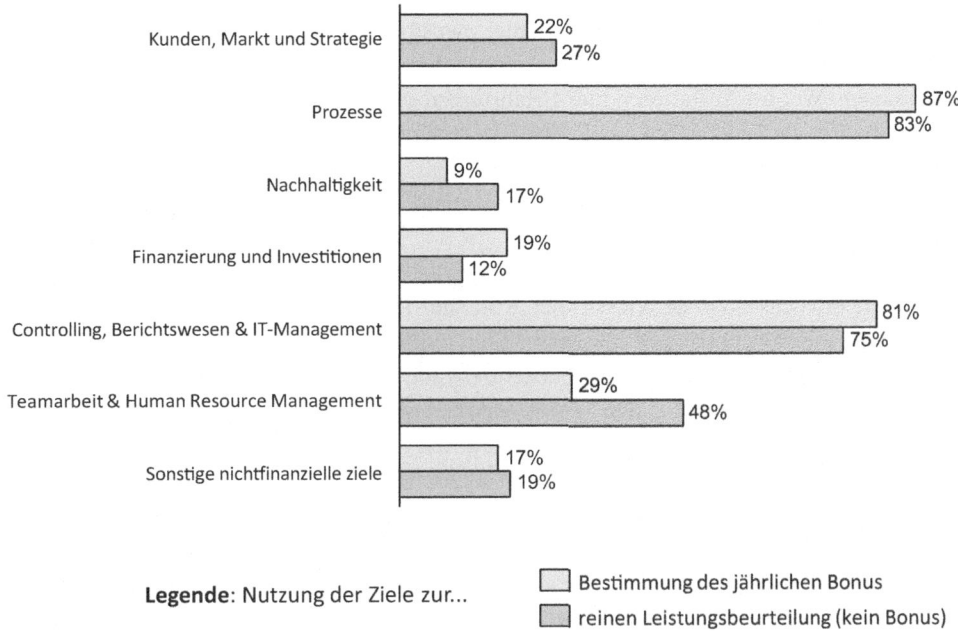

Abb. 3 Verbreitung verschiedener nicht-finanzieller Ziele für die Bestimmung des jährlichen Bonus und zur (reinen) Leistungsbeurteilung von Controllern. (Schäffer et al. 2012, S. 140)

4 Konsequenzen für Controller

Wollen Controller die im Beitrag angesprochenen begrenzenden, ergänzenden und entlastenden Funktionen im Kontext der Umsetzung von Nachhaltigkeit spielen, so hat dies Auswirkungen 1) auf die an sie gestellten Anforderungen und die von ihnen zu gewährleistenden Fähigkeiten, 2) auf die Ausprägung der wahrzunehmenden Aufgaben und Rollen sowie 3) auf die ihnen zur Verfügung stehenden Ressourcen.

1) Hinsichtlich der Anforderungen und Fähigkeiten bedeutet das „Flagge-zeigen" im Bereich der Nachhaltigkeit die Notwendigkeit, sich in ein gänzlich neues Themenfeld einzuarbeiten, das eine hohe Heterogenität aufweist. Gerade ökologische Themenstellungen erfordern häufig umfangreiches technisch-naturwissenschaftliches Wissen, das zudem noch aus mehreren Teildisziplinen stammt. Eine ganz andere Kenntnisbasis ist für soziale Nachhaltigkeitsthemen relevant. Erschwerend kommt hinzu, dass die ökologischen und sozialen Themen in unterschiedlichen Bereichen des Unternehmens sehr unterschiedliche Ausprägungen besitzen können (Georg und Ströhm 2012). Alles in allem ergibt sich also eine ganz erhebliche erforderliche Wissensbreite, die deutlich über die unisono konstatierten Anforderungen an den Business Partner hinausgeht, genügend Geschäftswissen aufzubauen, mit der sich Controller aktuell immer noch – und vermutlich auch noch längere Zeit – schwer tun.

Allerdings können Controller im Feld der Nachhaltigkeit auch viel für ihre sonstige Arbeit lernen, insbesondere für die Frage, wie sich nicht-finanzielle Größen langfristig auf finanzielle auswirken. Das Wechselspiel zwischen ökologischen, sozialen und ökonomischen Zielen ist – wie mehrfach angesprochen – für Nachhaltigkeit geradezu charakteristisch. Wer im Austarieren hier Erfahrungen sammelt, kann sie auch für vergleichbare Probleme verwenden, etwa bei der Frage, wie der in zahllosen empirischen Studien herausgearbeitete Zusammenhang zwischen Anpassungsfähigkeit des Unternehmens an Veränderungen in seinem Umfeld, Markterfolg und finanziellem Erfolg operationalisiert und konkret umgesetzt werden kann.

2) Herausforderung gibt es auch bei den angestammten Rollen der Controller. Auf der einen Seite erwachsen bei der klassischen Rolle des Datenlieferanten in Folge der Heterogenität und Vielzahl potenziell relevanter Steuerungsgrößen große Schwierigkeiten, die Position der „single source of truth" über die traditionellen finanziellen Größen hinaus auszudehnen. Die entsprechenden Basissysteme sind – falls überhaupt vorhanden – zumeist nicht im Verantwortungsbereich der Controller und werden das auch auf absehbare Zeit nicht sein. Nur im Bereich von Carbon Accounting liegt – wie bereits angesprochen – angesichts der engen Verbindung zur Kostenrechnung eine abweichende Situation vor.

Unbeeinflusst bleibt dagegen die Rolle als kritischer Counterpart. Controller müssen im Feld der Nachhaltigkeit eine trotz aller derzeitigen sozialen Erwünschtheit des Konzepts kritisch-neutrale Position bewahren. Gegen ein sich im Zeitablauf schnell entlarvendes „green painting" ist ebenso anzugehen wie gegen eine zu blauäugige Perspektive auf Nachhaltigkeit. Sollten entsprechende Fehlentscheidungen drohen, müssen sie verhindert werden. Wegen der Breite der Steuerungsaufgaben können die Controller ihre Manager aber auch als Business Partner umfangreich ergänzen und entlasten und damit dazu beitragen, dass Nachhaltigkeitsziele konsequent umgesetzt werden. Diese aktiv-unterstützende Rolle wird derzeit in den meisten Unternehmen die begrenzende von ihrem Umfang und ihrer Bedeutung her deutlich übertreffen.

Um eine ganz spezielle Unterstützung handelt es sich schließlich bei der Beantwortung der Frage, was unter ökonomischer Nachhaltigkeit genau zu verstehen ist. Auch hier geht es u. a. darum zu verhindern, etwas Suggestivem aufsitzen: Ökonomische Nachhaltigkeit ist für ein Unternehmen nur dann besser als ein eher kurzfristiges Agieren, wenn dies unter dem Strich zu einem höheren Ergebnis führt. Unternehmen haben keinen genetischen Auftrag, lange zu leben, sie stehen auch nicht unter Artenschutz. Unternehmerisches Denken muss stets auch die Schließung des Geschäfts beinhalten, berücksichtigen, dass die eigenen Ressourcen in einem anderen Kontext möglicherweise sinnvoller eingesetzt werden können. Umgekehrt darf allerdings der langfristige Erfolg in der Tat nicht auf dem Altar von Quartalsergebnissen geopfert werden. Das Einfordern ökonomischer Nachhaltigkeit adressiert ein faktisch oftmals beobachtetes und zu beobachtendes Rationalitätsdefizit, das der Aufmerksamkeit der Controller bedarf.

3) Für den einzelnen Controller bedeutet der Einstieg in das Thema Nachhaltigkeit die Chance, einen wichtigen Schritt in der eigenen Karriere zu machen oder ihn zumindest zu ermöglichen: Einen deutlich breiteren Scope zu bekommen, zu lernen, wie nicht-finanzielle Größen operationalisiert und gemessen werden können, eine Perspektive kennenzulernen, die – in welcher Intensität auch immer – für jeden Manager in der Zukunft bedeutsam sein wird. Allerdings kostet dieser Einstieg Zeit und ist auch nicht alternativ-

los. Es gibt vergleichbare Themen, die auch Aufmerksamkeit der Controller benötigten. Auf das strategisch offenbar so wichtige Thema der Anpassungsfähigkeit wurde schon hingewiesen. Ähnliches gilt für Innovation. Selbst im Bereich eher operativer Fragen besteht ein hoher Bedarf von Verbesserung, etwa im Vertrieb und Einkauf und mehr noch in der Logistik bzw. im Supply Chain Management. Controller haben also mehrere Alternativen, ihre knappe Zeit zu investieren. Sich stärker auf dem Feld der Nachhaltigkeit zu engagieren, ist deshalb nicht kostenlos. Unabhängig davon ist Nachhaltigkeit aber derzeit wahrscheinlich das beste Feld zu lernen, wie komplexe neue Perspektiven gefasst und im Unternehmen umgesetzt werden können, was sich dann auf vergleichbare Problemstellungen übertragen lässt. Zudem lässt sich das Thema Nachhaltigkeit – wie bereits anfangs kurz angesprochen – nicht verankern, wenn nicht die spezifischen Herausforderungen in den betrieblichen Teilbereichen berücksichtigt werden. Dies würde das aufgespannte „entweder – oder" etwas relativieren. Beide zusätzlichen Nutzenwirkungen sind bei der Allokation der knappen Ressourcen zu berücksichtigen.

5 Fazit

Das Thema Nachhaltigkeit ist somit für Controller ein neues, spannendes Feld. Es lässt sich in unseren Augen keinesfalls als kurzfristige Modewelle abtun, auch wenn die Aufmerksamkeit für das Thema derzeit eher nachzulassen scheint. Allerdings: Unternehmen sind noch weit davon entfernt, das vielschichtige Konzept der Nachhaltigkeit hinreichend und nachhaltig zu beherrschen. Es besteht noch ein hoher Lernbedarf, ebenso, wie es einer höheren Nüchternheit und Sachlichkeit im Umgang mit dem Thema bedarf. Soziale Erwünschtheit alleine ist nicht wirtschaftlich nachhaltig. Solange die Eigentümer ihre Präferenzen nicht systematisch ändern, werden soziale und ökologische Ziele nur dann realisiert werden, wenn sie zugleich den ökonomischen Zielen dienen bzw. diesen zumindest nicht zuwiderlaufen. Aber auch dann, wenn man dieser nüchternen Perspektive folgt, steht ein breites Handlungsspektrum zur Wahl, das sich auf die Kosten- und die Marktposition der Unternehmen sehr positiv auswirken kann – aber nicht muss. Genau hier ist die analytische, neutrale Rolle des Controllers sehr hilfreich.

Wer das Feld beherrscht, wird auch in der Lage sein, auf künftige Entwicklungen zu reagieren, seien es Regulierung oder verändertes Kaufverhalten von Kunden. Sich mit Nachhaltigkeit zu beschäftigen, macht also zukunftsfähig – und wer wollte das als unwichtig bezeichnen?

Literatur

Carroll, A. B. (1999). Corporate social responsibility – evolution of a definitional construction. *Business & Society, 38*(3), 268–295.
Dahlsrud, A. (2008). How corporate social responsibility is defined: An analysis of 37 definitions. *Corporate Social Responsibility and Environmental Management, 15*(1), 1–13.

DIN ISO 26000. (2011). *Leitfaden zur gesellschaftlichen Verantwortung*. Berlin: DIN ISO 26000.
Elkington, J. (1997). *Cannibals with folks: The triple bottom line of 21st century business*. Gabriola Island: Capstone Publishing Ltd.
Georg, J., & Ströhm, C. H. (2012). Das unternehmerische Nachhaltigkeitsleitbild und dessen Umsetzung und Steuerung in relevanten Funktionsbereichen. *Zeitschrift für Controlling und Management, 56*(4), 249–254.
Global Reporting Initiative (GRI). (Hrsg.). (2013). *Sustainability reporting guidelines*. Version G4. Amsterdam: GRI.
Hufschlag, K. (2010). Weltweites Carbon Accounting bei Deutsche Post DHL. *UmweltWirtschaftsForum, 18*(1), 29–33.
Internationaler Controller Verein. (Hrsg.). (2014). *Green controlling. Leitfaden für die erfolgreiche Integration ökologischer Zielsetzungen in Unternehmensplanung und -steuerung*. Freiburg: ICV.
Schäffer, U. (2004). Zum Verhältnis von Unternehmensethik und Controlling. *Zeitschrift für Wirtschaft und Unternehmensethik, 5*, 55–71.
Schäffer, U., & Erhart, R. (2014). Das Glas ist halb voll – Der Controller auf dem Weg zum strategischen Partner. *Controlling & Management Review, 57*(2), 54–61.
Schäffer, U., & Weber, J. (2014). Controller – eine gefährdete Spezies? *Harvard Business Manager, 7*, 86–90.
Schäffer, U., & Weber, J. (2015a). Controlling im Wandel – Die Veränderung eines Berufsbilds im Spiegel der zweiten WHU-Zukunftsstudie. *Controlling, 27*(3), 185–191.
Schäffer, U., & Weber, J. (2015b). *Controlling Trends & Benchmarks*. Vallendar: IMC.
Schäffer, U., Weber, J., & Mahlendorf, M. (2012). *Controlling in Zahlen. Stand und Entwicklung des Controllings in den D-A-CH-Staaten, Ergebnisse aus fünf Jahren WHU-Controllerpanel*. Vallendar: own publication of the Institute.
Siegel, G. (2003). Becoming a business partner? *Strateg Finance, 85*(4), 1–5.
Weber, J., & Schäffer, U. (2013). *Vom Erbsenzähler zum Business Partner. Und wie geht es weiter? Schriftenreihe Advanced Controlling* (Bd. 88). Weinheim: Wiley.
Weber, J., Georg, J., & Janke, R. (2010). Nachhaltigkeit: Relevant für das Controlling? *Zeitschrift für Controlling und Management, 53*, 395–400.
Weber, J., Georg, J., Mack, S., & Janke, R. (2012a). *Nachhaltigkeit und Controlling. Schriftenreihe Advanced Controlling* (Bd. 80). Weinheim: Wiley.
Weber, J., Schäffer, U., Goretzki, L., & Strauß, E. (2012b). *Zehn Zukunftsthemen des Controlling. Schriftenreihe Advanced Controlling* (Bd. 82). Weinheim: Wiley.

Prof. Dr. Dr. h.c. Jürgen Weber ist Direktor des Instituts für Management und Controlling (IMC) der WHU – Otto Beisheim School of Management in Vallendar. Im Rahmen seiner Forschungstätigkeit beschäftigt er sich mit der Untersuchung von organisationalen Veränderungsprozessen und der Dynamik und Komplexität der Controllership. Jürgen Weber ist Mitherausgeber der Zeitschrift WHU Controlling & Management Review. Er ist Vorsitzender des ICV-Kuratoriums, war lange Jahre Mitglied des wissenschaftlichen Beirats der BVL und nimmt eine wissenschaftliche Beiratsfunktion in der Managementberatung CTcon wahr.

Prof. Dr. Utz Schäffer ist Direktor des Instituts für Management und Controlling (IMC) der WHU – Otto Beisheim School of Management in Vallendar. Zu seinen Forschungsinteressen zählen Controlling und Unternehmenssteuerung sowie die Rollen von CFOs und Controllern. Utz Schäffer ist Mitherausgeber der Zeitschrift WHU Controlling & Management Review und des Journal of Management Control, Mitglied im Kuratorium des Internationalen Controllervereins (ICV) und Wissenschaftlicher Beirat der Managementberatung CTcon.

CSR, Nachhaltigkeit und Controlling – Zwischen Praxislücke und Forschungskonzepten

Stefan Schaltegger

1 Wie engagiert ist das Controlling in der Unternehmenspraxis des Nachhaltigkeitsmanagements?

Eine nachhaltige Entwicklung von Wirtschaft und Gesellschaft erfordert unternehmerische Verantwortung im Sinne von Corporate Social Responsibility (CSR) (Carroll 1979; Carroll 1999; van Marrewijk 2003) und eine wirksame Umsetzung einer nachhaltigen Entwicklung von Unternehmen (van Marrewijk 2003; van Marrewijk und Werre 2003; Schaltegger und Burritt 2005). Dies bedingt eine Berücksichtigung von Nachhaltigkeit in Managemententscheidungen, die wiederum von den vorliegenden Informationen mitbeeinflusst wird und davon, wie gut Nachhaltigkeit von den wichtigsten Informationssystemen, dem Rechnungswesen und dem Controlling, aufgegriffen wird. Besonders für den Umsetzungsprozess von Nachhaltigkeitsstrategien und die Steuerung operativer Maßnahmen könnte eine gute Unterstützung durch das Controlling deren Wirksamkeit und Effizienz erhöhen.

Um Handlungsbedarf und Weiterentwicklungsmöglichkeiten des Controllings für CSR und unternehmerische Nachhaltigkeit vertieft zu diskutieren, stellt sich zuerst die Frage, als wie betroffen der Funktionsbereich und verwandte Bereiche wie das Rechnungswesen und die Finanzierung unternehmensintern beurteilt werden und wie stark sie sich für CSR oder eine nachhaltige Entwicklung des Unternehmens engagieren. Abbildung 1 und 2 zeigen diesbezügliche Umfrageergebnisse des Corporate Sustainability Barometers auf (Schaltegger et al. 2013). Das Corporate Sustainability Barometer hat den Praxisstand des Nachhaltigkeitsmanagements der 300 größten Unternehmen in Deutschland seit 2002 erhoben und

---

S. Schaltegger (✉)
Leuphana Universität Lüneburg, Lüneburg, Deutschland
E-Mail: schaltegger@leuphana.de

© Springer-Verlag Berlin Heidelberg 2016
E. Günther, K.-H. Steinke (Hrsg.), *CSR und Controlling,* Management-Reihe
Corporate Social Responsibility, DOI 10.1007/978-3-662-47702-1_4

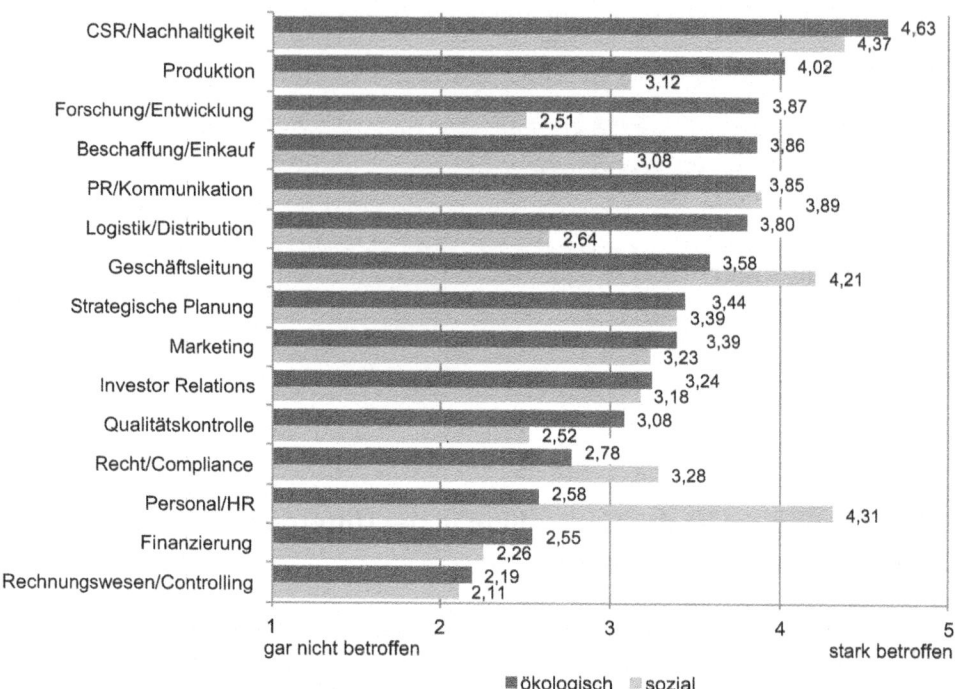

Abb. 1 Geäußerte unternehmensinterne Betroffenheit von Nachhaltigkeit nach Abteilungen. (Schaltegger et al. 2013, S. 31)

kommt auch in der jüngsten Umfrage bezüglich Betroffenheit und Engagement unternehmensinterner Abteilungen zum tristen Ergebnis, dass Finanzierung, Rechnungswesen und Controlling bisher den Nachhaltigkeitsthemen außen vor stehen und als besonders wenig engagiert beurteilt werden.

Diese empirischen Ergebnisse legen nahe, dass vielfach unklar ist, weshalb sich Controlling, Rechnungswesen und Finanzierung mit Nachhaltigkeit befassen sollten. Abschnitt 2 geht deshalb dieser Frage nach. Während schon stark von Nachhaltigkeit betroffene und in das Nachhaltigkeitsmanagement eingebundene Unternehmensbereiche im Regelfall über versierte Konzepte und Praxiserfahrungen verfügen, dürften die meisten bisher wenig involvierten Funktionsbereiche eher einen grundlegenden Konzeptbedarf haben. Aus diesem Grunde befasst sich Abschnitt 5 mit der Darlegung eines grundsätzlichen, handlungsorientierten Ansatzes für Nachhaltigkeitscontrolling.

2 Nachhaltigkeitswirkungen und Unternehmenserfolg

Nachhaltigkeitsthemen sind immer häufiger erfolgsrelevant und öffnen Unternehmen sowohl neue Chancen als auch Risiken. Unabhängig der Stärke ihres Einflusses können Nachhaltigkeitsaspekte über Märkte oder über außermarktliche Prozesse auf den Unter-

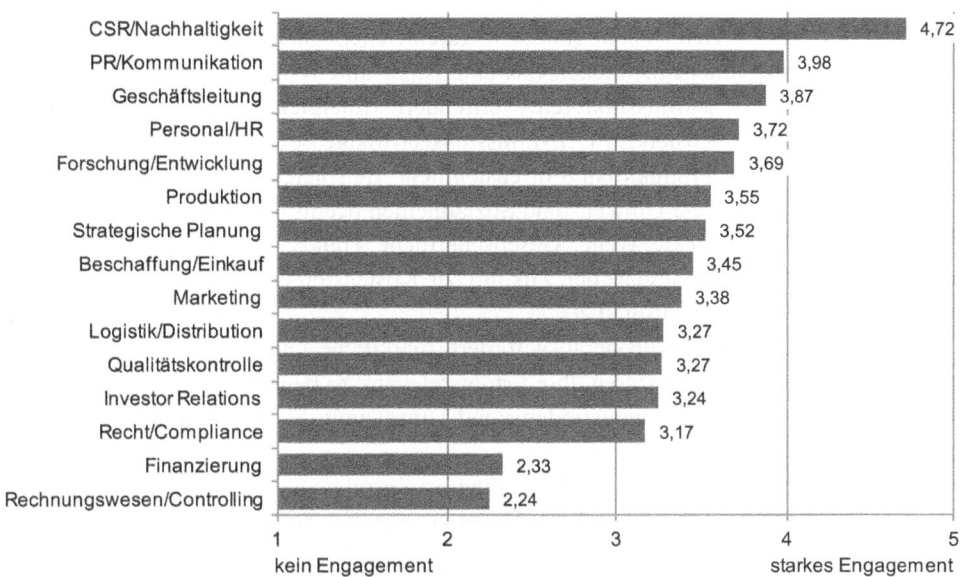

Abb. 2 Für verschiedene Abteilungen geäußerte unternehmensinterne Unterstützung für Nachhaltigkeit. (Schaltegger et al. 2013, S. 32)

nehmenserfolg einwirken. Umgekehrt ist nachhaltige Entwicklung auch nur mit einer nachhaltigen Entwicklung von Unternehmen zu erreichen. Unternehmen sind Orte der Arbeitsgestaltung, der Produkt- und Marktentwicklung und der Herstellung. Sie lösen Nachhaltigkeitseffekte über die Lieferkette aus und beeinflussen das Konsumverhalten. Unternehmen sind damit ein wesentlicher Akteur für eine nachhaltige Entwicklung. Dementsprechend beobachten Medien, Behörden, NGOs und viele weitere Akteure Nachhaltigkeitswirkungen und -maßnahmen von Unternehmen und reagieren auf deren Verhalten. Das gesellschaftliche, marktliche und politische Umfeld sowie die Beziehungen zu Stakeholdern, die die Geschäftsbedingungen und damit die wirtschaftlichen Chancen und Risiken prägen, werden damit von der Nachhaltigkeitsleistung des Unternehmens mit beeinflusst. Die direkten und indirekten Wirkungszusammenhänge zwischen Umwelt- und Sozialleistungen einerseits und dem wirtschaftlichen Erfolg andererseits, erfordern eine professionelle Befassung aller Unternehmensbereiche mit Nachhaltigkeitsthemen und häufig weitreichende organisatorische Veränderungen. Der Prozess der unternehmerischen Nachhaltigkeitstransformation kann dabei als unternehmerische Nachhaltigkeit bezeichnet werden und umschreibt die durch Nachhaltigkeitsmanagement gestalteten Entwicklung, eine nachhaltige Entwicklung der Organisation selbst zu erreichen sowie das Unternehmen zu befähigen, einen relevanten Beitrag zur nachhaltigen Entwicklung von Wirtschaft und Gesellschaft zu leisten (Schaltegger 2010b). In diesem Prozess spielen neben anderen Aspekten wie das Nachhaltigkeits-Know-how des Managements und der Belegschaft, Geschäftsmodelle oder Innovationen auch Managementmethoden, Steuerungs- und Messkonzepte eine Rolle.

Die systematische Berücksichtigung erfolgsrelevanter Nachhaltigkeitsaspekte erfordert die Beachtung unterschiedlicher Charakteristika und Wirkungsweisen marktlicher und außermarktlicher Einflussfaktoren. Verminderte Energiekosten durch effizientere Produktionsverfahren, Kosten für CO_2-Emissionszertifikate oder Umsatzrückgang sozial bedenklich bewerteter Produkte sind offensichtliche Beispiele wie Nachhaltigkeit über Marktprozesse wirkt. Viele Umwelt- und Sozialthemen beeinflussen den Unternehmenserfolg jedoch über indirekte Wege. Gesellschaftliche Trends und Gesetzesänderungen können rasch und langfristig in der Zukunft zu Kostensteigerungen und verändertem Kaufverhalten führen (z.B. Rogall 2012).

Das Controlling ist deshalb herausgefordert, marktliche und außermarktliche Nachhaltigkeitsthemen zu identifizieren, ihre Erfolgsrelevanz zu beurteilen und die Unternehmensleitung in der Entscheidungsfindung und Umsetzung des Nachhaltigkeitsmanagements zu unterstützen.

Ausgangslage für eine wirksame Steuerung erfolgsrelevanter Nachhaltigkeitsaspekte ist ein Verständnis der Zusammenhänge. Dabei können sich freiwillige Umwelt- und Sozialmaßnahmen sowohl über Risiken und Kosten als auch über Chancen und Erträge auf den ökonomischen Erfolg des Unternehmens auswirken. Zentrale Herausforderung für das Nachhaltigkeitsmanagement eines gewinnorientierten Unternehmens ist es demnach, einen „Business Case" unternehmerischer Nachhaltigkeit aktiv zu schaffen (Carroll und Shabana 2010; Schaltegger et al. 2012). Dabei kommt es weniger auf die Anzahl der Nachhaltigkeitsaktivitäten an, als auf die Art und Weise, wie das Nachhaltigkeitsmanagement ausgestaltet wird. Je nach Ausgestaltung wird der Zusammenhang zwischen freiwilligen Umwelt- und Sozialmaßnahmen positiv oder negativ auf den Unternehmenserfolg wirken (Schaltegger und Synnestvedt 2002). Die Herausforderung für das Management besteht demnach darin, diejenigen ökologischen und sozialen Aktivitäten zu identifizieren, die den ökonomischen Erfolg am meisten stärken und entsprechende Maßnahmen wirksam zu gestalten und umzusetzen. Damit stellt sich die Frage nach den Ansatzpunkten, um den Business Case unternehmerischer Nachhaltigkeit zu entwickeln und mithilfe von Controlling zu unterstützen.

Die Beurteilung der Wirkung von Umwelt- und Sozialaktivitäten auf den Unternehmenserfolg kann anhand der Variablen bzw. Erfolgstreiber erfolgen, die den wirtschaftlichen Erfolgsbeitrag des Unternehmens beeinflussen (Schaltegger und Wagner 2006; Schaltegger 2011): Kosten und Risiko, Umsatz, Preis und Gewinnmarge, Innovationen (inkl. Geschäftsmodellinnovationen), Arbeitszufriedenheit, Reputation, intangible Werte und Markenwert.

Zwar können Nachhaltigkeitsmaßnahmen relativ einfach checklistenartig auf diese Treiber übergeprüft werden. Mit der zunehmenden Bedeutung der Nachhaltigkeitsthematik für den Markt- und Unternehmenserfolg sollte Nachhaltigkeit jedoch systematischer auf Basis eines institutionalisierten Controllingkonzepts und nicht nur mit Checklisten gemanagt werden. Die strukturierte Identifikation der Erfolgsrelevanz marktlicher und außermarktlicher Nachhaltigkeitsaspekte und die Abbildung der Wirkungspfade auf den

Unternehmenserfolg, erfordert eine strategisch fundierte Konzeption eines Nachhaltigkeitscontrollings.

3 Orientierungsgrößen für die Steuerung unternehmerischer Nachhaltigkeit

Will ein Unternehmen zur nachhaltigen Wirtschafts- und Gesellschaftsentwicklung wirksam beitragen, so stehen Nachhaltigkeitsmanagement und -controlling vor der Aufgabe, gewisse Kernaspekte zu berücksichtigen (Schaltegger 2013):

- *Starke Nachhaltigkeit:* Es wird keine Substitution unterschiedlicher „Kapitalarten" zugelassen bzw. es soll keine Verschlechterung in einer Nachhaltigkeitsdimension erfolgen. „Trade-offs" zwischen sozialen, ökologischen und ökonomischen Nachhaltigkeitsaspekten sind zu verhindern. Dies bedeutet auch, dass Trade-offs zwischen Nachhaltigkeitsproblemen innerhalb der gleichen Dimension, wie Biodiversität und Klimaschutz in der ökologischen Dimension, ebenfalls unzulässig sind wie Trade-offs zwischen Verbesserungen im direkten Einflussbereich des Unternehmens und indirekten Nachhaltigkeitswirkungen (z. B. in der Lieferkette). Das Nachhaltigkeitscontrolling soll so ausgestaltet sein, dass es substanzielle ökologische und soziale Verbesserungen bezüglich jedes Nachhaltigkeitsproblems unterstützt und dadurch den wirtschaftlichen Erfolg des Unternehmens stärkt.
- *Pluralistischer methodischer Ansatz:* Nachhaltigkeitsmanagement verfügt über einen „Werkzeugkasten" an Methoden, die eine Ausgestaltung und spezifische Ausrichtung des Nachhaltigkeitscontrollings des Unternehmens auf die spezifischen Nachhaltigkeitsherausforderungen der Branche, des Marktes, des gesellschaftlichen Umfelds und des Unternehmens unterstützen.
Ein pluralistisches Mess- und Steuerungskonzept baut auf problemspezifischen Maßen und Indikatoren auf (z. B. Climate Change Potenzial für Klimagase, Biodiversitätsindikatoren für Biodiversität). Zur Berücksichtigung unterschiedlichen Expertenwissens und Werthaltungen ist auch die Einbindung von Stakeholdern in die Problemanalyse, die Identifikation ökologischer und sozialer Schwächen sowie die Ausgestaltung von Zielgrößen, Handlungsfeldern und Maßnahmen anzustreben.
- *Weiterentwicklung und Reform bisheriger Controllingmethoden zur verbesserten Berücksichtigung von Nachhaltigkeit:* Zur Förderung von Motivation, Innovation und Nachhaltigkeitsleistung im Unternehmen sind das Geschäftsmodell, das Kerngeschäft an sich sowie die Organisationsgestaltung bis hin zu den Mess- und Steuerungsmethoden weiterzuentwickeln. Da die konventionellen Rechnungswesen- und Controllingmethoden Nachhaltigkeit kaum berücksichtigen (Maunders und Burritt 1991) und parallel aufgebaute Nachhaltigkeitscontrollingsysteme häufig nur von wenigen Personen in Stabsabteilungen verwendet werden, ist zur Einbindung zentraler Entscheidungsträger eine Integration neuerer Ansätze der Messung und Steuerung notwendig.

- *Differenzierung von Wachstumsinformationen und -indikatoren:* Nachhaltiges Wirtschaften erfordert, dass die Ressourceneffizienz stärker wächst als das quantitative Absatzwachstum, damit der wirtschaftliche Erfolg durch Dematerialisierung von Umwelt- und Sozialproblemen entkoppelt wird. Ein quantitatives Absatzwachstum eines verhältnismäßig nachhaltigen Unternehmens kann aber dann zur nachhaltigen Entwicklung beitragen, wenn es unnachhaltigere Unternehmen auf dem Markt verdrängt. Für das Nachhaltigkeitscontrolling bedeutet dies, dass sowohl unternehmensbezogene als auch markt- und gesellschaftsbezogene relative und absolute Nachhaltigkeitsinformationen abgebildet werden müssen. Dementsprechend sollten Indikatorensysteme mit pluralistischen Messansätzen zur Ermittlung spezifischer Unternehmensbeiträge für starke Nachhaltigkeit unterstützen (Burritt et al. 2002).
- *Interdisziplinäre Verknüpfung von Wissensbeständen:* Nachhaltigkeitsinnovationen können durch eine interdisziplinäre Zusammenführung unterschiedlicher disziplinärer Wissensbestände unterstützt werden. Für das Nachhaltigkeitscontrolling bedeutet dies, dass unterschiedliche Arten von Informationen, Maßeinheiten und Steuerungslogiken zu berücksichtigen sind.

Aus diesen Orientierungsgrößen ergibt sich sowohl für das Controlling als auch für das Informationsmanagement, also die Erfassung, Verdichtung und Kommunikation ökologischer, sozialer und ökonomischer Informationen und deren Verknüpfung untereinander, ein erheblicher Entwicklungsbedarf. Ein wesentliches Ziel des Nachhaltigkeitscontrollings besteht darin, eine nachhaltige Organisationsentwicklung und die Ausgestaltung des unternehmerischen Beitrags zur nachhaltigen Entwicklung von Wirtschaft und Gesellschaft zu unterstützen. Ein entsprechend ausgestaltetes Nachhaltigkeitscontrolling sollte der Transformation der Wertschöpfungslogik dienen, also der Geschäftsmodelle, und der Logik womit Geld verdient wird, also der Business Cases.

Betrachtet man diese Anforderungen, so stellt sich die Frage, wie die bisher in der Literatur und Praxis anzutreffenden Konzepte des Nachhaltigkeitscontrollings und -rechnungswesens angesichts der skizzierten Anforderungen zur Unterstützung von unternehmerischer Nachhaltigkeit beurteilt werden können?

4 Nachhaltigkeitscontrolling und -rechnungswesen

Nicht nur die Unternehmenspraxis sondern auch die Wissenschaft hat sich bisher wenig ausführlich mit Nachhaltigkeitscontrolling auseinandergesetzt. Nur wenige Publikationen schlagen konkrete Konzepte eines Nachhaltigkeitscontrollings und -rechnungswesens vor, die einen handlungsorientierten Praxischarakter aufweisen (Schaltegger und Sturm 1992:; Günther und Nowack 2008; Eitelwein und Goretzki 2010; Schaltegger 2010a). Hervorzuheben sind die im deutschsprachigen Raum entwickelten Ansätze des Öko-Controllings (Günther 1994; Hallay und Pfriem 1992; Schaltegger und Sturm 1994), der Umweltrechnungslegung (Schaltegger und Burritt 2000; Schaltegger und Sturm 1992), des Sozio-Controllings (Dubielzig 2009) und der Materialflussrechnung (Jasch 2009). In jüngerer Zeit sind auch Publikationen erschienen, die beschreiben, wie einzelne Unternehmen in der Praxis vorgehen (Jasch 2009; Schaltegger und Dyllick 2002; Schaltegger und Wagner 2006). Erst kürzlich wurden breiter angelegte Untersuchungen zur aktuellen Unternehmenspraxis im Nachhaltigkeitsrechnungswesen (Bennett et al. 2013; Schaltegger und Zvezdov 2011) und zum Nachhaltigkeitscontrolling (Gond et al. 2012) veröffentlicht. Wesentliche Erkenntnis ist, dass die emergierenden Ansätze vielschichtig, noch wenig systematisch, im Aufbau begriffen und lückenhaft sind.

Im Folgenden wird ein generell einsetzbares Konzept für das Nachhaltigkeitscontrolling vorgestellt, das die oben skizzierten Anforderungen in Grundzügen aufzugreifen versucht.

5 Nachhaltigkeitscontrollings auf Basis der SBSC

5.1 Konzeptionelle Grundzüge des Nachhaltigkeitscontrollings

Nachhaltigkeitscontrolling darf sich nicht nur auf eine Steuerung sozialer, ökologischer und ökonomischer Aspekte der Organisation selbst begrenzen, sondern muss zur Sicherung des Beitrags des Unternehmens zu einer nachhaltigen Entwicklung von Wirtschaft und Gesellschaft das Controllingverständnis erweitern.

Das bedeutendste strategische Steuerungskonzept der letzten beiden Jahrzehnte, das systematisch nicht-finanzielle Einflussgrößen berücksichtigt, ist die Balanced Scorecard (Kaplan und Norton 1992, 1997). Die hier aufbauende Sustainability Balanced Scorecard (SBSC) unterscheidet fünf Handlungs- und Steuerungsperspektiven (Figge et al. 2002; Hansen und Schaltegger 2015): Finanzen, Kunden, interne Prozesse, Know-how/organisationales Lernen und außermarktliche Einflüsse. Diese fünf Perspektiven dienen der systematischen Berücksichtigung von Umwelt- und Sozialthemen sowie ihrer wirtschaftlichen Wirkungen aus Sicht verschiedener Märkte (Finanzmarkt, Absatzmarkt, Beschaffungsmarkt, Arbeitsmarkt) und aus außermarktlicher, gesellschaftlicher Perspektive (z. B. durch NGOs, Medien). Die Perspektiven der BSC können die Organisation eines operativen Controllings unterstützen (Weber und Schäffer 2000). Dementsprechend begründen die Perspektiven der SBSC fünf Steuerungskreise des Nachhaltigkeitscontrollings (vgl. Abb. 1):

- Die Finanzperspektive befasst sich mit Kosten, Erträgen und Risiken aus Aktivitäten, inklusive sozial und ökologisch relevanter Handlungen mit direkter Finanzwirkung.
- Die Marktperspektive betrachtet Kundentreue, Umsatz, Preis, inklusive sozial und ökologisch relevanter Handlungen, Produkte und Dienstleistungen mit direkter Absatzmarktwirkung.

- Die Prozessperspektive beleuchtet Leistungserstellungs- und Innovationsprozesse, inklusive ökologischer und sozialer Wirkungen dieser Prozesse und auf den Beschaffungsmarkt.
- Die Lernperspektive berücksichtigt Know-how, organisationales Lernen und Arbeitszufriedenheit, inklusive Nachhaltigkeitswirkungen auf die Attraktivität als Arbeitgeber und die Motivation von Mitarbeitenden.
- Die außermarktliche Perspektive untersucht soziale und ökologische Aspekte und ihre Wirkungen auf Reputation, Legitimität und intangible Werte von strategischer Erfolgsrelevanz für das Unternehmen.

Die fünf Perspektiven bilden die Beziehungen des Unternehmens zu Märkten und das außermarktliche, gesellschaftliche Umfeld. Die Steuerungsfelder und ihre Indikatoren werden über Kausalverknüpfungen verbunden (Figge et al. 2002; Schaltegger und Wagner 2006). Ausgehend von der Finanzperspektive und direkten finanziellen Wirkungen von Nachhaltigkeitsaspekten wird die SBSC für alle fünf Perspektiven top-down entwickelt. Das Geflecht an Kausalbeziehungen wird sukzessive erweitert bis eine sogenannte „Strategiekarte" (Kaplan und Norton 2000; Figge et al. 2002) entsteht. Abbildung 3 zeigt ein Praxisbeispiel einer solchen Nachhaltigkeitsstrategiekarte, die die Ausgangslage für die Entwicklung von Indikatoren bildet, die mit Kausalbeziehungen untereinander und zur Strategie des Unternehmens stehen (Abb. 4).

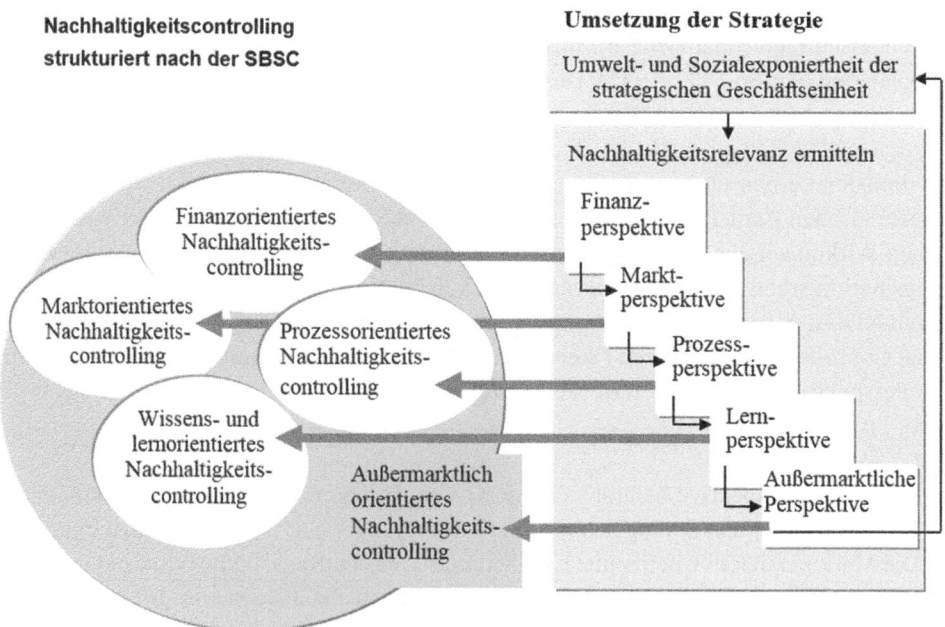

Abb. 3 Grundkonzept des Nachhaltigkeitscontrollings. (Schaltegger 2010a, S. 513)

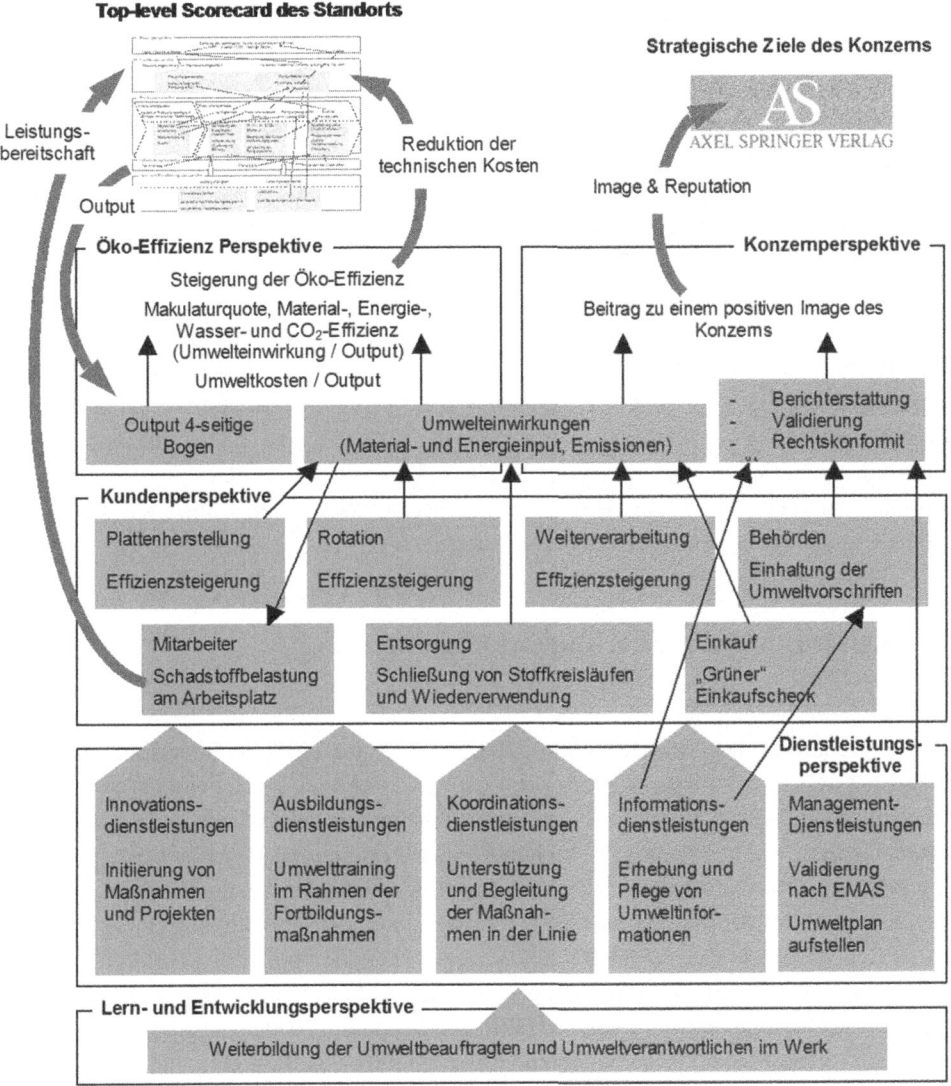

Abb. 4 Umwelt-Scorecard eines Druckhauses als Strategiekarte. (Bieder et al. 2002, S. 188)

Die Indikatoren bilden die Ausgangslage zur Entwicklung eines nach den fünf Perspektiven gegliederten Nachhaltigkeitscontrollings sowie des hieraus abgeleiteten Messsystems. Mit dieser Strukturierung verschiedener Controlling-Perspektiven (Weber und Schäffer 2000) dient das Nachhaltigkeitscontrolling dazu, Nachhaltigkeitsaspekte systematisch aus Sicht der Unternehmensstrategie zu erfassen, mit konventionellen und nachhaltigkeitsspezifischen ökonomischen, sozialen und ökologischen Einflussgrößen zu verknüpfen und mit geeigneten Indikatoren zu messen. Im Folgenden werden die fünf Perspektiven etwas genauer diskutiert.

5.2 Finanzorientiertes Nachhaltigkeitscontrolling

Immer häufiger berücksichtigen Anleger, Analysten, Banken und Ratingagenturen Nachhaltigkeitsaspekte. Neben Regulierungen wie der CO_2-Emissionszertifikatehandel haben das Carbon Disclosure Project (CDP) großer institutioneller Investoren und der Berichterstattungsleitfaden der Global Reporting Initiative (GRI) eine hohe Bedeutung erlangt. Möglicherweise wird auch das sogenannte Integrated Reporting hier weitere Bedeutung erlangen. Über 3000 Unternehmen beteiligen sich am Carbon Disclosure Project und über 1800 Unternehmen publizieren Nachhaltigkeitsberichte auf Grundlage der GRI-Leitlinien.

Neben grundsätzlichen Einflüssen bestehen auch „harte" Zusammenhänge zwischen einer Reihe von Nachhaltigkeitsaspekten (wie z. B. die CO_2-Emissionen) und Finanzkennzahlen, die auch zur internen Steuerung der Nachhaltigkeitsleistung herangezogen werden können. Ein auf die Finanzperspektive der SBSC ausgerichtetes Nachhaltigkeitscontrolling orientiert sich an Konzepten des Finanzmanagements des Unternehmens und verknüpft Umwelt- und Sozialaspekte mit dem Rechnungswesen, Konzepten der Unternehmensfinanzierung und der Berichterstattung.

5.3 Marktorientiertes Nachhaltigkeitscontrolling

Nachhaltigkeitsaspekte sind auf dem Absatzmarkt und für die Marktbeziehungen zwischen Geschäftskunden von Bedeutung (Belz und Peattie 2009). Während im Business-to-Business-Geschäft die Einrichtung von Umwelt- und Sozialmanagementsystemen bei Lieferanten vermehrt eingefordert wird, ist Nachhaltigkeit bei Endkunden je nach Markt unterschiedlich wichtig. Ein weitreichendes marktorientiertes Nachhaltigkeitscontrolling geht über Markterfolge für Öko- und Fair Trade-Produkte hinaus und besteht in der Nachhaltigkeitstransformation des Absatzmarktes bzw. der Verdrängung unnachhaltiger Konkurrenten durch das Angebot nachhaltigerer kundenorientierter Problemlösungen (Schaltegger 2014). Das marktorientierte Nachhaltigkeitscontrolling steuert Aktivitäten zur Entwicklung nachhaltiger Produktdesigns, Produkt-Dienstleistungskombinationen und Produktionsverfahren sowie zur Ausgestaltung des Marketingmix (Schaltegger 2013). Hier geht es um die Identifikation kundenrelevanter Nachhaltigkeitsthemen, die Entwicklung marktfähiger nachhaltiger Produkte und Dienstleistungen sowie die Unterstützung von Kunden zur Lösung derer Nachhaltigkeitsprobleme (Belz und Peattie 2009).

Fokus des marktorientierten Nachhaltigkeitscontrollings ist der erfolgreiche Verkauf nachhaltiger Angebote auf Grundlage einer nachhaltigen Ausgestaltung der Innovations- und Leistungserstellungsprozesse. Dies erfordert häufig auch ein gutes Sustainable Supply Chain Management (Seuring und Müller 2008). Zur Verbesserung der marktrelevanten Gesamtleistung berücksichtigen die Steuerungsgrößen im marktorientierten Nachhaltigkeitscontrolling deshalb auch Wirkungen innerhalb der Lieferkette und über die Unternehmensgrenzen hinaus.

5.4 Prozessorientiertes Nachhaltigkeitscontrolling

Neben der Fertigung gehören Innovations- und Managementprozesse, Logistik und Kundendienstleistungen zur Prozessperspektive der SBSC. Um mit nachhaltigen Gestaltungsangeboten die Wettbewerbsposition zu sichern, ist eine Verknüpfung der Innovations- und Leistungserstellungsprozesse mit der Perspektive des marktorientierten Nachhaltigkeitscontrollings erforderlich.

Um Nachhaltigkeitsinnovationen so auszugestalten, dass sie „Business Cases for Sustainability" begründen, d. h. finanziell erfolgreiche Geschäftsfälle durch (nicht mit oder parallel zu, sondern durch) die wirksame Lösung von Nachhaltigkeitsproblemen zu bewirken, müssen sie auf dem Markt erfolgreich sein. Dies erfordert wirksame, absatzmarktattraktive Lösungsbeiträge zu Nachhaltigkeitsproblemen und nachhaltige Leistungserstellungsprozesse. Viele Branchen sind durch eine hohe Dynamik in der Entwicklung neuer Produkt-Dienstleistungskombinationen gekennzeichnet, die das Verständnis, was unter einer nachhaltigen Leistungserstellung verstanden wird, beeinflussen (z. B. Carsharing hat deutlich größere Veränderungen der Leistungserstellung zur Folge als die Treibstoffoptimierung eines Verbrennungsmotors). Die Entwicklung nachhaltiger Produkte fordert meist auch den Einkauf, in der Lieferkette Nachhaltigkeitsstandards mit Audits und Lieferantentrainings sicherzustellen (vgl. z. B. Ausführungen in der ISO 26000 Norm hierzu).

Prozessorientiertes Nachhaltigkeitscontrolling geht damit deutlich über die Steuerung von Energie- und Materialeffizienz hinaus und schließt Forschung und Entwicklung, Einkauf, Logistik usw. ein (von Weizsäcker et al. 2009).

Im prozessorientierten Nachhaltigkeitscontrolling sind demnach finanzielle und nichtfinanzielle technische, monetäre und soziale Kennzahlen der Leistungserstellung mit Kennzahlen aus F + E, Einkauf, Produktion und Logistik zu verknüpfen und die dahinterstehenden Wirkungsketten so zu steuern, dass Nachhaltigkeit und wirtschaftlicher Unternehmenserfolg verbessert werden.

5.5 Wissens- und lernorientiertes Nachhaltigkeitscontrolling

Nachhaltigkeitsaspekte beeinflussen die Arbeitgeberattraktivität und Mitarbeitermotivation sowie das Know-how im Unternehmen (Albinger und Freeman 2000; Backhaus et al. 2002). Um engagierte Arbeitskräfte anzuziehen, zu halten und zu motivieren, steht das Management vor der Herausforderung, auch Nachhaltigkeitsaspekte zu berücksichtigen. Da Nachhaltigkeitsherausforderungen oft wesentliche organisationale Lernprozesse bewirken und einen Wandel erfordern, sind Flexibilität, Wissensmanagement und Motivation eine wichtige Voraussetzung für Nachhaltigkeitsinnovationen.

Wissens- und lernorientiertes Nachhaltigkeitscontrolling kann den Wissensstand, Weiterbildung, Motivation und Information zu unternehmens-, markt- und gesellschaftsrelevantem Nachhaltigkeitswissen sowie eine lern- und innovationsfreudige Unternehmenskultur abbilden und damit die Fähigkeit unterstützen, Nachhaltigkeitsinnovationen zu generieren und sich als Arbeitgeber der Wahl zu positionieren.

5.6 Außermarktlich orientiertes Nachhaltigkeitscontrolling

Die Frage, was relevante Beiträge zur nachhaltigen Entwicklung von Wirtschaft und Gesellschaft sein können, kann nur beantwortet werden, wenn das Management außermarktliche Themen, Probleme, Entwicklungen und Bedürfnisse kennt. Das Leistungsangebot und die Leistungserstellung müssen Marktrahmenbedingungen und gesellschaftliche Erwartungen berücksichtigen, wobei – wie am Beispiel der wirtschaftlichen Folgen des Deepwater Horizon-Unfalls für BP deutlich wurde – gesellschaftliche und politische Themen in gewissen Fällen eine größere Wirkung auf den Unternehmenserfolg haben können als marktliche. Das außermarktliche Nachhaltigkeitscontrolling steuert Maßnahmen zur Legitimitätssicherung, Reputationssteigerung und gesellschaftlichen Akzeptanz des Unternehmens, indem Beziehungen mit gesellschaftlichen Stakeholdern fruchtbar ausgestaltet und Beiträge zur Entwicklung von Nachhaltigkeitsinnovationen sichergestellt werden.

6 Zusammenfassung und Ausblick

Das dargelegte, auf dem Konzept der Sustainability Balanced Scorecard aufbauende Nachhaltigkeitscontrolling offeriert ein Grundmodell zur expliziten Berücksichtigung von Nachhaltigkeitsaspekten in marktlichen und außermarktlichen Unternehmensbeziehungen. Die von diesem Steuerungskonzept berücksichtigte Multiperspektivität äußert sich in der Strategiekarte und Indikatoren sowie den Handlungsfeldern und dahinterstehenden Stakeholder-Beziehungen. Auch unternehmensintern ergeben die sich aus den fünf Perspektiven „interne Kunden" des Nachhaltigkeitscontrollings (Schaltegger 2010a):

- das Nachhaltigkeitsmanagement und die Controllingabteilung als integrierende Akteure des Nachhaltigkeitscontrollings,
- die Rechnungswesen- und Finanzabteilung für das finanzorientierte Nachhaltigkeitscontrolling,
- die Marktforschungs- und Marketingabteilung für das marktorientierte Nachhaltigkeitscontrolling,
- das Produktionsmanagement und die Forschungs- und Entwicklungsabteilung für das prozessorientierte Nachhaltigkeitscontrolling,
- die Personal- und Mitarbeiterentwicklung des Unternehmens für das wissens- und lernorientierte Nachhaltigkeitscontrolling,
- die Öffentlichkeitsarbeit und die Stabstelle für strategisches Management für das außermarktliche Nachhaltigkeitscontrolling.

Das Nachhaltigkeitscontrolling dient in seiner Schnittstellenfunktion der Koordination und Integration, die dem Querschnittcharakter des Nachhaltigkeitsmanagements entspricht.

Für jede Perspektive des Nachhaltigkeitscontrollings werden spezifische Nachhaltigkeitsindikatoren entwickelt, die eine Zusammenarbeit zwischen Abteilungen unterstützen. Trotz der Indikatorenvielfalt werden Beziehungen über Kausalketten und die Strategiekarte aufgezeigt, die eine systematische Nachhaltigkeitssteuerung des Unternehmens unterstützen. In der Unternehmenspraxis scheinen mangelnde Erwartungen des Nutzens von Nachhaltigkeitsaktivitäten die Controllingabteilungen derzeit noch zu hemmen, ein systematisches Nachhaltigkeitscontrolling umzusetzen, wobei individuell existierendes Interesse vermehrt anzutreffen ist.

Das prozessorientierte Nachhaltigkeitscontrolling – insbesondere das Öko-Controlling – hat sich seit einigen Jahren in Pionierunternehmen etabliert. Die weiteren Perspektiven des Nachhaltigkeitscontrollings befinden sich demgegenüber meist noch in einem früheren Stadium der konzeptionellen und praktischen Entwicklung. Um nicht nur die Organisation selbst nachhaltiger zu gestalten, sondern auch den Beitrag eines Unternehmens zu einer nachhaltigen Entwicklung von Wirtschaft und Gesellschaft zu steuern, wird die verstärkte systematische Berücksichtigung von Nachhaltigkeit in der Unternehmenssteuerung erfolgen müssen.

Literatur

Albinger, H., & Freeman, E. (2000). Corporate social performance and attractiveness as an employer to different job seeking populations. *Journal of Business Ethics, 28*(3), 243–253.

Backhaus, K., Stone, B., & Heiner, K. (2002). Exploring the relationship between corporate social performance and employer attractiveness. *Business und Society, 41,* 292–318.

Belz, F., & Peattie, K. (2009). *Sustainability marketing: A global perspective.* Chichester: Wiley.

Bennett, M., Schaltegger, S., & Zvezdov, D. (2013). *Exploring corporate practices in management accounting for sustainability.* London: Institute of Chartered Accountants of England and Wales.

Bieder, T., Friese, A., & Hahn, T. (2002). Axel Springer Verlag: Nachhaltigkeitsmanagement am Druckstandort. In S. Schaltegger & T. Dyllick (Hrsg.), *Nachhaltig managen mit der Balanced Scorecard* (S. 167–197). Wiesbaden: Gabler.

Burritt, R., Hahn, T., & Schaltegger, S. (2002). Towards a comprehensive framework for environmental management accounting. Links between business actors and environmental management accounting tools. *Australian Accounting Review, 12*(2), 39–50.

Carroll, A. (1979). A three-dimensional conceptual model of corporate performance. *Academy of Management Review, 4*(4), 497–505.

Carroll, A. (1999). Corporate social responsibility. Evolution of a definitional construct. *Business Society, 38*(3), 268–295.

Carroll, A., & Shabana, K. (2010). The business case for corporate social responsibility. A review of concepts, research and practice. *International Journal of Management Reviews, 12*(1), 85–105.

CDP (Carbon Disclosure Project). (2011). *CDP Global 500 Report 2011. Accelerating low carbon growth.* New York: CDP.

Dubielzig, F. (2009). *Sozio-Controlling in Unternehmen. Das Management erfolgsrelevanter sozialgesellschaftlicher Themen in der Praxis.* Wiesbaden: Gabler.

Eitelwein, O., & Goretzki, L. (2010). Carbon Controlling und Accounting erfolgreich implementieren. Status quo und Ausblick. *Zeitschrift für Controlling und Management, 54*(1), 23–31.

Figge, F., Hahn, T., Schaltegger, S., & Wagner, M. (2002). The sustainability balanced scorecard. Linking sustainability management to business strategy. *Business Strategy and the Environment, 11*(5), 269–284.

Gond, J.-P., Grubnic, S., Herzig, C., & Moon, J. (2012). Configuring management control system: Theorizing the integration of strategy and sustainability. *Management Accounting Research, 23,* 205–223.

GRI (Global Reporting Initiative). (2011). *Year in Review. 2009/10.* Amsterdam: GRI.

Günther, E. (1994). *Ökologieorientiertes Controlling. Konzeption eines Systems zur ökologieorientierten Steuerung und empirische Validierung.* Wiesbaden: Gabler.

Günther, E., & Nowack, M. (2008). CO_2-Management von Unternehmen. *UmweltWirtschaftsForum, 16,* 49–51.

Hallay, H., & Pfriem, R. (1992). *Öko-Controlling: Umweltschutz in mittelständischen Unternehmen.* Frankfurt a. M.: Poeschel.

Hansen, E., & Schaltegger, S. (2015, online). The sustainability balanced scorecard: A systematic review of architectures. *Journal of Business Ethics.* doi:10.1007/s10551-014-2340-3

Jasch, C. (2009). *Material flow cost accounting.* Dordrecht: Springer.

Kaplan, R., & Norton, D. (1992). The balanced scorecard. Measures that drive performance. *Harvard Business Review, 71*(1), 71–79.

Kaplan, R., & Norton, D. (1997). *Balanced Scorecard: Strategien erfolgreich umsetzen.* Stuttgart: Poeschel.

Kaplan, R., & Norton, D. (2000). Having trouble with your strategy? Then map it. *Harvard Business Review, 78*(5), 167–176.

van Marrewijk, M. (2003). Concepts and definitions of CSR and corporate sustainability: Between agency and communion. *Journal of Business Ethics, 44,* 95–105.

van Marrewijk, M., & Werre, M. (2003). Multiple levels of corporate sustainability. *Journal of Business Ethics, 44*(2–3), 107–119.

Maunders, K. T., & Burritt, R. L. (1991). Accounting and ecological crisis, accounting. *Auditing & Accountability Journal, 4*(3), 9–26.

Rogall, H. (2012). *Nachhaltige Ökonomie* (2. Aufl.). Marburg: Metropolis.

Schaltegger, S. (2010a). Nachhaltigkeit als Treiber des Unternehmenserfolgs. Folgerungen für die Entwicklung eines Nachhaltigkeitscontrollings, Controlling. *Zeitschrift für erfolgsorientierte Unternehmenssteuerung, 22*(4/5), 238–243.

Schaltegger, S. (2010b). Unternehmerische Nachhaltigkeit als Treiber von Unternehmenserfolg und Strukturwandel. *Wirtschaftspolitische Blätter, 57*(4), 495–503.

Schaltegger, S. (2011). Sustainability as a driver for corporate economic success. Consequences for the development of sustainability management control. *Society and Economy, 33*(1), 15–28.

Schaltegger, S. (2013). Messung und Steuerung unternehmerischer Nachhaltigkeit. In H. Rogall, H. H. Binswanger, F. Ekhardt, A. Grothe, W. Hasenclever, I. Hauchler, M. Jänicke, K. Kollmann, N. Michaelis, H. Nutzinger, & G. Scherhorn (Hrsg.), *3. Jahrbuch Nachhaltige Ökonomie. Im Brennpunkt: Nachhaltigkeitsmanagement* (S. 285–306). Marburg: Metropolis.

Schaltegger, S. (2014). Marktorientiertes Nachhaltigkeitscontrolling. In H. Meffert, P. Kenning, & M. Kirchgeorg (Hrsg.), *Sustainable Marketing Management* (S. 271–288). Wiesbaden: Gabler.

Schaltegger, S., & Burritt, R. (2000). *Contemporary environmental accounting.* Sheffield: Greenleaf.

Schaltegger, S., & Burritt, R. (2005). Corporate sustainability. In H. Folmer & T. Tietenberg (Hrsg.), *The international yearbook of environmental and resource economics 2005/2006: A survey of current issues* (S. 185–222). Cheltenham: Edward Elgar.

Schaltegger, S., & Dyllick, T. (Hrsg.). (2002). *Nachhaltig managen mit der Balanced Scorecard.* Wiesbaden: Gabler.

Schaltegger, S., & Sturm, A. (1992). *Ökologieorientierte Entscheidungen in Unternehmen. Ökologisches Rechnungswesen statt Ökobilanzierung: Notwendigkeit, Kriterien, Konzepte*. Bern: Haupt.

Schaltegger, S., & Sturm A. (1994). *Öko-Effizienz durch Öko-Controlling*. Zürich: VDF.

Schaltegger, S., & Synnestvedt, T. (2002). The link between 'green' and economic success: Environmental management as the crucial trigger between environmental and economic performance. *Journal of environmental management, 65*(4), 339–346.

Schaltegger, S., & Wagner, M. (2006). Integrative management of sustainability performance, measurement and reporting. *International Journal of Accounting, Auditing and Performance Evaluation (IJAAPE), 3*(1), 1–19.

Schaltegger, S., & Zvezdov, D. (2011). Konzeption und Praxis des Nachhaltigkeitscontrollings: Ansatzpunkte in großen deutschen Unternehmen, Controlling. *Zeitschrift für erfolgsorientierte Unternehmenssteuerung, 23*(8/9), 430–435.

Schaltegger, S., Lüdeke-Freund, F., & Hansen, E. (2012). Business cases for sustainability. The role of business model innovation for corporate sustainability. *International Journal of Innovation and Sustainable Development, 6*(2), 95–119.

Schaltegger, S., Harms, D., Hörisch, J., & Windolph, S. (2013). *Corporate Sustainability Barometer 2012. Praxisstand und Fortschritt des Nachhaltigkeitsmanagements in den größten Unternehmen Deutschlands*. Lüneburg: CSM.

Seuring, S., & Müller, M. (2008). From a literature review to a conceptual framework for sustainable supply chain management. *Journal of Cleaner Production, 16*(15), 1699–1710.

Weber, J., & Schäffer, U. (2000). *Balanced Scorecard und Controlling: Implementierung. Nutzen für Manager und Controller. Erfahrungen in deutschen Unternehmen*. Stuttgart: Schäffer-Poeschel.

von Weizsäcker, E., Hargroves, K., Smith, M., Desha, C., & Stasinopoulos, P. (2009). *Factor 5: Transforming the global economy through 80% increase in resource productivity*. London: Earthscan.

Prof. Dr. Stefan Schaltegger ist Leiter des Centre for Sustainability Management (CSM) und des MBA Sustainability Management an der Leuphana Universität Lüneburg und Inhaber des Lehrstuhls für Nachhaltigkeitsmanagement.

Den Wald vor lauter Bäumen nicht sehen: Controller auf der Suche nach Nachhaltigkeit

Frank Hartmann, Karen Maas und Paolo Perego

1 Einleitung

Eine kürzlich durchgeführte, weltweit angelegte Studie mit 1000 Geschäftsführern aus 103 Ländern und 27 verschiedenen Branchen zeigt auf, dass 93 % aller Geschäftsführer Nachhaltigkeit für den zukünftigen Erfolg ihres Unternehmens für wichtig befinden, während nur 38 % glauben, den Wert ihrer Nachhaltigkeitsinitiativen genau beziffern zu können (UN Global Compact/Accenture 2013). Mit dem steigenden Interesse an Nachhaltigkeit werden Firmen mit der Aufgabe, nachhaltige Strategien, damit verbundene Ziele und eine effektive Umsetzung zu entwickeln, konfrontiert (Chung und Parker 2008; Crutzen 2013). Controller spielen dabei eine wesentliche Rolle, da ihre Kompetenzen für diesen anspruchsvollen strategischen Schritt dringend erforderlich sind. Nachhaltigkeit, die soziale Verantwortung eines Unternehmens (Corporate Social Responsibility [CSR]) und die soziale Leistung eines Unternehmens (Corporate Social Performance [CSP]) als solche sind keine neuartigen Entwicklungen. Sie wurden bereits ca. 45 Jahre lang in der akademischen betriebswirtschaftlichen Literatur untersucht, jedoch unterscheiden sich die Definitionen von Nachhaltigkeit, CSR und CSP über verschiedene wissenschaftliche Disziplinen hinweg (siehe für einen Überblick der Definitionen Dahlsrud 2008). Ein viel zitiertes Beispiel bietet die Definition nach Carroll (1979, 1991), in welcher vier Kategorien von CSR-bezogenen ‚Verantwortungen' (wirtschaftlich, rechtlich, ethisch und philanthropisch) identifiziert werden. Dieses umfangreiche Rahmenkonzept reflektiert die

F. Hartmann (✉) · P. Perego
Rotterdam School of Management, Rotterdam, Erasmus University, Die Niederlande
E-Mail: fhartmann@rsm.nl

K. Maas
Erasmus School of Economics, Erasmus University, Rotterdam, Die Niederlande

von Stakeholdern (wie etwa Mitarbeiter, Kunden und örtliche Gemeinschaften) an eine Organisation gestellten Erwartungen (Carroll und Shabana 2010). Während sich CSR auf das Verhalten oder die Strategie einer Firma, die ein breites Spektrum an ökonomischen und rechtlichen Verpflichtungen verkörpern sollte, konzentriert, beschreibt CSP das Ergebnis dieses Verhaltens (Wood 2010).

Es ist klar, dass CSR eine strategische Neuausrichtung bedingt (Hart 1995) und dass CSR auf die Konzeption eines neuen Buchhaltungs-, Kontroll- und Berichtssystems angewiesen ist, um sowohl intern als auch extern auf CSR-bezogene Informationen reagieren zu können (Gray 2010; Crutzen und Herzig 2013). Es wird zunehmend davon ausgegangen, dass CSR das Potenzial hat, eine strategische Aktivität zu werden, die auf verschiedenen Dimensionen Wert schafft – Unternehmen, Gesellschaft und Ökosystem. Es ist eine wesentliche Voraussetzung für das strategische CSR, Fähigkeiten zum Messen und Überprüfen dieser neuen oder zusätzlichen Werte zu entwickeln (Maas und Boons 2010). Hierfür gibt es zwei Gründe: Einerseits ist CSR, ausgehend von einem öffentlichen Interesse an CSR, eng mit Transparenz, Verantwortlichkeit und Legitimität verbunden und benötigt eine Art externer Validität. Andererseits wird die Firma, sofern CSR zu einer strategische Aktivität wird, selbst das Bedürfnis haben, den Einfluss ihrer Aktivitäten zu überprüfen. Das bedeutet, dass CSR auf eine verminderte Vertretbarkeit der traditionellen Unterscheidung zwischen Finanzbuchhaltung und Controlling hinweist.

Die Wichtigkeit von Buchhaltung und Buchhaltern beim Erfolg des CSR spiegelt sich in einigen normativen Ansprüchen der wissenschaftlichen Literatur wider. Mehrere wissenschaftliche Studien haben bereits betont, dass Managementkontrollsysteme (management control systems [MCS]) und Controller eine Schlüsselrolle bei Gestaltungsprozessen der CSR-Umsetzung spielen (Simons 1990; Schaltegger und Wagner 2006; Perego und Hartmann 2009; Gond et al. 2012; Crutzen und Herzig 2013). Wie dies konkret in der Praxis umgesetzt wird und ob die Rolle der Controller erfolgreich ist, ist weniger bekannt. Die Beziehung zwischen MCS und Strategieumsetzung wurde im traditionellen Rechnungswesen und in der Controlling-Literatur schon recht ausführlich untersucht (Simons 1990; Langfield-Smith 1997; Ferreira und Otley 2009; Tucker et al. 2009), jedoch steckt die Forschung bezüglich der Beziehung zwischen MCS- und CSR-Strategieumsetzungen noch immer in ihren Kinderschuhen. Trotz jüngster Angaben, dass Buchhalter und Controller eine entscheidende Rolle bei der Realisierung einer CSR-Strategie spielten (Epstein und Buhovac 2014), schenken die Nachhaltigkeits-, Sozial- und Umweltgesamtrechnungs-Forschung vornehmlich der externen Berichterstattung und Rechenschaftspflicht Aufmerksamkeit (Clarkson 2012). Folglich sollte unser Verständnis vom erfolgreichen Zusammenspiel zwischen CSR-Strategie, Leistungsmessung und Kontrollsystemen in diesem Gebiet ein Hauptziel für weitere empirische Nachforschungen sein (Chung und Parker 2008; Maas et al. 2014). Untenstehend skizzieren wir einige Fragen und vorläufige Antworten, die dabei helfen könnten, durch diese Nachforschungen zu führen.

2 Die Rolle von MCS bei der Umsetzung einer Nachhaltigkeitsstrategie

Kontrollen des Managements beinhalten sowohl formelle als auch informelle Kontrollen (Ouchi 1977). Formelle Kontrollen sind bewusst konzipierte, informationsbasierte und explizite Zusammenstellungen von Strukturen, Routinen, Verfahren und Prozessen, die Managern dabei helfen, sicherzustellen, dass ihre Organisationsstrategien und -pläne durchgeführt werden (Daft und Macintosh 1984). Informelle Kontrollen beeinflussen das Verhalten nicht durch explizit verifizierbare Maßnahmen, sondern bestehen aus Werten, Überzeugungen und Traditionen, welche das Verhalten eines Mitarbeiters implizit leiten (Norris und O'Dwyer 2004).

Der aktuelle Glaube, dass MCS das Hauptwerkzeug für Strategieumsetzung ist, wurde stark von Simons (1991) befürwortet. Simons betonte die Interaktion zwischen dem Einfluss formeller Informationssysteme und strategischer Prozesse innerhalb von Organisationen. Formelle Kontrollen spielen eine Rolle bei Strategieerneuerungen, bei der Minimierung von Organisationsgefahren und bei der Wahrnehmung von Gelegenheiten (Simons et al. 2000). Managementkontrollsysteme (MCS) können somit den Prozess der Strategieformulierung gestalten und die Umsetzung von Strategien unterstützen (Simons et al. 2000; Mundy 2010). Infolgedessen sollten Zielsetzungen, Nachhaltigkeit mit Strategie zu integrieren, zu einem gewissen Zeitpunkt mit der formellen Kontrolle einer Firma reflektiert werden (Gond und Herrbach 2006; Gond et al. 2012). Im Großen und Ganzen hat dies zu dem Grundsatz geführt, dass die Integration von Nachhaltigkeit in das MCS einer Organisation erforderlich ist. Dabei gilt, dass ein erhöhtes CSR-Bewusstsein auf Seiten der Anteilseigner und Mitglieder der Unternehmensleitung nicht die Sozial- und Umweltbilanz einer Firma auf signifikante und langanhaltende Weise ändern wird, solange es nicht in konkrete Nachbesserungsvorschläge für das existierende MCS übersetzt wird (Sinclair-Desgagné und Gabel 1997). Maßnahmen der Nachhaltigkeitsleistung für externe Stakeholder im CSR oder in Nachhaltigkeitsberichten bereitzustellen wird folglich für ineffektiv befunden, wenn diese Daten nicht auch für interne Planung und Kontrolle genutzt werden (Reinhardt 2000; Epstein und Birchard 1999; Epstein 2003; Adams 2002). Die Notwendigkeit, CSR in alltägliche Routinen der Entscheidungsfindungs- und Berichterstattungspraktiken zu integrieren, schlägt sich zum Beispiel in jüngsten Managementsystemen und Standards wie ISO 26000 nieder. Verfügbar seit 2010, stellt die Normung ISO 26000 einen Leitfaden für Wege, sozial verantwortliches Verhalten in eine Organisation zu integrieren, bereit. Sie bietet eine Methode, CSR in der Unternehmensführung, den Managementsystemen und den Betriebsabläufen einer Firma zu definieren und priorisieren (Hahn 2013).

Während sich diese freiwilligen Initiativen stark verbreiten und ein wachsendes Engagement für CSR signalisieren, stellt die Integration von CSR in traditionelle MCS weiterhin eine große Herausforderung dar. Die Analysen von Risiken, Kosten und Chancen mit dem Bezug auf Nachhaltigkeit, oder die mit CSR verbundenen Investitionsentscheidungen weisen wegen des Charakters und (verzögerten) Zeiteinflusses von sozialen, wirtschaftlichen und Umweltkosten und Nutzen, hohe Komplexität auf. Daher wird dies, wenngleich die Identifikation des gesamten Umfangs der Nachhaltigkeitseinflüsse einer Investition einen wichtigen Schritt für bessere Managemententscheidungen bedeutet (Epstein und Buhovac 2014), ohne weitere Stellhebel eher Wunsch bleiben statt Gesetz zu werden. Wie in Tab. 1 zusammengefasst, hat sich die bisherige akademische Forschung auf verschiedene Komponenten des MCS konzentriert, wie etwa strategische Planung, Haushaltsplanung, Leistungsmesssysteme, Projektmanagement, Leistungsbeurteilung und Entlohnungssysteme. Obwohl das empirische Wissen darüber, wie MCS die Entwicklung und Umsetzung von Nachhaltigkeitsstrategien unterstützen kann, anwächst, befindet sich das Feld immer noch in seinen Kinderschuhen.

Tab. 1 MCS und dazugehörige Beispiele für (Gond et al. 2012)

Managementkontrollsysteme (MCS)	Beispiele für die Steuerung von Nachhaltigkeit
Strategische Planung	Nachhaltigkeitsplanung (Bonacchi und Rinaldi 2007; Holmberg und Robèrt 2000)
Haushaltsplanung	Umwelthaushaltsplanung (Burrit und Schaltegger 2001) Sustainability Budgeting (Roth 2008)
	Grüne Haushaltsplanung (Gale und Barg 1995)
Leistungsmesssysteme	Umwelt-/Materialflusskostenrechnungssysteme (Wagner und Enzler 2006)
	„Sustainable Value Added" – Ein neues Maß des Nachhaltigkeitsbeitrags (Figge und Hahn 2004)
	Bewertungssysteme für Umweltleistung (Dias-Sardinha et al. 2002)
	Material- und Energieflusskostenrechnungssysteme (Wagner und Enzler 2006)
	Nachhaltigkeitsleistungsmessung (Schaltegger und Wagner 2006)
	Die Balanced Scorecard für Nachhaltigkeit (Figge et al. 2002; Hubbard 2009)
Projektmanagement	Sozio-Ökoeffizienz-Analyse (Schmidt et al. 2004)
	Umweltinvestition-Einschätzung (Burritt et al. 2009)
	Nachhaltigkeits-Kapitalwert (net present sustainable value, Liesen et al. 2013)
Leistungsbewertung und Belohnungssysteme	Belohnungssystem basierend auf einem multidimensionalen Leistungssystem (Dutta und Lawson 2009)
	Nachhaltigkeitsziele in Vergütungs- und Belohnungssystemen (Cordeiro und Sarkis 2008; Berrone und Gomez-Mejia 2009; Eccles et al. 2011; Kolk und Perego 2014)

Die bestehende Literatur ist meist deskriptiv und konzentriert sich auf formelle Kontrollen zur Unterstützung nachhaltiger Strategieumsetzungen (Crutzen 2013). Es existiert viel weniger Wissen hinsichtlich des Verständnisses von sowohl Nutzen als auch Resultaten dieser formellen Kontrollen. Eine explorative Studie mit sieben multinationalen Unternehmen von Crutzen (2013) zeigt beispielsweise, dass sich Firmen der Wichtigkeit von Kontrollmechanismen zur Umsetzung ihrer Nachhaltigkeitsstrategien bewusst sind. Nichtsdestotrotz betonen die meisten dieser Firmen, dass, obgleich soziale Ziele und Umweltziele auf ihre Kerngeschäftsstrategien bezogen und abgestimmt sind, die sozialen Themen und Umweltthemen immer noch nicht in ihr traditionelles MCS integriert sind. Zusammen mit dem Grundsatz der Integration suggeriert dies, dass Firmen zwei oder mehr unabhängige MCS unterhalten, was wiederum die effektive Integration von Nachhaltigkeit in der Strategie behindert. Viele Autoren warnen gegen diesen Gebrauch von „autonomen strategischen Instrumenten" (autonomous strategic tools, Burgelman 1991; Simons 1991). Nachhaltigkeitskontrolldaten können, auch wenn sie für sich genommen bereits als wichtig befunden werden, von Kerngeschäftsaktivitäten „entkoppelt" bleiben und somit versäumen, die Strategie umzusetzen. Selbst wenn derartige entkoppelte Mengen von Daten gleichzeitig in Geschäftsberichten aufgeführt werden, können diese immer noch aus der Existenz von zwei parallelen Welten von MCS und Nachhaltigkeitskontrolldaten stammen (Gond et al. 2012).

Ein weiteres wesentliches Problem, das aus der Literatur hervortritt ist, dass eine große Menge von Firmen Nachhaltigkeitsbelange in ihren strategischen Planungs- und Leistungsmesssystemen erfassen, der Einbezug von Nachhaltigkeit in die Belohnungssysteme und die Bewertung der Managementleistung jedoch begrenzt bleibt (Crutzen 2013). Seit kurzem haben einige Unternehmen begonnen, nachhaltige Vergütungs- und Bonussysteme umfassender, als Teil von sogenannten „Balanced Scorecards" zu implementieren, welche die Vernetzung zwischen sozialer, umweltorientierten und traditionellen Geschäftsleistung anerkennen (Kolk und Perego 2014).

3 Die sich ändernde Rolle der Controller in Richtung Nachhaltigkeit

Der obige Überblick suggeriert ein hohes Maß an Aktivitäten von Firmen innerhalb von CSR und CSP. Gleichzeitig gibt es jedoch erhebliche Beweise dafür, dass es noch an einigen Schritten zur Integration von CSR-Strategien in das MCS einer Organisation, sowie an der Verwertung von Messungen für eine Strategieverbesserung, mangelt. Wir kennen die Bäume, aber kennen wir auch den Wald? Hier können Controller und andere Finanzexperten noch viel Wert schaffen. Jüngste Studien weisen bereits darauf hin, dass weltweite interne Finanzexperten zunehmend in den Aufbau der Nachhaltigkeitsstrategie einer Firma involviert sind. Eine Studie von Deloitte (2014) zeigt auf, dass 43 % der 250 befragten CFOs im Jahr 2013 aussagten, sie seien stets in den Aufbau ihrer Nachhaltigkeitsstrategie involviert, verglichen mit 27 % im Jahr 2012. Darüber hinaus erwarten mehr als 80 % der CFOs, dass ihre Auseinandersetzung mit Nachhaltigkeit in den nächsten zwei Jahren weiter ansteigen wird. Es zeigt sich zudem, dass 73 % der CFOs eine starke Verbindung zwischen Nachhaltigkeitsleistung und finanzieller Leistungsfähigkeit anmerken. Jetzt, wo sich CFOs von der Relevanz von Nachhaltigkeit für ein Unternehmen haben überzeugen lassen, konzentrieren sie sich zunehmend darauf, wie diese zu messen ist.

Folglich ist es nur noch eine Frage der Zeit, bis sich Finanzexperten wie etwa Controller näher mit der Unterstützung von Messungen und den Berichten der finanziellen, sozialen und ökologischen Werte dieser Handlungen beschäftigen. Dies geht wiederum über die bloße Anwendung von Richtlinien, welche von den Führungskräften der Organisation beigepflichtet wurden, hinaus. Stattdessen deutet das konzeptionelle Problem, Unmessbares zu messen, darauf hin, dass Controller und andere Finanzexperten ihr Gerüst von Kompetenzen zum Messen der Auswirkungen von strategischen Entscheidungen einer Organisation, erweitern müssen. Auf gewisse Weise geben Nachhaltigkeitsbelange CFOs und den Controllern unter ihrer Leitung die Chance, ihre Verwalter- und Strategierolle zu überbrücken. In Anbetracht der zunehmenden Überprüfung kommerziellen Verhaltens von Firmen auf internationalen Märkten sowie gemeinnütziger Organisationen ist dieser erweiterte Wirkungsbereich notwendig, um Unternehmen zukunftssicher zu gestalten und den Stakeholder Value aufzubessern. Nachdem CFOs nun überzeugt von der Relevanz von Nachhaltigkeit für ihr Unternehmen sind (z. B. Deloitte 2014; WBCSD 2013), besteht der nächste Schritt darin herauszufinden, wie man dies adäquat messen und zu einem Teil des traditionellen Managementkontrollzyklus machen kann. Die größten Herausforderungen in der derzeitigen organisatorischen Landschaft sind demnach, CSR und CSP Richtlinien unter Nutzung der besten verfügbaren Metriken zu quantifizieren, unsere Geschäftsmodelle, in welchen diese Metriken kausal zusammengehörig sind, zu verbessern sowie Zeit und Mühe darin zu investieren, diesen Prozess des Berichtes über nicht-finanzielle Informationen sowie deren Messung und Bewertung fortwährend zu verfeinern.

Controller spielen dabei eine Schlüsselrolle für diese Entwicklungen den Weg zu bereiten, indem sie die „richtigen" Metriken identifizieren und MCS entwickeln, die zur beabsichtigten Nachhaltigkeitsstrategie passen. Dies verlangt ihre stetige Aufmerksamkeit für Entwicklungen im institutionellen Rahmen sowie Best Practices, die evtl. anderswo entwickelt werden.

4 Best Practices und aktuelle Herausforderungen

Das „Committee of Sponsoring Organizations of the Treadway Commission (COSO)" entwickelte 1992 das weltweit genutzte COSO Internal Control-Integrated Framework. Im Jahre 2013 passte das Komitee das COSO Framework für nicht-finanzielles Berichtwesen an, um Organisationen dabei zu unterstützen, das gleiche Gütemaß auf die Aufzeichnung, Sammlung und Berichterstattung für nicht-finanzielle Informationen anzuwenden. Das Framework bietet eine Anleitung für Unternehmen, die ihnen dabei hilft, robuste interne Kontrollen für nicht-finanzielle Berichterstattung zu entwickeln, um das externe, aber auch das interne Berichtswesen zu verbessern, sodass das Management bessere Informationen für seine Entscheidungsfindung hat (WBCSD 2013).

In jüngerer Zeit, genauer im Dezember 2013, veröffentlichte das International Integrated Reporting Council (IIRC) das erste International Framework for Integrated Reporting (IR) (IIRC 2013). Das IR identifiziert eine Reihe von grundlegenden Konzepten und Leitprinzipien, um Nachhaltigkeit tiefer in die betriebswirtschaftlichen Zielsetzungen und Berichterstattungsverfahren zu integrieren (Adams 2013). An die Einführung von IR wird die Erwartung gestellt, eine Anzahl von Problemen, die aus konventionellen, alleinstehenden Nachhaltigkeitsberichten oder CSR-Berichten hervorgehen, anzupacken. So scheiterten zum Beispiel viele in der Vergangenheit daran, alle Ressourcenursprünge der Wertschöpfungskette nachzuweisen oder die komplexen Verbindungen zwischen Nachhaltigkeitsleistung und finanzieller Leistungsfähigkeit in die Kommunikation des Geschäftsmodells eines Unternehmens einzuarbeiten. Viele Unternehmen, wie SAP, Philips und Aegon haben proaktiv mit dem IR-Projekt begonnen.

Zusätzlich zur derzeitigen Entwicklung regulatorischer Standards haben einzelne Firmen zudem viele freiwillige Initiativen ergriffen, um die Verbindung zwischen finanziellem Wert und Nachhaltigkeitswert zu demonstrieren. Best Practice-Unternehmen sind hier beispielsweise Puma und Holcim. Beide Unternehmen haben ihre externe Berichterstattung mit den Angaben von Environmental Profit & Loss, beziehungsweise Social and Environmental Profit & Loss verbessert. Diese Unternehmen bieten Fallbeispiele dafür an, wie man Nachhaltigkeit in ein traditionelles MCS integrieren kann. Diese Initiativen sind ausschlaggebend dafür, gegenseitigen Druck innerhalb einer Branche aufzubauen.

Zweifelsohne ist der Bedarf an besseren (nicht-finanziellen) Nachhaltigkeitsinformationen stark spürbar (WBCSD 2013). Trotz der steigenden Nachfrage nach Nachhaltigkeitsdaten bleibt es ein schwieriges Unterfangen, angemessene Daten in diesem Feld zu bestimmen, zu messen und zu erfassen. Nachhaltigkeitsdaten sind häufig unzuverlässig, unvollständig oder unpräzise. Interne und externe Stakeholder verlangen jedoch mehr Transparenz und genauere, zuverlässigere, vollständige und beständige Nachhaltigkeitsinformationen. Bevor irgendeine Firma finanzielle oder nicht-finanzielle Informationen verwerten kann, entweder für Verantwortlichkeitszwecke oder für die strategische Entscheidungsfindung, muss sie von der Qualität der gesammelten und berichteten Informationen überzeugt sein. Daher sollten Firmen und Controller Nachhaltigkeitsdaten mit der gleichen Strenge anzweifeln wie jegliche finanziellen Daten (Hartmann et al. 2013, S. 539).

Eine spezifische Kernverantwortung von Finanzexperten wie CFOs und Controllern ist es, den verbesserten zukünftigen Wert des Unternehmens zu verstehen, zu prognostizieren und anzutreiben. Kurz gefasst brauchen wir nicht nur neue Metriken und neue externe Berichterstattungen; wir brauchen dringend neue Geschäftsmodelle. Nachhaltigkeit kann einen starken Einfluss auf die langfristige Aussicht einer Unternehmung haben. Sowohl vorlaufende als auch nachlaufende Indikatoren sollten als Teil der Metriken miteinbezogen werden (Epstein und Buhovac 2014). Nachlaufende Indikatoren, wie die meisten finanziellen Messungen, zeichnen die Effekte oder Resultate vergangener Handlungen auf. Nicht-finanzielle Indikatoren, wie Produktqualität und Kundenzufriedenheit, werden miteinbezogen, weil sie als Anzeichen für zukünftige finanzielle Leistungsfähigkeit und folglich als vorlaufende Indikatoren gelten. Daher sollten Controller über Nachhaltigkeitsthemen stets mit aktuellen Informationen versorgt werden. Die Rolle von Finanzexperten auf dieser Suche nach präzisen Nachhaltigkeitsdaten ist dabei entscheidend, da diese beim Messen sowie beim Benutzen dieser Daten für die Verbesserung der strategischen Entscheidungsfindung behilflich sein können.

Eine weitere Herausforderung, die Finanzexperten gegenübersteht ist, dass Nachhaltigkeitsinitiativen auf Firmen- und Branchenniveau verankert bleiben und meistens auf einzelne Aspekte, wie Schadstoffemissionen oder Klimawandel abzielen. In diesem Zusammenhang gab es außerdem eine unangemessene Systemintegration bei der Beantwortung von Fragen die den Erhalt sowie den Zerfall globaler Ökosysteme betreffen. Einige Rechnungswesen-Wissenschaftler stehen diesem Thema kritisch gegenüber, sie argumentieren, dass organisatorische Buchhaltungsunterlagen über Nachhaltigkeit (vorwiegend in der Form von Umweltberichten und Sozialberichten) wenn überhaupt nur wenig mit Nachhaltigkeit zu tun haben (Gray und Milne 2004; Gray 2010; Milne und Gray 2012). Während Unternehmen bestrebt sind, den vorherrschenden Diskurs über Nachhaltigkeit aufzustellen, weisen sie darauf hin, dass Unternehmen häufig wissenschaftliche Diskurse über Erdsysteme ignorieren. Das Konzept der planetarischen Belastungsgrenzen ist eine provokative Erweiterung von sozio-ökologischem Systemdenken, ein Ansatz, welcher berücksichtigt, dass ein Thema allein – ob Klimawandel oder der Verlust an Artenvielfalt – nicht isoliert behandelt werden kann (Whiteman et al. 2013). Die Realität ist, dass Veränderungen des Zustandes vom Erdsystem von einer Folge von verzahnten Prozessen in einem komplexen Muster von Umweltdynamik und sozialer Dynamik bestimmt werden. CFOs und Controller sollten mehr Aufmerksamkeit und Offenheit gegenüber Einflüssen von Firmen und Branchen auf die neuen planetarischen Belastungsgrenzen zeigen. Von ihnen wird vermehrt verlangt, innerhalb von Firmen über verschiedene Funktionen sowie über Firmen in derselben Branche hinweg zusammenzuarbeiten, um somit eine größere Menge an Werkzeugen zu entwickeln, die es ermöglichen, zukünftige Chancen und Risiken in die Entscheidungsfindung und Kontrollprozesse einzugliedern.

5 Rückschlüsse und praktische Empfehlungen

In den vergangenen Jahren erlangte das Thema Nachhaltigkeit eine wachsende Bedeutung für Finanzexperten. Aus der Compliance-Perspektive sollten viele ernsthafte Risiken von einem Reputations-Standpunkt oder operativen Standpunkt aus in diesem Bereich nicht übersehen werden. Umso wichtiger ist es, dass führende Finanzexperten zunehmend erkennen, dass Nachhaltigkeit ein Mittel für die Erstellung verbesserter Leistungsmetriken und die Erfassung wertvollerer Daten über ein Unternehmen sein kann, was wiederum bessere Investitionsentscheidungen ermöglicht. Die akademische Forschung hat damit begonnen, den Übergang der Rolle von MCS und Controllern durch das Ermöglichen der Umsetzung von Nachhaltigkeitsstrategien zu dokumentieren. Selbst wenn Firmen das Sammeln von Nachhaltigkeitsdaten und ihre Integration in MCS zunehmend als essenziell wahrnehmen, ist dies einfacher gesagt als getan. Basierend auf verfügbaren Theorien und empirischen Belegen können Finanzexperten und Controllern einige praktische Empfehlungen in diesem anspruchsvollen Gebiet gegeben werden:

- Controller sollten sich in eine Richtung weiterentwickeln, in der sie strategische Partner für unterschiedliche Teile des Unternehmens, einschließlich Nachhaltigkeit und CSR, werden. Es ist unerlässlich, das kommerzielle Grundprinzip der Nachhaltigkeit besser zu artikulieren, indem man es als „normales" betriebswirtschaftliches Thema formuliert. Dies hilft dabei, soziale Faktoren und Umweltfaktoren in die Entscheidungsfindung zu integrieren um sicherzustellen, dass Firmen die richtigen Risiken verringern sowie langfristige und kurzfristige Chancen nutzen (Den Wald vor lauter Bäumen nicht sehen).
- Controller sollten sicherstellen, dass die Existenz zweier Welten der formellen MCS und Nachhaltigkeitskontrolldaten verhindert wird. Falls die Geschäftsleitung beabsichtigt, umweltorientierte und soziale Faktoren effektiv in ihrer Entscheidungsfindung zu benutzen, so besteht ein Bedarf an robusteren Daten und Methoden, um das Vertrauen des Managements in die Informationen zu steigern. Nachhaltigkeitsdaten sollten in die traditionelle finanzielle Berichterstattung und Verantwortlichkeitssysteme integriert werden. Der aufkommende Trend, einen Integrated Report zu erstellen, wird vermutlich dem Prozess der Eingliederung von Nachhaltigkeit in Mainstream-Jahresabschlüsse und Berichterstattungssysteme behilflich sein.
- Controller sollten anfangen, von Best Practices in dem Bereich Messen, Berichten und Einschätzen von nicht-finanziellen Informationen zu lernen. Es ist nicht unbedingt notwendig, das Rad neu zu erfinden und Berichterstattungssysteme für Nachhaltigkeit von Grund auf auszuarbeiten. Controller sollten stattdessen mit bestehenden Kollaborationen in Branchen zusammenarbeiten, um allgemein vereinbarte Methoden zum Schätzen von Umweltinputs und sozialen Inputs sowie Auswirkungen in finanzieller Hinsicht, die mit strategischen Zielen und allgemeinen Finanzkennzahlen, entweder direkt oder über Einflüsse der Reputation, verbunden sind, zu entwickeln.

Literatur

Adams, C. A. (2002). Internal organisational factors influencing corporate social and ethical reporting. Beyond current theorising. *Accounting, Auditing & Accountability Journal, 15*(2), 223–250.

Adams, C. A. (2013). *Understanding integrated reporting: The concise guide to integrated thinking and the future of corporate reporting*. Oxford: Dō Sustainability.

Berrone, P., & Gomez-Mejia, L. R. (2009). Environmental performance and executive compensation: an integrated agency-institutional perspective. *Academy of Management Journal, 52*(1), 103–126.

Bonacchi, M., & Rinaldi, L. (2007). DartBoards and Clovers as new tools in sustainability planning and control. *Business Strategy and the Environment, 16*(7), 461–473.

Burgelman, R. A. (1991). Intraorganizational ecology of strategy making and organizational adaptation: Theory and field research. *Organization science, 2*(3), 239–262.

Burritt, R., & Schaltegger, S. (2001). Eco-efficiency in corporate budgeting. *Environmental Management and Health, 12*(2), 158–174.

Burritt, R. L., Herzig, C., & Tadeo, B. D. (2009). Environmental management accounting for cleaner production: The case of a Philippine rice mill. *Journal of Cleaner Production, 17*(4), 431–439.

Carroll, A. B. (1979). A three-dimensional conceptual model of corporate performance. *Academy of Management Review, 4*(4), 497–505.

Carroll, A. B. (1991). The pyramid of corporate social responsibility: Toward the moral management of organizational stakeholders. *Business Horizons, 34*, 39–48.

Carroll, A. B., & Shabana, K. M. (2010). The business case for corporate social responsibility: a review of concepts, research and practice. *International Journal of Management Reviews, 12*(1), 85–105.

Chung, L. H., & Parker, L. D. (2008). Integrating hotel environmental strategies with management control: a structuration approach. *Business Strategy and the Environment, 17*(4), 272–286.

Clarkson, P. M. (2012). The valuation relevance of environmental performance: Evidence from the academic literarature (Chap. 2). In S. Jones & J. Ratnatunga (Hrsg.), *Issues in sustainability accounting, assurance and reporting* (S. 11–42). Bingley: Emerald Group Publishing Limited.

Cordeiro J, & Sarkis J. (2008). Does explicit contracting effectively link CEO compensation to environmental performance? *Business Strategy and the Environment, 17*(5), 304–317.

Crutzen, N. (2013). Corporate sustainability, strategy and accounting controls: An exploration of corporate practices. *34ème congrès de l'AFC*.

Crutzen, N., & Herzig, C. (2013). A review of the empirical research in management control, strategy and sustainability. *Studies in Managerial and Financial Accounting, 26*, 165–195.

Daft, R. L., & Macintosh, N. B. (1984). The nature and use of formal control systems for management control and strategy implementation. *Journal of Management, 10*(1), 43–66.

Dahlsrud, A. (2008). How corporate social responsibility is defined: An analysis of 37 definitions. *Corporate Social Responsibility and Environmental Management, 15*(1), 1–13.

Deloitte. (2014). *CFOs and sustainability: Shaping their roles in an evolving environment*. Deloitte Sustainability Global Enterprise Risk Services.

Dias-Sardinha, I., Reijnders, L., & Antunes, P. (2002). From environmental performance evaluation to eco-efficiency and sustainability balanced scorecards. *Environmental Quality Management, 12*(2), 51–64.

Dutta, S., & Lawson, R. A. (2009). Aligning performance evaluation and reward systems with corporate sustainability goals. *Journal of cost management, 23*(6), 15–23.

Eccles, R. G., Ioannou, I., & Serafeim, G. (2011). *The impact of a corporate culture of sustainability on corporate behaviour and performance*. Working paper. Harvard Business School.

Epstein, M. J. (2003). The identification, measurement, and reporting of corporate social impacts: Past, present, and future. *Advances in Environmental Accounting and Management, 2*, 1–29.

Epstein, M. J., & Birchard, B. (1999). *Counting what counts. Turning corporate accountability to competitive advantage*. Reading: Perseus Books.

Epstein, M. J., & Buhovac, A. R. (2014). *Making sustainability work: Best practices in managing and measuring corporate social, environmental, and economic impacts*. Sheffield: Greenleaf Publishing Limited.

Ferreira, A., & Otley, D. (2009). The design and use of performance management systems: An extended framework for analysis. *Management Accounting Research, 20*(4), 263–282.

Figge, F., & Hahn, T. (2004). Sustainable value added—measuring corporate contributions to sustainability beyond eco-efficiency. *Ecological Economics, 48*(2), 173–187.

Figge, F., Hahn, T., Schaltegger, St., & Wagner, M. (2002). The sustainability balanced scorecard – linking sustainability management to business strategy. *Business Strategy and the Environment, 11*, 269–284.

Gale, R., & Barg, S. (Hrsg.). (1995). *Green budget reform: An international casebook of leading practices*. London: Routledge.

Gond, J. P., & Herrbach, O. (2006). Social reporting as an organisational learning tool? A theoretical framework. *Journal of Business Ethics, 65*(4), 359–371.

Gond, J. P., Grubnic, S., Herzig, C., & Moon, J. (2012). Configuring management control systems: Theorizing the integration of strategy and sustainability. *Management Accounting Research, 23*(3), 205–223.

Gray, R. (2010). Is accounting for sustainability actually accounting for sustainability… and how would we know? An exploration of narratives of organisations and the planet. *Accounting, Organizations and Society, 35*(1), 47–62.

Gray, R. H., & Milne, M. (2004). Towards reporting on the triple bottom line: Mirages, methods and myths. In A. Henriques & J. Richardson (Hrsg.), *The triple bottom line: Does it all add up?* (S. 70–80). London: Earthscan.

Hahn, R. (2013). ISO 26000 and the standardization of strategic management process for sustainability and corporate social responsibility. *Business Strategy and the Environment, 22*, 442–455.

Hart, S. L. (1995). A natural-resource-based view of the firm. *Academy of Management Review, 20*(4), 986–1014.

Hartmann, F. G. H., Perego, P., & Young, A. (2013). Carbon accounting: Challenges for research in management control and performance measurement. *Abacus, 49*(4), 539–563.

Holmberg, J., & Robèrt, K. H. (2000). Backcasting—A framework for strategic planning. *International Journal of Sustainable Development & World Ecology, 7*(4), 291–308.

Hubbard, G. (2009). Measuring organizational performance: Beyond the triple bottom line. *Business Strategy and the Environment, 18*(3), 177–191.

IIRC. (2013). *The international <IR>; framework*. London: International Integrated Reporting Council.

Kolk, A., & Perego, P. (2014). Sustainable bonuses: Sign of corporate responsibility or window dressing? *Journal of Business Ethics, 119*(1), 1–15.

Langfield-Smith, K. (1997). Management control systems and strategy: A critical review. *Accounting, organizations and society, 22*(2), 207–232.

Liesen, A., Figge, F., & Hahn, T. (2013). Net present sustainable value: A new approach to sustainable investment appraisal. *Strategic Change, 22*(3–4), 175–189.

Maas, K., & Boons, F. (2010). CSR as a strategic activity. In C. Louche, S. O. Idowu, & W. Leal Filho (Hrsg.), *Innovative CSR* (S. 154–172). Sheffield: Greenleaf Publishing.

Maas, K., Crutzen, N., & Schaltegger, S. (2014). Special volume of the Journal of Cleaner Production on „Integrating corporate sustainability performance measurement, management control and reporting". *Journal of Cleaner Production, 65*, 7–8.

Milne, M.J., & Gray, R. (2012). W(H)ither ecology? The triple bottom line, the global reporting initiative, and corporate sustainability reporting. *Journal of Business Ethics*, 1–17.

Mundy, J. (2010). Creating dynamic tensions through a balanced use of management control systems. *Accounting, Organizations and Society, 35*(5), 499–523.

Norris, G., & O'Dwyer, B. (2004). Motivating socially responsive decision making: the operation of management controls in a socially responsive organisation. *The British Accounting Review, 36*(2), 173–196.

Ouchi, W. G. (1977). The relationship between organizational structure and organizational control. *Administrative Science Quarterly*, 95–113.

Perego, P., & Hartmann, F. G. H. (2009). Aligning performance measurement systems with strategy: The case of environmental strategy. *Abacus, 45*(4), 397–428.

Reinhardt, F. L. (2000). *Down to earth. Applying business principles to environmental management*. Boston: Harvard Business School Press.

Roth, H. P. (2008). Using cost management for sustainability efforts. *Journal of Corporate Accounting & Finance, 19*(3), 11–18.

Schaltegger, S., & Wagner, M. (2006). Integrative management of sustainability performance, measurement and reporting. *International Journal of Accounting, Auditing and Performance Evaluation, 3*(1), 1–19.

Schmidt, I., Meurer, M., Saling, P., Kicherer, A., Reuter, W., & Gensch, C. O. (2004). SEEbalance. *Greener Management International, 2004*(45), 78–94.

Simons, R. (1990). The role of management control systems in creating competitive advantage: New perspectives. *Accounting, Organizations and Society, 15*(1), 127–143.

Simons, R. (1991). Strategic orientation and top management attention to control systems. *Strategic Management Journal, 12*(1), 49–62.

Simons, R., Dávila, A., & Kaplan, R. S. (2000). *Performance measurement & control systems for implementing strategy*. Upper Saddle River: Prentice Hall.

Sinclair-Desgagné, B., & Gabel, H. L. (1997). Environmental auditing in management systems and public policy. *Journal of Environmental Economics and Management, 33*(3), 331–346.

Tucker, B., Thorne, H., & Gurd, B. (2009). Management control systems and strategy: what's been happening? *Journal of Accounting Literature, 28*, 123–163.

UN Global Compact/Accenture. (2013). *The UN Global Compact-Accenture CEO Study on Sustainability*. Report: https://www.accenture.com/us-en/insight-un-global-compact-ceo-study-sustainability-2013.aspx

Wagner, B., & Enzler, S. (2006) (Hrsg.). Developments in material flow management: Outlook and perspectives. In *Material flow management* (S. 197–201). Heidelberg: Physica-Verlag HD.

WBCSD. (2013). Controlling non-financial reporting. The Future Leaders Team 2013, Geneva.

Whiteman, G., Walker, B., & Perego, P. (2013). Planetary boundaries: Ecological foundations for corporate sustainability. *Journal of Management Studies, 50*(2), 307–336.

Wood, D. (2010). Measuring corporate social performance: a review. *International Journal of Management Reviews, 12*(1), 50–84.

Prof. Dr. Frank Hartmann ist Professor an der Rotterdam School of Management, Erasmus University sowie Studiendekan für Executive Education. Der Schwerpunkt seiner Forschung liegt bei Finanzentscheidungen und Controlling, mit einem Interesse an neurologischen Hintergründen zu diesen Phänomenen. Seine Arbeiten wurden in Accounting Organizations & Society, Behavioral Research in Accounting und dem British Journal of Management veröffentlicht.

Dr. Karen Maas ist Assistenz-Professorin an der Erasmus School of Economics und wissenschaftliche Leiterin der CSR-Kurse für Führungskräfte an der Erasmus School of Accounting & Assurance. Ihre Nachforschungen beschäftigen sich mit dem Einsatz von Management Accounting und Kontrollsystemen zur strategischen Implementierung und Unterstützung von CSR, und wurden unter anderem in Business & Society, Journal of Business Ethics und dem American Journal of Evaluation veröffentlicht.

Dr. Paolo Perego ist ‚associate' Professor an der Rotterdam School of Management, Erasmus University sowie Programmleiter des MSC-Programmes im Accounting & Financial Management. Seine Nachforschungen untersuchen die Rolle der CSR in Organisationen, mit dem Schwerpunkt auf die Beziehung zwischen Umweltstrategie, Unternehmenssteuerung und Leistungsbewertung. Seine Arbeiten wurden in Accounting Organizations & Society, Journal of Management und dem Journal of Business Ethics veröffentlicht.

Nachhaltigkeitsberichterstattung und Controlling – eine natürliche Symbiose

Matthias S. Fifka

1 Einleitung

Nachhaltigkeitsberichterstattung und Controlling bilden aufgrund ihrer Eigenschaften und der mit ihnen verbundenen Zielsetzungen eine natürliche Symbiose. Obschon keine einheitliche Definition von Controlling existiert, so besteht Einigkeit darüber, dass die Versorgung der Entscheidungsträger im Unternehmen mit Informationen zur Beurteilung und Verbesserung von Maßnahmen und Leistungen einen zentralen Bestandteil des Controlling ausmacht (Gleich und Seidenschwarz 1997; Horváth 2011). Dem Controlling wird deshalb explizit eine Informations- und Dokumentationsaufgabe zugesprochen (Jung 2007; Mehrmann 2004).

Diese Aufgabe, die auch häufig als Berichtswesen bezeichnet wird, umfasst die Gewinnung von Daten sowie deren Dokumentation und Aufbereitung in einer Form, die das Handeln der Datenempfänger bei der Planung, Organisation und Kontrolle unterstützt. Die Berücksichtigung der Adressaten bzw. ihrer Bedürfnisse ist somit von elementarer Bedeutung bei der Gestaltung der Information. In erster Linie werden diese Empfänger innerhalb des Unternehmens zu finden sein, was jedoch nicht heißt, dass die generierte Information ausschließlich für deren Zwecke verwendet werden kann. Sie stellt zudem eine wichtige Grundlage für das nach außen gerichtete Berichtswesen dar, etwa für die externe Finanzberichterstattung.

Während also der Fokus des Berichtswesens als Teil des Controlling im Rahmen von Management-Informationssystemen eher ein interner ist, herrscht im Hinblick auf die Nachhaltigkeitsberichterstattung der Eindruck vor, diese wäre ausschließlich extern

---

M. S. Fifka (✉)
Institut für Wirtschaftswissenschaft, FAU Erlangen-Nürnberg, Erlangen, Deutschland
E-Mail: matthias.fifka@fau.de

© Springer-Verlag Berlin Heidelberg 2016
E. Günther, K.-H. Steinke (Hrsg.), *CSR und Controlling,* Management-Reihe Corporate Social Responsibility, DOI 10.1007/978-3-662-47702-1_6

orientiert. Das heißt, ihr primärer Zweck wird häufig darin gesehen, die Stakeholder des Unternehmens und vor allem die mediale Öffentlichkeit mit Information darüber zu versorgen, was das Unternehmen tut, um wirtschaftlich, sozial und ökologisch verantwortlich zu handeln. Diese Idee entspricht der von Elkington (1997) formulierten Idee der „Triple Bottom Line" als pragmatischem Ausdruck von Nachhaltigkeit im unternehmerischen Kontext. Elkingtons Ansatz sieht vor, dass ein Unternehmen nicht nur eine Bilanz über seine wirtschaftliche, sondern auch über seine soziale und ökologische Performance erstellen sollte. Die „Bottom Line" selbst ist dabei der Strich unter der Bilanz, unter dem wiederum das Ergebnis zu finden ist. Im Sinne der Stakeholderkommunikation dient die Nachhaltigkeitsberichterstattung somit als Instrument zur Legitimation unternehmerischen Handels besonders gegenüber Außenstehenden (Fifka 2013a; Lee und Hutchinson 2004).

Allerdings greift das reduzierte Verständnis von Nachhaltigkeitsberichterstattung als rein externes Kommunikationsinstrument, mit dem häufig der Vorwurf bloßer Selbstdarstellung oder PR einhergeht – zu kurz. Denn die Nachhaltigkeitsberichterstattung zielt nicht nur auf die „Versorgung" externer Akteure mit Information, sie unterstützt ebenso – wie das Controlling auch – die Entscheidungsträger im Unternehmen dabei, die eigene wirtschaftliche, soziale und ökologische Leistung beurteilen zu können und zu verbessern. Nur durch eine entsprechende Messung und Dokumentation kann evaluiert werden, ob die Politiken, Programme und Projekte, die im Rahmen der Nachhaltigkeitsbemühungen durchgeführt werden, auch effektiv und effizient sind. Ist dies nicht der Fall, kann mit Hilfe der generierten Information eine Fehler- bzw. Abweichungsanalyse betrieben und Verbesserungen erarbeitet werden. In dieser internen Dimension von Nachhaltigkeitsberichterstattung liegt für viele Unternehmen ein mindestens ebenso großer Wert wie in der Berichterstattung nach außen, was jedoch noch immer häufig verkannt wird.

Das interne und externe Reporting trägt somit erheblich dazu bei, dass ein Unternehmen seiner gesellschaftlichen Verantwortung (Corporate Social Responsibility) umfassend nachkommen und so zu einer nachhaltigen Entwicklung beitragen kann. Die ISO 26000 als internationale Norm präzisiert diese Verantwortung als

> Verantwortung einer Organisation für die Auswirkungen ihrer Entscheidungen und Aktivitäten auf die Gesellschaft und Umwelt durch transparentes und ethisches Verhalten, das zur nachhaltigen Entwicklung, Gesundheit und Gemeinwohl eingeschlossen, beiträgt, die Erwartungen der Anspruchsgruppen berücksichtigt, anwendbares Recht einhält und im Einklang mit internationalen Verhaltensstandards steht, und in der gesamten Organisation integriert ist und in ihren Beziehungen gelebt wird (ISO 26000 2010, S. 17).

Besonders der letzte Teilsatz bringt die interne und externe Dimension, die auch dem Reporting inhärent ist, zum Ausdruck. Es geht in interner Hinsicht darum, mit seiner Hilfe zu erfassen, ob und inwieweit Nachhaltigkeit bzw. Corporate Social Responsibility in den einzelnen Unternehmensbereichen implementiert ist. Das Leben der Verantwortung in den Beziehungen zu den externen Stakeholdern wiederum besteht auch darin, diese mit Information über das unternehmerische Handeln zu versorgen, was durch Reporting ermöglicht wird.

Dementsprechend sind zwei Kernprinzipien der ISO 26000 „Transparenz" und „Rechenschaftspflicht" (*Accountability*). Die Transparenz wird eben dadurch gewährleistet, dass den Anspruchsgruppen Informationen zur Verfügung gestellt werden. Das kann aber nur dann auf umfassende und belastbare Art und Weise geschehen, wenn die Information vorher solide erhoben wurde. Es ist also ein effektives und effizientes *Accounting* notwendig, das auch Grundlage eines wirkungsvollen Controlling im Unternehmen ist. Hieran wird deutlich, dass sich zahlreiche Überschneidungen und Synergien in den Aufgaben und Zielsetzungen von Controlling und Nachhaltigkeitsberichterstattung ergeben. Deshalb empfiehlt sich eine starke Koordination zwischen beiden Funktionen.

Der folgende Beitrag wählt in diesem Zusammenspiel die Perspektive der Nachhaltigkeitsberichterstattung und zeigt auf, wie und an welchen Stellen das Controlling diese unterstützen und ergänzen kann. Grundlegend ist dabei auch der Gedanke, dass in vielen Unternehmen – besonders in mittelständischen – zwar bereits ein Controlling, aber noch keine Nachhaltigkeitsberichterstattung vorhanden ist, obwohl diese vor dem Hintergrund steigender Kundenanforderungen, dem Wunsch der Stakeholder nach mehr Transparenz und nicht zuletzt durch die ab 2017 greifende EU-Berichtspflicht immer relevanter wird. Somit bleibt das Potenzial unausgeschöpft, das existierende Controlling für die Einführung von Nachhaltigkeitsberichterstattung zu nutzen. Trotz zahlreicher Synergien thematisiert der Beitrag aber auch die Aspekte, bei denen das Controlling keine Hilfestellung für die Nachhaltigkeitsberichterstattung bieten kann. Es wäre deshalb nicht angebracht, beide Funktionen als identisch zu verstehen.

Vor dem Hintergrund dieser Zielsetzungen wird im folgenden Abschnitt zunächst das diffuse Phänomen der Nachhaltigkeitsberichterstattung charakterisiert und präzisiert. Im Anschluss daran werden die mit ihr verbundenen Herausforderungen und Chancen diskutiert und erläutert, wie das Controlling dazu beitragen kann, ersteren zu begegnen und zweitere zu nutzen. Im Anschluss daran werden Empfehlungen entwickelt, wie eine erfolgreiche Implementierung von Nachhaltigkeitsberichterstattung – unterstützt durch das Controlling – im Unternehmen stattfinden kann. Abschließend wird ein kurzes Fazit gezogen.

2 Nachhaltigkeitsberichterstattung – Charakterisierung eines diffusen und dynamischen Phänomens

Die Ursprünge der Nachhaltigkeitsberichterstattung liegen in den 1970er-Jahren.[1] In diesem Jahrzehnt waren es vor allem westeuropäische Unternehmen, die eine sogenannte „Sozialbilanz", „Balance Social" bzw. ein „Social Balance Sheet" veröffentlichten. Die „Sozialbilanz" ist somit der namentliche Urvater des Nachhaltigkeitsberichts und diente vornehmlich dazu, die anhand von Steuerzahlungen sowie Löhnen und Sozialabgaben gemessene soziale Leistung eines Unternehmens darzustellen. Bemerkenswert ist,

---

[1] Teile dieses Kapitels wurden folgender Publikation entnommen: Fifka, M. (2015).

dass die Berichterstattung hier also stark quantitativen Charakter hatte. Gegen Ende der 1970er-Jahre wurden die Berichte um Aspekte der Produktqualität und des karitativen Engagements am Unternehmensstandort erweitert, das vor allem bei amerikanischen Unternehmen große Berücksichtigung fand (Abbott und Monsen 1979). Besonders Großunternehmen, die aufgrund ihrer wirtschaftlichen, aber auch politischen Macht zunehmend in Kritik gerieten, versuchten ihre Existenz durch die Offenlegung ihres sozialen Beitrags zur Gesellschaft zu rechtfertigen.

In den 1980er-Jahren blieb das soziale Element in der Nicht-Finanzberichterstattung dominierend, wenngleich immer häufiger auch ökologische Aspekte aufgegriffen wurden. Dies war vornehmlich den zahlreichen Umweltkatastrophen geschuldet, die sich in diesem Jahrzehnt zutrugen. Genannt werden können beispielhaft der Chemieunfall von Bophal, Indien (1984), die Nuklearkatastrophe von Tschernobyl in der Ukraine (1986) – bereits 1979 hatte es einen erheblichen, wenngleich weniger dramatischen Atomunfall in Harrisburg in den Vereinigten Staaten (1979) gegeben – und die Havarie des Öltankers Exxon Valdez in Alaska (1989). In Deutschland bestimmte vor allem das „Waldsterben" die politische Diskussion der 1980er-Jahre. Mit der Bereitstellung von Information zu ihrer ökologischen Leistung reagierten Unternehmen also in erster Linie auf eine Veränderung des öffentlichen und medialen Bewusstseins, das geprägt war von der zunehmenden Sorge um den Erhalt der natürlichen Umwelt und ihrer Gefährdung durch Unternehmen (Fifka 2012b).

Der reaktive bzw. rein rechtfertigende Charakter, den die Nicht-Finanzberichterstattung in den 1970er- und 1980er-Jahren hatte, wurde in den 1990er-Jahren um ein stärker proaktives, wettbewerbsorientiertes Element erweitert. Immer mehr Unternehmen realisierten, dass umweltfreundliches Verhalten und die Umwelt-Berichterstattung aufgrund des stärker werdenden ökologischen Bewusstseins der Konsumenten zu einem Wettbewerbsvorteil werden konnte (Fifka 2013a). Vorfälle wie die versuchte Versenkung der Ölplattform Brent Spar auf offener See durch Shell zeigten die Bereitschaft von Konsumenten, als umweltfeindlich wahrgenommenes Verhalten zu sanktionieren und Produkte und Dienstleistungen der verantwortlichen Unternehmen zu boykottieren (Fifka 2012a). Dementsprechend löste der „Umweltbericht" den „Sozialbericht" in den 1990er-Jahren immer häufiger ab, oder beide Aspekte wurden in einem „Umwelt- und Sozialbericht" kombiniert.

Um die Jahrtausendwende erfuhr die Berichterstattung in vielfacher Hinsicht einen erneuten Wandel. Zunächst wurden soziale Aspekte, die in den 1990er-Jahren etwas in den Hintergrund getreten waren, wieder stärker betont. Auch finanzielle Aspekte wurden – über den klassischen Geschäftsbericht hinaus – mit sozialer und ökologischer Information in einem eigenständigen Bericht kombiniert. Damit einher ging eine Umbenennung der Berichte. Der Erkenntnis folgend, dass Unternehmen als Mitglieder einer Gesellschaft, also als „Unternehmensbürger", nicht nur finanzielle, sondern auch soziale und ökologische Pflichten haben, wurden die ersten „Corporate Citizenship Reports" veröffentlicht. Damit hielten auch englischsprachige Begriffe Einzug in das deutsche Berichtswesen. Siemens war das erste Unternehmen, das im Jahr 2000 einen „Corporate Citizenship Report" veröffentlichte. Die Deutsche Bank und Degussa folgten im Jahr 2002. In den USA veröffentlichte Exxon in diesem Jahr erstmals einen solchen Report (Fifka 2011a).

In den Folgejahren nahm, wie oben erwähnt, die Zahl der berichtenden Unternehmen rasch zu, und auch die Betitelung der Berichte erfuhr in diesem Kontext eine Erweiterung. Mehr und mehr wurden „Corporate (Social) Responsibility Reports", „Sustainability Reports" oder auch „Nachhaltigkeitsberichte" veröffentlicht (Blankenagel 2007). Wie in vielen anderen Wirtschaftsbereichen auch, wurden englischsprachige Termini im „Reporting" – bereits diese Bezeichnung unterstreicht die beschriebene Entwicklung – regelmäßig verwendet. So gab beispielsweise die Deutsche Telekom im Jahr 2004 einen „Human Ressources and Sustainability Report" heraus.

Heute haben sich die Begriffe „Sustainability Report" und „Corporate (Social) Responsibility Report" bzw. die entsprechenden deutschen Übersetzungen weitestgehend durchgesetzt. „Corporate Citizenship Reports", „Umweltberichte" oder gar „Sozialberichte" werden kaum noch veröffentlicht. Obschon aus einer akademischen Perspektive durchaus zwischen den Konzepten „Sustainability" und „Corporate Social Responsibility" unterschieden werden kann, vor allem im Hinblick auf ihre Entstehung, findet in der Unternehmenswelt zumeist eine synonyme Verwendung beider Begriffe statt. Das schlägt sich auch im Reporting nieder, denn Unterschiede im Inhalt der Berichte können an den Begriffen nicht festgemacht werden. Im Folgenden wird deshalb vereinfachend von Nachhaltigkeitsberichterstattung bzw. Nachhaltigkeits- oder Sustainability Reporting gesprochen.

An dieser Stelle empfiehlt sich zudem ein kurzer Blick auf den „Reporting"-Begriff, der als solcher auch uneinheitlich verwendet wird. Streng genommen besagt er nur, dass Informationen – in diesem Fall wirtschaftlicher, sozialer und ökologischer Natur – nach innen oder nach außen berichtet werden. Um die Informationen kommunizieren zu können, muss jedoch zunächst eine Bestandsaufnahme oder eine Messung stattfinden, weshalb auch von „Sustainability Auditing" gesprochen wird. „Auditing" und „Reporting" zusammen ergeben dann das „Sustainability Accounting". Obwohl das „Reporting" somit eigentlich nur die zweite Stufe des gesamten Prozesses darstellt (Yongvanich und Guthrie 2006), hat sich der Begriff für die Gesamtheit aus Messung und Offenlegung der entsprechenden Informationen durchgesetzt. Das zeigt sich auch im Namen der „Global *Reporting* Initiative" (GRI) als führendem Berichtsstandard weltweit.

Neben der Herausbildung dominierender Begrifflichkeiten, zeichnen sich noch weitere Trends ab, die im Folgenden kurz diskutiert werden sollen:

- Mehrdimensionalität
- Multimedialität
- Integration
- Quantifizierung
- Standardisierung
- Verifizierung

Unter *Mehrdimensionalität* wird an dieser Stelle verstanden, dass das Reporting mehr und mehr die drei Dimension der Nachhaltigkeit umfasst: eine wirtschaftliche, eine ökologische und eine soziale Komponente (Fifka 2011b). Diese in der Einleitung bereits erwähnte Konzeption von unternehmerischer Nachhaltigkeit – die „Triple Bottom Line" –

findet somit ebenfalls im Reporting ihren Niederschlag. Dementsprechend definiert auch die Global Reporting Initiative (2013) als führender Berichtsstandard den Begriff: „Ein Nachhaltigkeitsbericht legt Informationen über die ökonomische, ökologische und soziale Leistung sowie das Führungsverhalten offen." Berichte, die nur eine oder zwei der drei Dimensionen umfassen, finden sich kaum noch.

Die *Multimedialität* beschreibt den Einsatz unterschiedlicher Medien zum Zwecke des Nachhaltigkeitsreporting. Während bis zur Jahrtausendwende die entsprechenden Informationen nahezu ausschließlich in einem gedruckten Bericht („Stand-alone Report") veröffentlicht wurden, kommen heute immer häufiger auch elektronische Medien zum Einsatz. Berichte werden nun ebenfalls im PDF-Format oder eingebunden in die Homepage des Unternehmens zur Verfügung gestellt. Zudem werden ausgewählte Informationen über Pressemitteilungen und Newsletter kommuniziert, wobei es sich hier natürlich nicht um ein umfassendes Reporting handelt. So veröffentlichten im Jahr 2010 82 % der 100 größten deutschen Unternehmen Informationen zu ihrem sozialen und ökologischen Engagement auf ihrer Homepage. Nahezu ebenso viele verschickten entsprechende Pressemitteilungen (76 %), aber nur sieben Prozent einen Newsletter (Fifka 2011a).

Soziale und ökologische Information wird zunehmend auch in den eigentlichen Geschäftsbericht *integriert*, was eine zusätzliche mediale Erweiterung darstellt, die häufig auch als „Integrated Reporting" bezeichnet wird. Während im Jahr 2009 nur 4 % der weltweit 250 größten Unternehmen soziale und ökologische Informationen in ihrem Geschäftsbericht aufgenommen hatten, waren es zwei Jahre später bereits 27 %, und im Jahr 2013 sogar 49 % (KPMG 2013). Dabei handelt es sich jedoch zumeist um die Integration einiger ausgewählter Aspekte. Eine umfassende Nachhaltigkeitsberichterstattung findet – auch aus Platzgründen – im Geschäftsbericht nicht statt. Dies ist jedoch insofern unproblematisch, als „Integrated Reporting" nicht unbedingt bedeutet, dass der eigentliche Nachhaltigkeitsbericht eingestellt wird. Der Geschäftsbericht stellt somit lediglich ein weiteres Medium im Sinne der Multimedialität dar. Die zentrale Motivation, Nachhaltigkeitsinformationen trotz der Existenz eines eigenständigen Berichts auch in den Geschäftsbericht zu integrieren, liegt im Wunsch, die Integration von Nachhaltigkeit in der Unternehmensstrategie zum Ausdruck zu bringen (KPMG 2013). Zudem wird Aktionären, Investoren und Analysten, die die klassischen Lesergruppen des Geschäftsberichts darstellen, signalisiert, dass sich das Unternehmen mit Themen der Nachhaltigkeit auseinandersetzt.

Einen weiteren wichtigen Trend stellt die Veröffentlichung von Informationen *quantifizierbarer* Natur dar. Berichte sind immer häufiger nicht mehr nur plakative, mit netten Fotos aufbereitete Darstellungen dessen, was ein Unternehmen vermeintlich an Gutem tut. Neben finanzieller Information, die traditionell auf Zahlen beruht, wird auch die soziale und ökologische Leistung eines Unternehmens zunehmend durch messbare Indikatoren abgebildet, z. B. Abfallmengen, Recyclingquoten oder die Summe gespendeter Gelder. Diese Entwicklung ist aus Gründen der Leistungsbeurteilung, der Vergleichbarkeit und der Transparenz sehr zu begrüßen und wird deshalb bewusst von Berichtsstandards gefordert und gefördert. So sind in der bereits erwähnten GRI in ihrer neusten Fassung – der GRI 4.0 – 58 ökologische, soziale und wirtschaftliche Indikatoren aufgeführt. Deren Messung stellt eine technische und finanzielle Herausforderung für Unternehmen dar, da vor allem für die Bestimmung von ökologischen Indikatoren, z. B. Abgasmengen oder Recyclingquoten, erhebliches Know-how notwendig ist. Bereits hier zeigt sich, wie das Controlling zu einer umfassenden und überzeugenden Nachhaltigkeitsberichterstattung beitragen kann. Denn im modernen Controlling werden häufig nicht mehr nur ökonomische, sondern auch ökologische, z. B. Schadstoffmengen und Recyclingquoten, und soziale Indikatoren, wie etwa die Unfallquote oder die Ausbildungsquote, erhoben. Konsequenterweise wird dementsprechend von ökologieorientiertem (Günther 1994; Günther 1999) und sozialorientiertem (Dubielzig 2014) Controlling gesprochen.

Die Bedeutung von Finanz-, Öko-, und Sozial-Kennzahlen für die Nachhaltigkeitsberichterstattung zeigt sich auch in ihrer zunehmenden *Standardisierung*. Im Jahr 2013 veröffentlichten bereits 82% der weltweit 250 größten Unternehmen ihren Bericht nach den Vorgaben der GRI (KPMG 2013). Grundsätzlich sind Unternehmen in der inhaltlichen Gestaltung ihrer Berichte, von gesetzlichen Vorgaben in einigen Ländern abgesehen, völlig frei. Diese gestalterische „Willkür" wirft jedoch die Frage auf, ob Unternehmen nicht dazu neigen werden, ausschließlich für sie vorteilhafte Informationen zu veröffentlichen. Die Anwendung von Standards schränkt diese Problematik zumindest insofern ein, als bestimmte, vorher festgelegte Größen veröffentlicht werden müssen, will das Unternehmen dem Standard genügen. Obschon dies eine nicht unerhebliche Belastung darstellt, kann somit die Glaubwürdigkeit des Berichts erhöht und dem Vorwurf der selektiven Gestaltung vorgebeugt werden.

Trotz der Anwendung eines Standards stellt sich im Hinblick auf die Glaubwürdigkeit noch die Frage nach der Richtigkeit der zur Verfügung gestellten Informationen. Denn nur weil ein Unternehmen bestimmte standardisierte Indikatoren veröffentlicht, heißt dies noch lange nicht, dass die zur Verfügung gestellte Informationen nicht geschönt oder gar gefälscht sind. Um auch diesem Vorwurf zu begegnen, lassen immer mehr Unternehmen ihren Nachhaltigkeitsbericht durch Prüfer *verifizieren*, wie es auch bei der klassischen Wirtschaftsprüfung geschieht. Im Jahr 2011 wurden bereits 46% der Berichte der 250 größten Unternehmen weltweit durch externe Prüfer testiert, und die Zahl stieg bis 2013 weiter auf 59% (KPMG 2013). Aufgrund des wachsenden Marktes erstaunt es deshalb nicht, dass zwischenzeitlich alle großen Wirtschaftsprüfungsgesellschaften entsprechende Leistungen anbieten und kleinere Firmen gegründet wurden, die sich ausschließlich auf diese „Sustainability Assurance" spezialisieren. Die GRI selbst legt Unternehmen, die ihren Standard anwenden, eine solche Verifizierung nahe.

3 Herausforderungen und Chancen der Nachhaltigkeitsberichterstattung

3.1 Herausforderungen

Eine grundsätzliche Herausforderung im Hinblick auf die Nachhaltigkeitsberichterstattung liegt zunächst in der Auseinandersetzung mit dem Business Case, also der unternehmerischen Rechtfertigung für eine bestimmte Handlung.[2] Dieser Business Case macht zumeist an monetären Größen fest, d. h., die potenzielle Handlung muss sich „rechnen". Hier befindet sich die Nachhaltigkeitsberichterstattung durchaus in einem Dilemma. Denn die mit ihr verbundenen Kosten können weitestgehend genau bestimmt werden (z. B. Kosten für Messungen, Satz- und Druckkosten, Versand etc.), wohingegen die Vorteile oder „Erlöse" aus der Berichterstattung weit schwerer monetär zu quantifizieren sind. Diesen Vorbehalt könnte man zwar auch gegen die klassische Finanzberichterstattung äußern, allerdings stellt sich diesbezüglich die Frage nach Reporting für die betroffenen Unternehmen aufgrund gesetzlicher Verpflichtungen zumeist nicht. Was die Nachhaltigkeitsberichterstattung jedoch betrifft, kann sehr wohl gefragt werden, warum etwas freiwillig getan werden soll, das keinem präzise messbaren Erfolg unterliegt.

Diese Frage nach der Existenz eines Business Cases lässt sich mit der Synergie aus Controlling und Nachhaltigkeitsberichterstattung beantworten. Beide beabsichtigen, durch Kennzahlen festzustellen, inwieweit getroffenen Maßnahmen und eingesetzte Instrumente effektiv und effizient sind. Das heißt, ein Nachhaltigkeitscontrolling ist unerlässlich, um den Erfolg der eigenen Nachhaltigkeitsstrategie und deren Operationalisierung zu beurteilen. Hier zeigt sich erneut die nicht unerhebliche Überlappung in den Zielsetzungen von Controlling und Nachhaltigkeitsberichterstattung. Da aussagekräftige Berichterstattung – egal ob intern oder extern – immer solide Zahlen zur Leistungsbeurteilung beinhaltet, beruht sie auf den gleichen Prämissen wie das Controlling.

Bemerkenswerterweise besteht eine weitere Parallele darin, dass die Nachhaltigkeitsberichterstattung, wie das Controlling (Schuster 1998; Preißner 2010) auch, mit gewissen Wahrnehmungsbarrieren im Unternehmen konfrontiert ist. Beide können als unnötige oder gar unangemessene Kontrolle, die der Begriff des „Controllings" suggerieren mag, empfunden werden. Unweigerlich erfordern beide auch das Generieren von Informationen, was eine zusätzliche Aufgabe für einzelne Mitarbeiter bedeuten kann. Diese negative Wahrnehmung kann nur überwunden werden, wenn den Mitarbeitern die Sinnhaftigkeit dieser Funktionen verdeutlicht werden kann. Davon ausgehend, dass in vielen Unternehmen bereits eine Controlling-Funktion etabliert ist, können Erfahrungen, die bei deren Einführung gewonnen wurden, bei der Implementierung der Nachhaltigkeitsberichterstattung berücksichtigt werden. Zudem wird es leichter fallen, die Mitarbeiter von Sinn und Zweck der Nachhaltigkeitsberichterstattung zu überzeugen, wenn diese bereits ein Verständnis für die Notwendigkeit von Controlling entwickelt haben.

Ein weiterer Einwand gegen Nachhaltigkeitsberichterstattung – dem durch den Verweis auf Controlling allerdings nur bedingt begegnet werden kann, da es in erster Linie der internen Information dient – liegt im Argument, es sei wenig sinnvoll, Informationen offenzulegen, die Kritikern, z. B. aus Nicht-Regierungsorganisationen oder Medien, eine Angriffsfläche bieten (Dando und Swift 2003) oder Konkurrenten einen Einblick in das eigene Geschäft erlauben. Die Furcht vor Kritik wiederum führt dazu, dass die Veröf-

---

[2] Teile dieses und des folgenden Kapitels wurden folgenden Publikationen entnommen: Fifka (2014), S. 1–18; Fifka (2013b), S. 119–131.

fentlichung nachteiliger Informationen ausgeschlossen wird, um potenziellen Vorwürfen keinen zusätzlichen Vorschub zu leisten. Daraus ergibt sich in gewisser Weise ein Teufelskreis, denn die resultierende Darstellung ausschließlich positiver Aspekte führt wiederum zu einer geringeren Glaubwürdigkeit, da sie wie eine bloße PR-Maßnahme erscheint; anders gesagt: Kaum ein Leser wird glauben, dass ein Unternehmen nur positive wirtschaftliche, soziale und ökologische Leistungen erbracht haben wird.

Der Eindruck der medialen Öffentlichkeit, Nachhaltigkeitsberichterstattung wäre ohnehin nur ein Public-Relations-Instrument, wird durch eine ausnahmslos positive Eigendarstellung zusätzlich untermauert. Besonders im deutschen Kontext ist diese Problematik aufgrund einer „latent unternehmenskritischen Grundhaltung in der [...] Gesellschaft" anzutreffen, wie Backhaus-Maul (2008, S. 492) völlig zu Recht konstatiert. Aufgrund dieser Haltung wird Konzepten wie Sustainability und Corporate Social Responsibility – auch aufgrund der angelsächsischen Namensherkunft – mit einer tiefgreifenden Skepsis begegnet, die nicht unbedingt zu einer positiven Rezeption von Nachhaltigkeitsberichten führt. Allerdings wäre es falsch, dieses latente Misstrauen ausschließlich auf mehr oder weniger begründete Ressentiments zurückzuführen. Denn in der Tat waren die Umsetzung von CSR und Sustainability und die Berichterstattung darüber in der Vergangenheit oft als PR-Maßnahme angelegt und als solche auch leicht zu identifizieren. Nicht umsonst schreibt Peter Ulrich (2008), dass es sich dabei oft um Worthülsen handelte, mit denen die „Strategen der Öffentlichkeitsarbeit" versuchten, „irgendwie [darzustellen], was das Unternehmen mit oder neben seinem geschäftlichen Erfolgsstreben für die Gesellschaft an Gutem tut".

Neben diesen teils unscharfen Wahrnehmungsbarrieren gibt es zudem ganz konkrete finanzielle und technologische Herausforderungen bei der Ein- und Durchführung von Nachhaltigkeitsberichterstattung. Denn sie ist mit einem nicht zu unterschätzenden Aufwand verbunden, besonders wenn sie sich an umfassenden Standards wie der GRI orientiert und die Offenlegung quantifizierbarer Indikatoren anstrebt. Häufig fehlen aber die technische Expertise und die finanziellen Mittel, um die notwendigen vorausgehenden Messungen – z. B. von Emissionsmengen, Recyclingquoten oder Reisekilometern – durchzuführen. Wie oben bereits angedeutet, reduziert sich diese Problematik erheblich, wenn im Rahmen des Controllings neben Finanz- auch bereits Sozial- und Öko-Kennzahlen erhoben werden. Ist dies der Fall, darf nicht versäumt werden, diese auch für das Nachhaltigkeitsreporting zu nutzen. Werden die Zahlen erst für die Veröffentlichung in einem Nachhaltigkeitsbericht erhoben, so muss umgekehrt sichergestellt werden, dass diese im Sinne der Ganzheitlichkeit auch dem Controlling zur Verfügung gestellt werden.

Die Gefahr einer getrennten Erhebung, die eine unnötige Kostenbelastung mit sich bringt, oder die Nichtnutzung von vorhandenen Daten ist dann erheblich, wenn Controlling und Nachhaltigkeitsberichterstattung zwei voneinander isolierte Funktionen darstellen. Um die zahlreichen Synergien zwischen beiden Funktionen zu nutzen, ist also auch das Überwinden organisatorischer Barrieren notwendig. Dem Rechnung tragend, müssen Strukturen und Prozesse geschaffen werden, die eine reibungslose Zusammenarbeit ermöglichen, wobei bestimmt werden muss, wer für die Bereitstellung welcher Daten verantwortlich ist. Darauf aufbauend, müssen Informationssystemen eingerichtet werden, die beiden Funktionen einen Zugriff auf die relevanten Daten ermöglichen.

Die Messung selbst (Auditing) und die interne Bereitstellung ist jedoch nur ein Aspekt des Berichtsprozesses, in dessen Verlauf weitere Kosten durch die Erstellung des physischen Berichts, der in erster Linie an externe Adressaten gerichtet ist, entstehen. Soll dieser grafisch ansprechend sein und nicht nur ein Zahlenwerk umfassen, wie es beim Controlling in erster Linie der Fall ist, sondern auch unterhaltsam einen Inhalt vermitteln (Storytelling), wird die redaktionelle Arbeit erhebliche Zeit in Anspruch nehmen. Hinzu kommen Druck- und Versandkosten und/oder die Programmierung der Homepage, je nachdem welche Medien in Anspruch genommen werden. Kommt es zudem noch zu einer Testierung des Berichts durch eine Prüfungsgesellschaft, sind weitere finanzielle Aufwendungen nötig.

Diesen Herausforderungen stehen jedoch erhebliche Vorteile für Unternehmen gegenüber, die sehr wohl einen „Business Case" für Nachhaltigkeitsberichterstattung bilden, auch wenn dieser nicht immer unmittelbar monetär zu quantifizieren ist.

3.2 Chancen

Zunächst einmal lässt sich argumentieren, dass Nachhaltigkeitsberichterstattung in erster Linie gar nicht so sehr eine Chance, sondern vielmehr eine bloße Notwendigkeit für ein Unternehmen darstellt, um die sogenannte License to Operate zu erhalten. Dabei handelt es sich nicht um eine Lizenz im juristischen Sinne, sondern um eine gesellschaftliche Erlaubnis – also die Akzeptanz der Stakeholder. Verliert ein Unternehmen diese Akzeptanz unter Kunden, Lieferanten, Mitarbeitern und anderen Anspruchsgruppen, so verliert es auch seine Existenzberichtigung (Schaltegger und Burritt 2010). Wer seine Kunden und Mitarbeiter verliert, der verschwindet auch vom Markt. Zudem erwarten die einzelnen Stakeholdergruppen immer öfter, dass Unternehmen einen Einblick in ihr Handeln geben (Transparenz). Dadurch wird es den Stakeholdern möglich, die jeweiligen Auswirkungen unternehmerischen Handelns besser bestimmen und gegebenenfalls auch Unternehmen dafür verantwortlich machen zu können (Accountability).

Wie oben argumentiert wurde, wird der Nachhaltigkeitsberichterstattung in Deutschland zwar noch immer häufig mit Vorbehalten begegnet, dennoch kann gesagt werden, dass ein Verzicht darauf (Non-Reporting) weit negativer gesehen wird als die Veröffentlichung eines Berichts. Denn dann entsteht leicht der Eindruck, das Unternehmen habe etwas zu verschleiern oder ignoriere die ökologischen und sozialen Auswirkungen seines Handelns und damit auch die davon betroffenen Stakeholder.

Diesem Argument wird häufig entgegnet, dass NGOs, Journalisten und Investoren, die Einzigen seien, die Nachhaltigkeitsberichte lesen würden, und in der Tat wissen wir wenig darüber, wer die Berichte tatsächlich liest (Spence 2009). Folgt man diesem Einwand, so schlägt z. B. ein Konsument nicht erst einen Nachhaltigkeitsbericht auf, bevor er eine Kaufentscheidung trifft, und ein Lieferant studiert diesen nicht, bevor er eine

Geschäftsbeziehung eingeht. Geht man weiterhin von der Richtigkeit dieser Annahme aus, so muss jedoch noch immer berücksichtigt werden, dass alleine die Aufmerksamkeit von Medien und NGOs aufgrund des Einflusses auf das öffentliche Meinungsbild, über den diese Stakeholder verfügen, von großer Bedeutung sein kann. Denn ein unzureichendes Reporting kann in den Medien sehr reputationsschädlich sein, während eine überzeugende und umfassende Berichterstattung über ein positives „Medienecho" reputationsfördernd wirken kann. Dass Medien und NGOs dem Thema durchaus Aufmerksamkeit widmen, zeigt die Vielzahl an Preisen, Auszeichnungen und Rankings, die zwischenzeitlich vergeben bzw. erstellt werden. Genannt seien an dieser Stelle lediglich das Ranking des Instituts für ökologische Wirtschaftsforschung und der Deutsche Nachhaltigkeitspreis.

An diesen Ausführungen wird deutlich, dass erhebliche Chancen der Nachhaltigkeitsberichterstattung in der Imagepflege und -verbesserung und den damit erzielbaren Differenzierungsvorteilen am Markt liegen. Über die positive Außenwirkung können neue Kunden angesprochen, gewonnen und gebunden werden. Dies gilt auch für Arbeitskräfte. Wie Studien zeigen (Blumberg 2007), bevorzugen Arbeitskräfte bei der Stellensuche Unternehmen, die sozial und ökologisch engagiert sind. Der Nachhaltigkeitsbericht ist das primäre Medium, um dies zu dokumentieren. Gleichsam erhöht gelebte gesellschaftliche Verantwortung die Identifikation der Mitarbeiter mit dem Unternehmen (Rodrigo und Arenas 2008).

Schließlich gestattet die Nachhaltigkeitsberichterstattung einem Unternehmen einen Einblick in Prozesse, Produkte und Auswirkungen der eigenen Tätigkeit, wo sich die unmittelbare Schnittstelle zum Controlling ergibt. Die Nachhaltigkeitsberichterstattung dient eben nicht nur der Information von unternehmensexternen Akteuren, sondern auch der internen Informationsgewinnung. Auf diese Weise können zum einen potenzielle Risiken für den Geschäftsbetrieb identifiziert werden, etwa die für die Lieferkette gefährliche Abhängigkeit von fossilen Rohstoffen oder von Produkten aus politisch instabilen Ländern. Man kann bei der Nachhaltigkeitsberichterstattung also durchaus von einer Form des „Risiko-Controllings" sprechen. Es bietet die Basis dafür, nach Alternativen zu suchen, die mit weniger Risiken behaftet sind, indem sie umweltfreundlicher sind oder ihr Bezug langfristig garantiert werden kann. Zum anderen liegt eine große Chance der Nachhaltigkeitsberichterstattung in der Effizienzsteigerung, die ebenfalls ein Kernziel des Controllings darstellt. Umfassendes Reporting zwingt Unternehmen dazu, z. B. ihre Abfallproduktion, die Frischwasserentnahme, Recyclingquoten oder Emissionen zu messen. Das Bestreben danach, in diesen Bereichen eine Verbesserung zu erzielen, kann zu einem effizienteren Materialeinsatz und effizienteren Produktionsverfahren führen. Auf diese Weise wird Innovation generiert, die kostensenkend wirkt (Aras und Cowther 2009). Eine solche Effizienzsteigerung ist nicht nur im Interesse des Unternehmens, sondern auch im Interesse der Gesellschaft, da natürliche Ressourcen geschont werden.

Um den Herausforderungen der Nachhaltigkeitsberichterstattung zu begegnen und die mit ihr verbundenen Vorteile nutzen zu können, sollten einige Gesichtspunkte berücksichtigt werden, die im Folgenden diskutiert werden.

4 Empfehlungen

Zunächst einmal müssen Unternehmen etwaige Vorbehalte gegen die Nachhaltigkeitsberichterstattung überwinden. Dies gilt, wie oben diskutiert, besonders im deutschen Kontext, in dem Manager fürchten, dass eine Berichterstattung lediglich als Public-Relations-Maßnahme oder gar als „Greenwashing", d. h. als Versuch, sich durch die Darstellung ökologischen Engagements von anderen „Sünden" reinzuwaschen, wahrgenommen wird. Jedoch wird von Unternehmen immer häufiger ein angemessenes Reporting erwartet, weshalb dieser Anforderung über etwaige Bedenken hinweg auch begegnet werden muss. Vorbehalten der Mitarbeiter gegenüber der Nachhaltigkeitsberichterstattung, die zumeist auf einer erwarteten Mehrbelastung gründen, kann durch einen Verweis auf das Controlling-System begegnet werden, wenn dieses bereits im Unternehmen implementiert und akzeptiert ist.

Die Sorge wiederum, mit dem Reporting seien erhebliche Kosten verbunden, ist nicht unbegründet. Allerdings sollte Reporting nicht nur als finanzielle Belastung, sondern auch als Chance gesehen werden. Hierbei ist entscheidend, dass Reporting als kontinuierlicher Lernprozess verstanden wird. Von keinem Unternehmen kann erwartet werden, dass es von Anfang an einen umfassenden Bericht vorlegt. Entscheidend ist eine fortwährende Verbesserung im Hinblick auf die Quantität und Qualität der zur Verfügung gestellten Information. So kann ein Unternehmen z. B. damit beginnen, einige wenige Indikatoren zu messen und zu veröffentlichen, und deren Zahl dann Schritt für Schritt vergrößern.

Noch effizienter und einfacher gestaltet sich die Nachhaltigkeitsberichterstattung dann, wenn durch das bereits existierende Controlling ohnehin schon relevante Größen, etwa bezogene Rohstoffmengen, eingesetzte Energiemengen oder produzierte Abfallmengen, erhoben werden. Es empfiehlt sich also bei der Einführung von Nachhaltigkeitsberichterstattung dringend, eine „Bestandsaufnahme" darüber zu machen, was vom Controlling ohnehin schon erfasst und somit dargestellt werden kann. In jedem Fall ist zu gewährleisten, dass vorhandene Daten sowohl dem Controlling als auch dem Nachhaltigkeitsmanagement zur Verfügung stehen und nicht doppelt erhoben werden. Somit müssen vorab Zuständigkeiten und Informationsströme definiert werden.

Zu berücksichtigen ist dabei die Möglichkeit, dass es für die Nachhaltigkeitsberichterstattung durchaus notwendig sein kann, Daten zu erheben, deren Offenlegung von Stakeholdern eingefordert wird, die aber vom Controlling nicht unbedingt als relevant erachtet werden. Dies ist ein Grund dafür, warum eine unter Umständen nahe liegende Integration der Nachhaltigkeitsberichterstattung in das Controlling nicht zu empfehlen ist. Gewichtiger ist jedoch das Argument, dass die Nachhaltigkeitsberichterstattung eine umfangreiche Kommunikation mit externen Stakeholdern umfasst und beabsichtigt, was dem Controlling nicht zu Eigen ist. Zudem ist gute Nachhaltigkeitsberichterstattung auch durch ein verbal erläuterndes, unterhaltsames Element gekennzeichnet. Sie erfordert somit redaktionelles und gestalterisches Geschick, das weit über die entsprechenden Anforderungen an das Controlling hinausgeht.

Dieses „unterhalterische" Element führt häufig dazu, dass karitative Aktionen und Charity-Events besonders plastisch in Nachhaltigkeitsberichten dargestellt werden und im Fokus stehen. Die Erläuterung der Verantwortlichkeit und Nachhaltigkeit im Kerngeschäft leidet dann darunter, obwohl sie den Schwerpunkt der Berichterstattung einnehmen sollte. Dies bedeutet nicht, dass kein karitatives Engagement aufgezeigt werden kann, aber es darf in der Darstellung gegenüber dem Kerngeschäft nicht überwiegen. Berichte, die primär aus der Darstellung einiger „Charity-Events" bestehen und entsprechend mit „fröhlichen" Bildern aufbereitet sind, laufen Gefahr, lediglich als oberflächliche PR-Publikation wahrgenommen zu werden und damit dem Vorwurf, Nachhaltigkeitsberichterstattung sei reine Selbstdarstellung, Vorschub leisten.

Hier zeigt sich, dass quantitative Information zumindest langfristig unerlässlich für überzeugendes Reporting ist (Perrini und Tencati 2006). Denn wie eine finanzielle ist auch eine stichhaltige soziale und ökologische Leistungsbeurteilung nur zahlenbasiert möglich. Die Auswahl der zu messenden Indikatoren sollte sich, wie oben diskutiert, am Kerngeschäft des Unternehmens orientieren, das auch maßgeblich durch die Branche geprägt wird. So wird für ein Unternehmen in der Chemiebranche oder in der Schwerindustrie die ökologische Dimension des eigenen Handels relevanter sein als für eine Bank oder eine Versicherung. Das soll nicht heißen, dass letztere ökologische Aspekte gänzlich vernachlässigen können oder sollen, allerdings werden für sie – besonders zu Anfang der Nachhaltigkeitsberichterstattung – Fragen der Datensicherheit oder des verantwortungsvollen Umgangs mit Geldvermögen relevanter sein.

Anders als im Controlling sind bei der Bestimmung der im Nachhaltigkeitsbericht zu vermittelnden Inhalte die Wünsche externer Stakeholder in hohem Maße zu berücksichtigen. Eine Orientierungshilfe für die Identifikation der Informationswünsche der Stakeholder bietet ein Stakeholder-Dialog. Denn im Austausch mit den Stakeholdern – sei es in persönlichen Gesprächen oder durch eine Umfrage – kann identifiziert werden, welche Informationen für die einzelnen Anspruchsgruppen relevant und interessant sind (Azzone et al. 1997). Zum anderen ist eine vollständige oder teilweise Anwendung von Reporting-Standards hilfreich, da sie bestimmte Indikatoren vorgeben. Durch den Einsatz eines solchen Standards zeigt ein Unternehmen auch, dass es die zur Verfügung gestellten Informationen nicht willkürlich ausgewählt hat und bereit ist, sich mit anderen Unternehmen, die den gleichen Standard verwenden, messen zu lassen. Eine auf umfassenden Standards, wie etwa der GRI, basierende Berichterstattung ist jedoch in erster Linie für Großunternehmen ratsam, da kleine und mittlere Betriebe häufig mit den weitreichenden Anforderungen überfordert sind. Hier gibt es jedoch mit anderen Standards wie dem Deutschen Nachhaltigkeitskodex weniger umfassende Alternativen.

Hieran wird ersichtlich, dass gelungene Nachhaltigkeitsberichterstattung Hand in Hand mit der Nachhaltigkeitsstrategie des Unternehmens gehen sollte. Ist diese fehlerhaft oder gar nicht vorhanden, so wird es schwer sein, überzeugende Berichterstattung zu leisten. Das heißt nicht, dass ein Unternehmen erst mit dem Reporting beginnen sollte, nachdem eine Nachhaltigkeitsstrategie erfolgreich implementiert wurde, aber das Reporting sollte stets im Gleichschritt mit der Umsetzung von Nachhaltigkeit im Unternehmen gehen.

Lediglich über Dinge zu berichten, die das Unternehmen in ungewisser Zukunft anstrebt, wirkt erneut nur wenig überzeugend.

Das bedeutet wiederum nicht, dass keine Visionen oder Ziele artikuliert werden können – im Gegenteil. Das Nennen von Zielen erhöht die Qualität des Reportings erheblich, weil dadurch signalisiert wird, was das Unternehmen erreichen möchte. Jedoch müssen diese Ziele konkretisiert werden, um einen Wert für Unternehmen und Stakeholder gleichsam zu haben. So könnte ein Unternehmen beispielsweise angeben, dass es anstrebt, seine Emissionen bis 2020 um die Hälfte zu reduzieren.

In diesem Kontext ist entscheidend, auch über Ziele zu berichten, die nicht oder noch nicht erreicht wurden. Wie oben diskutiert, neigen Unternehmen sehr häufig dazu, nur positive Aspekte zu berichten, was jedoch die Glaubwürdigkeit reduziert. Wird dem Leser hingegen erläutert, welche Vorgaben man erreichen konnte und welche nicht, so erhält der Bericht die notwendige Überzeugungskraft. Dass dabei nur wahrheitsgemäß berichtet wird, erscheint nahezu selbstverständlich. Die Folgen eines Skandals, der entsteht, weil gefälschte oder geschönte Information in einem Nachhaltigkeitsbericht identifiziert wurde, sind in jedem Fall gravierend. Erinnert sei an dieser Stelle daran, dass diese Gefahr aufgrund der akribischen Arbeit von Journalisten und vor allem NGOs nicht unerheblich ist.

Aus diesem Grund empfiehlt sich auch die Testierung des Berichts durch unabhängige Dritte, weil nur sie den Stakeholdern signalisieren können, dass die zur Verfügung gestellte Informationen auch auf ihre Richtigkeit hin überprüft wurden. Anzufügen ist hier erneut, dass eine solche Testierung mit Kosten verbunden ist und von kleinen und mittleren Betrieben oft kaum geleistet werden kann, von ihnen aber auch nicht unbedingt erwartet wird. Bei Großunternehmen hingegen ist dies viel stärker der Fall, da man bei Ihnen die notwendigen Finanzmittel voraussetzt und sie viel stärker in der medialen Aufmerksamkeit stehen.

5 Fazit

Wie aus den Ausführungen ersichtlich wird, sind mit der Nachhaltigkeitsberichterstattung zahlreiche Herausforderungen, aber ebenso viele Chancen verbunden. Die größte Herausforderung liegt für Unternehmen in den Kosten, die mit der Einführung eines entsprechenden Berichtswesens verbunden sind. Gerade hier besteht jedoch erhebliches Potenzial für ein synergetisches Zusammenwirken mit dem Controlling, wenn dort für die Nachhaltigkeitsberichterstattung relevante Daten ohnehin schon erhoben und dokumentiert werden.

Umgekehrt können die Erhebung und Aufbereitung neuer Daten, die für die Nachhaltigkeitsberichterstattung relevant sind, auch das Controlling bereichern. Denn durch das entstehende umfassendere Datenspektrum wird zusätzliche Information zu bisher unberücksichtigten Bereichen generiert und zur Verfügung gestellt. Dies erlaubt den Entscheidungsträgern eine bessere Planung, Kontrolle und Beurteilung unternehmerischer Abläufe. Auch kann durch die Auseinandersetzung mit vorher vernachlässigten Themenfeldern, die erst im Zuge der Nachhaltigkeitsberichterstattung Berücksichtigung finden, eine „Sensibilisierung" für kritische Bereiche geschaffen werden. Häufig entstehen gerade aus diesen Themen im Kontext einer globalen, vernetzten und medial geprägten Welt erhebliche Gefahren für Unternehmen, besonders für deren Image und Reputation. Umweltschäden, die aus mangelnden Sicherheitsvorkehrungen resultieren, oder der Einsatz von Kinderarbeit in der eigenen Lieferkette können hier beispielhaft genannt werden. Da besonders die Verwendung umfassender Reporting-Standards, wie etwa der GRI, eine Berücksichtigung solcher Aspekte erfordert, kann die Nachhaltigkeitsberichterstattung auch zu einem verbesserten Risiko-Management beitragen. Hieraus entstehen abermals Synergien mit dem Controlling.

Insgesamt besteht somit erhebliches Potenzial für wertschaffende Synergien zwischen Controlling und Nachhaltigkeitsberichterstattung, das noch zu selten von Unternehmen genutzt wird. Maßgeblich dafür ist auch die Verortung beider Funktionen in unterschiedlichen Bereichen des Unternehmens. Während das Controlling zumeist als eigenständige Abteilung existiert, die unterhalb der obersten Führungsebene angesiedelt ist, ist die Nachhaltigkeitsberichterstattung häufig dem Marketing oder der Öffentlichkeitsarbeit zugeordnet. Dies spiegelt die oben erwähnte, verkürzte Auffassung wieder, die Nachhaltigkeitsberichterstattung diene ausschließlich der externen Kommunikation, obwohl sie auch für interne Adressaten von großer Wichtigkeit als Informationsgrundlage ist. Dennoch sind externe Stakeholder in ihrer Bedeutung für den Inhalt und somit die zu erfassenden Daten sowie für die Gestaltung der Berichte nicht zu unterschätzen. Dieser fundamentale Unterschied spricht gegen eine Integration der Nachhaltigkeitsberichterstattung in das Controlling. Vielmehr sollte eine organisationale und prozessuale Koordination zwischen beiden Funktionen gewährleistet werden, besonders durch Informationssysteme, um so das symbiotische Potenzial von Nachhaltigkeitsberichterstattung und Controlling zu nutzen.

Literatur

Abbott, W. F., & Monsen, R. J. (1979). On the measurement of corporate social responsibility: Self-reported disclosures as a measurement of corporate social involvement. *Academy of Management Journal, 22*(3), 501–515.

Aras, G., & Cowther, D. (2009). Corporate sustainability reporting: A study in disingenuity? *Journal of Business Ethics, 87,* 279–288.

Azzone, G., Brophy, M., Noci, G., Welford, R., & Young, W. (1997). A Stakeholder's view of environmental reporting. *Long Range Planning, 30*(5), 699–709.

Backhaus-Maul, H. (2008). USA. In A. Habisch, R. Schmidpeter, & M. Neureiter (Hrsg.), *Handbuch Corporate Citizenship – Corporate Social Responsibility für Manager* (S. 485–492). Berlin: Springer.

Blankenagel, L. (2007). *CSR-Berichte als Kommunikationsinstrument der DAX-Unternehmen.* Saarbrücken: VDM Verlag Dr. Müller.

Blumberg, M. (2007). Zwischen Philantropie und Strategie – Corporate Volunteering als Instrument der Organisationsentwicklung in Deutschland, brands & values, Vortrag vom 19.07.2007. www.brandsandvalues.com/?s=file_download&id=53. Zugegriffen: 23. Mai 2011.

Dando, N., & Swift, T. (2003). Transparency and assurance: Minding the credibility gap. *Journal of Business Ethics, 44*(2/3), 195–200.

Dubielzig, F. (2014). Berücksichtigung sozialer Themen durch ein sozialorientiertes Controlling. http://www.controllingportal.de/Fachinfo/Konzepte/Beruecksichtigung-sozialer-Themen-durch-ein-sozialorientiertes-Controlling.html. Zugegriffen: 18. Feb. 2015.

Elkington J. (1997). *Cannibals with Forks: The Triple Bottom Line of 21st Century Business.* Capstone: Oxford.

Fifka, M. (2015). Zustand und Perspektiven der Nachhaltigkeitsberichterstattung. In A. Schneider & R. Schmidpeter (Hrsg.), *Corporate Social Responsibility: Verantwortungsvolle Unternehmensführung in Theorie und Praxis.* Heidelberg: Springer. (im Erscheinen).

Fifka, M. S. (2011a). *Corporate Citizenship in Deutschland und den USA – Gemeinsamkeiten und Unterschiede im gesellschaftlichen Engagement von Unternehmen und das Potenzial für einen transatlantischen Transfer.* Wiesbaden: Gabler.

Fifka, M. S. (2011b). Sustainability, Corporate Social Responsibility und Corporate Citizenship – ein Abgrenzungsversuch im Begriffswirrwarr. In E. Haunhorst & C. Willers (Hrsg.), *Nachhaltiges Management – Sustainability, Supply Chain, Stakeholder* (S. 29–49). Bonn: IFNM.

Fifka, M. S. (2012a). Brent Spar Revisited – The impact of conflict and cooperation among stakeholders. In P. Kotler, A. Lindgreen, F. Maon, & J. Vanhamme (Hrsg.), *A stakeholder approach to corporate social responsibility: Pressures, conflicts, reconciliation* (S. 57–72). Farnham: Gower.

Fifka, M. S. (2012b). The development and state of research on social and environmental reporting in global comparison. *Journal für Betriebswirtschaft, 62*(1), 45–84.

Fifka, M. S. (2013a). Corporate responsibility reporting and its determinants in comparative perspective – A review of the empirical literature and a meta-analysis. *Business Strategy and the Environment, 22*(1), 1–35.

Fifka, M. S. (2013b). CSR-Kommunikation und Nachhaltigkeitsreporting. In P. Heinrich (Hrsg.), *CSR-Kommunikation* (S. 119–131). Berlin: Springer-Gabler.

Fifka, M. S. (2014). Einführung – Nachhaltigkeitsberichterstattung: Eingrenzung eines heterogenes Phänomen. In M. S. Fifka (Hrsg.), *CSR und reporting* (S. 1–18). Heidelberg: Springer.

Gleich, R., & Seidenschwarz, W. (1997). *Die Kunst des Controlling.* München: Vahlen.

GRI (Global Reporting Initiative). (Hrsg.). (2013). *Sustainability reporting guidelines, Version G4*, 2013.

Günther, E. (1994). *Ökologieorientiertes Controlling.* München: Vahlen.

Günther, E. (1999). Zweckorientierte Bestimmung der Ökologiekosten. *UmweltWirtschaftsForum, 7*(4), 4–10.

Horváth, P. (2011). *Controlling.* München: Vahlen.

ISO (2010). ISO 26000—Leitfaden zur gesellschaftlichen Verantwortung. Beuth Verlag.

Jung, H. (2007). *Controlling.* München: Oldenbourg.

KPMG. (2013). International survey of corporate responsibility reporting 2013. Amsterdam.

Lee, T. M., & Hutchinson, P. D. (2004). The decision to disclose environmental information: A research review and agenda. *Advances in Accounting, 21,* 83–11.

Mehrmann, E. (2004). *Controlling in der Praxis – Wie kleine und mittlere Unternehmen ein effektives Berichtswesen aufbauen.* Wiesbaden: Gabler.

Perrini, F., & Tencati, A. (2006). Sustainability and stakeholder management: The need for new corporate performance evaluation and reporting systems. *Business Strategy and the Environment, 15*(5), 296–308.

Preißner, L. (2010). *Praxiswissen Controlling: Grundlagen – Werkzeuge – Anwendungen.* München: Hanser Verlag.

Rodrigo, P., & Arenas, D. (2008). Do employees care about CSR programs? A typology of employees according to their attitudes. *Journal of Business Ethics, 83,* 265–283.

Schaltegger, S., & Burritt, R. (2010). Sustainability accounting for companies. Catchphrase or decision support for business leaders? *Journal of World Business, 45*(4), 375–384.

Schuster, P. (1998). *Implementierung von Controlling im Unternehmen.* Heidelberg: Springer.

Spence, C. (2009). Social and environmental reporting and the corporate ego. *Business Strategy and the Environment, 18*(4), 254–265.

Ulrich, P. (2008). Corporate Citizenship oder: Das politische Moment guter Unternehmensführung in der Bürgergesellschaft. In H. Backhaus-Maul, C. Biederman, S. Nährlich, & J. Polterauer (Hrsg.), *Corporate Citizenship in Deutschland – Bilanz und Perspektiven* (S. 94–100). Wiesbaden: VS Verlag für Sozialwissenschaften.

Yongvanich, K., & Guthrie, J. (2006). An extended performance reporting framework for social and environmental accounting. *Business Strategy and the Environment, 15,* 309–321.

Prof. Dr. Matthias S. Fifka ist Professor für Betriebswirtschaftslehre, insb. Unternehmensethik, an der FAU Erlangen-Nürnberg. Zudem ist er Visiting Professor in den USA, China, den Niederlanden und Frankreich. In Forschung und Lehre beschäftigt er sich mit strategischem Management – insbesondere der strategischen Implementierung von Sustainability und Corporate Social Responsibility –, CSR-Reporting, Unternehmensethik sowie Corporate Governance.

Stellschrauben für CSR – soziale Wirkungen numerisch messbar machen

James Bruton

1 Einleitung

Auf einer CSR-Controlling-Veranstaltung für Finanzchefs und Controller musste ich mich einmal mit dem Einwand eines Teilnehmers auseinandersetzen, der offenbar den anderen Teilnehmern aus dem Herzen sprach: „Was hat CSR mit mir als Controller zu tun? CSR ist eine ganz andere Aufgabe, das sollen andere machen! Außerdem was soll ich noch alles erledigen? Man erwartet immer mehr von uns!" Dieser Einwand ist durchaus nachvollziehbar. Er zeigt jedoch auch, dass Controlling nur dann eine Stütze für CSR sein kann, wenn CSR als Chance und CSR-Controlling als logischer Weg zur Chancenrealisierung verstanden werden.

Controller suchen nun einmal gerne nach Stellschrauben: Wie kann man an X drehen, damit Y passiert? Das setzt wiederum voraus, dass Kausalitäten hinreichend bekannt sind. Wenn Ursache-Wirkungsbeziehungen nicht richtig begriffen werden, passiert oft das, was man gerade eben vermeiden möchte. Man tut etwas und es passiert nichts oder etwas ganz Anderes, als man beabsichtigt hatte. Der klassische Controller muss nun zunächst die Stellschrauben im eigenen Denken anders justieren. Will heißen, es ist vorteilhafter CSR als positives Potenzial zu begreifen und nicht als negatives Konsequenzenszenario zu denken. Im Konsequenzenmodus steht die Reaktion auf die Gefahren, die von unverantwortlichem Handeln ausgehen können, im Vordergrund. Anders im Potenzialmodus: Hier ist der Controller nicht abwehrgetrieben, sondern setzt seine ganze innovative Kraft in die Suche nach Wettbewerbsvorteilen durch CSR. Dadurch wird unternehmerischer Wert generiert.

J. Bruton (✉)
Universität Flensburg, Flensburg, Deutschland
E-Mail: james.bruton@online.de

Die Aufgabe dieses Beitrags besteht demnach *nicht* darin, die in der Literatur hinreichend diskutierten Wettbewerbsvorteile durch eine vernünftige CSR-Strategie (Porter und Kramer 2006; Bruton 2011) sowie standardisierte monetäre und nichtmonetäre Key Performance Indicators bzw. KPIs (EFFAS 2010) darzustellen. Erst recht geht es nicht um die heute weit verbreitetet Diskussion der Nachhaltigkeitsberichterstattung bis hin zum „Integrated Reporting", der Bemühung um eine Finanz- und Nachhaltigkeitsberichterstattung gleichsam aus einem Guss (IIRC 2013). Vielmehr will ich einen deutlichen Schritt weiter zurückgehen und die Idee von Controlling gestützte CSR auf der Basis eines Modells des Organisationslernens (OL) in Verbindung mit dem sozialen Lernen (SL) entwickeln und von dieser Basis ausgehend, eine Sequenz von CSR-Controlling-Aufgaben ableiten, die innovativ, herausfordernd und vielversprechend erscheinen. In einer abschließenden Fallstudie nehme ich Bezug auf die Bekleidungsindustrie, weil CSR-Potenziale in dieser Branche leicht nachvollziehbar sind.

2 Organisationslernen und soziales Lernen

Durch die fünfte Disziplin von Peter M. Senge erfuhr die Idee der lernenden Organisation eine breitere Öffentlichkeit in Deutschland (Senge 1996). Bei der fünften „Disziplin" geht es um Integration der anderen Disziplinen (Selbstführung und Persönlichkeitsentwicklung, mentale Modelle, die gemeinsame Vision und das Team-Lernen) zur ganzheitlichen systemischen Denkweise, also um die Entwicklung der kollektiven Fähigkeit, Organisationmitglieder erkennen zu können, dass das Unternehmen nicht von der Welt getrennt existiert, sondern mit ihr verbunden ist. Das ist auch ein zentraler Gedanke der einbettungsorientierten Sicht (Embedded View), wobei das Verhältnis von Ökonomie, Gesellschaft und Umwelt als konzentrische Verschachtelung, mit der Ökonomie in der Gesellschaft und diese wiederum in der Umwelt eingebettet, dargestellt wird (Marcus et al. 2010). Dabei weist die Ökonomie im Zentrum die größte Abhängigkeit auf. Alles, was die Ökonomie der Gesellschaft oder der Umwelt an Schaden zufügt, rüttelt an ihren eigenen Grundfesten.

Aus der Perspektive der Organisation als Kultur, in der die Organisationmitglieder bestimmte Werte, Überzeugungen und Gefühle teilen und diese durch Artefakte (Symbole, Sprache und Rituale) ausdrücken, bedeutet OL das Lernen der Organisation in ihrer Gesamtheit und nicht das gesammelte Lernen der Organisationsmitglieder, d. h. OL kann nur durch die Gruppe als solche und nicht durch einzelne Menschen vollzogen werden (Cook und Yanow 1993). Das bedeutet, dass das von der Organisation Gelernte andersartig ist, als die Summe der Lernerfahrungen der einzelnen Organisationsmitglieder. OL geschieht also dann, wenn eine Organisation das für ihre spezifische Aufgabe notwendige Wissen erlangt und das Wissen im Besitz der Organisation und nicht einzelner Menschen befindet (a. a. O.). Dieses Wissen umfasst Fakten („Know-what"), Prinzipien („Know-why"), Fähigkeiten („Know-how") und interpersonelle Beziehungen („Know-who") (Lundvall und Johnson 1994; Lundvall 1996). Diese unterschiedlichen Arten von Lernen betreffen drei verschiedene Bereiche: technologische Kompetenzen und Fähigkeiten, organisationale Fähigkeiten sowie systembedingte Fähigkeiten im Sinne interaktiver Verbindungen (Smith 2000).

Soziales Lernen weist Parallelen mit OL auf, unterscheidet sich jedoch vom Letzteren dadurch, dass die Lernbedingungen und Lernwege in einer größeren Gemeinschaft anders zu beurteilen sind als in einer enger verbundenen Organisation. Unter SL versteht man allgemein einen Prozess gesellschaftlicher Veränderung, bei dem Menschen zum Nutzen des sozio-ökologischen Systems voneinander lernen. Demnach findet SL statt, wenn das Verständnis der Mitglieder einer sozialen Gemeinschaft untereinander verändert, der Lernerfolg über den Einzelnen hinausgeht und durch soziale Interaktion in der Gemeinschaft verankert wird (Reed et al. 2010). Dabei erfolgt das Lernen im Rahmen des Austausches in sozialen Netzwerken. Mit Hilfe der neuen medialen Anwendungen kann dieser Austausch sehr viel rascher erfolgen als in früheren Zeiten. Soziales Lernen besteht also aus den Prozessen, derer sich Gemeinschaften, Stakeholdergruppen oder Gesellschaften bedienen, um Innovationen im Sinne der Anpassung an Veränderungen der Bedingungen in der Gesellschaft und in der Umwelt voranzutreiben (Bawden et al. 2009). Diese Lernprozesse werden durch acht Merkmale unterstützt: offene Kommunikation, diversitäre Partizipation, schrankenloses Denken, konstruktiven Konflikt, demokratische Struktur, Einbeziehung mannigfaltiger Wissensquellen, erweitertes Engagement sowie Prozessmoderation (Schussler et al. 2003).

3 Das OL-SL-Modell

Im Zusammenhang mit der Verantwortung für Gesellschaft und Umwelt stellte Zadek (2004) das OL als eine Abfolge von fünf diskreten Entwicklungsstufen dar. Auf der niedrigsten Stufe (defensive) wird nach dem Motto „Das ist nicht unsere Angelegenheit" Verantwortung abgelehnt, als Reaktion auf Angriffe von außen auf die Reputation, wobei kurzfristige Umsatzeinbußen, ein Nachlassen der Attraktivität als Arbeitgeber, eine Schwächung der Produktivität oder eine Herabsetzung des Markenwertes gefürchtet werden. Die zweite Stufe bezeichnet Zadek als die Stufe der Compliance. Hier gilt das Motto „Wir tun gerade so viel, wie wir müssen". Compliance wird dabei als notwendiger Aufwand, um die Reputation zu schützen und Prozessrisiken zu vermeiden, angesehen. Auf der dritten Stufe (managerial) wird gesellschaftlichen Themen mehr Aufmerksamkeit vom Management im Tagesgeschäft geschenkt, jedoch handelt es sich um eine eher opportunistische, sporadische Beschäftigung ohne durchgängiges Konzept. Auf der vierten Stufe (strategic) wird versucht, CSR durchgängig in die Unternehmensstrategie einzubetten. Es handelt sich dabei um einen instrumentellen Ansatz zur Erzielung von Wettbewerbsvorteilen. Ein Unternehmen auf der höchsten Stufe (civil) ist bestrebt, andere Unternehmen der Branche für CSR zu gewinnen, um ihre Nachteile als First-Mover herabzusetzen. Hier lautet das Motto „Wir müssen zusehen, dass alle das Gleiche machen".

Zadek beschreibt diese Art des SL als Entwicklungsgrade von gesellschaftlichen Themenstellungen. Themen und Probleme tauchen auf und werden im gesellschaftlichen Diskurs behandelt. Dadurch entstehen erste Lösungsansätze, die in der Folge immer konkreter werden, bis schließlich die Lösung, die mehrheitlich als beste Lösung gilt, gesetzlich verankert wird. Zadek unterscheidet hier vier Entwicklungsstufen. Die unterste Stufe bezeichnet er als latent. Das Problem ist Aktivisten und NGOs bekannt, die wissenschaftliche Basis ist noch ungesichert und das Thema wird von der Wirtschaft entweder ignoriert oder abgelehnt. Auf der nächsten Stufe (emerging) wird ein Problem von der Politik und den Medien thematisiert, die wissenschaftlichen Daten sind noch nicht eindeutig und die tonangebenden Unternehmen experimentieren bereits mit ersten Lösungsansätzen. Auf der dritten Stufe (consolidating) gibt es mehrere Lösungsansätze für das betreffende Problem. Außerdem gibt es freiwillige Initiativen und kollektive Maßnahmen, Rechtsstreitigkeiten und das allgemeine Empfinden, dass eine gesetzliche Lösung herbeigeführt werden muss. Schließlich auf der vierten Stufe (institutionalized) werden gesetzliche oder Verbandsnormen etabliert. Bei überragender Unternehmensführung gehören die entsprechenden Praktiken zum üblichen Standard.

Zadek kombiniert nun das OL mit dem SL zu einer Matrix, aus dem das CSR-Potenzial abgelesen werden kann. Bevor wir uns damit im Detail beschäftigen, erscheint es sinnvoll, sein OL-Stufenmodell erneut zu betrachten. Um die Arbeit mit den Stufen zu erleichtern möchte ich diese auf drei reduzieren, die klarer voneinander getrennt werden können und durch die Forschung abgesichert sind. Demnach unterscheide ich im Folgenden die drei Stufen: Compliance, Total Responsibility Management und Corporate Citizenship.

- **Compliance**. Compliance bedeutet regelkonformes Verhalten. Es geht zunächst darum, dass ein Unternehmen internationale Vereinbarungen, nationale Gesetze und Branchenstandards einhält. In der Praxis wird Compliance heute jedoch in einem größeren Gesamtbild eingebettet: Es geht nicht ausschließlich um die Erfüllung gesetzlicher Vorschriften, sondern auch um unternehmerisches Verhalten im Kontext einer wert- und werteorientierten Unternehmensführung (Reiß und Reker 2011). Die ersten drei Stufen von Zadek werden unter Compliance subsumiert. Es geht also um defensives und konformistisches Verhalten und um punktuell verankerte CSR. Je nach Themenstellung sind die Grenzen zwischen diesen Bereichen sehr fließend.
- **Total Responsibility Management** (TRM). TRM ist gedanklich an TQM angelehnt und bedeutet einen großen Sprung gegenüber Compliance. TRM bedeutet einen systemischen Ansatz, um die Verantwortungsziele eines Unternehmens festzulegen und zu steuern (Leigh und Waddock 2006). Diesen Autoren zufolge beinhaltet TRM drei wesentliche Aspekte: Inspiration (die Festlegung der Vision, das Management-Commitment und Entwicklung entsprechender Führungsprozesse), Integration (Einbau der Vision in die Strategie, in die Beziehungen zu der Belegschaft, in Arbeitsstandards und in die Managementsysteme) sowie Innovation und Verbesserung (Schaffung von inkrementellen Verbesserungen vis-à-vis unterschiedlichen Stakeholdern und der Umwelt, einschließlich der Bestimmung angemessener Metriken oder Indikatoren, damit OL,

Innovation und Verbesserung stattfinden können). Diese Beschreibung lässt sich mit der strategischen Stufe nach Zadek in Einklang bringen.
- **Corporate Citizenship** (CC). CC beinhaltet die höchste Civil-Stufe nach Zadek, geht aber deutlich darüber hinaus. Während sowohl „strategic" und „civil" bei Zadek streng wirtschaftlich orientiert sind, bezeichnet CC die politische Dimension wirtschaftlichen Handelns. In einer eingeschränkten Sicht umfasst CC die Philanthropie und das Spendenwesen, z. B. wenn ein Unternehmen einen Sportclub sponsert. Dies geschieht aus wirtschaftlichem Interesse, weil es für eine gute Reputation förderlich ist, wenn „etwas an die Gesellschaft zurückgegeben" wird (Carroll 1991). In einer erweiterten Sichtweise betrachten Matten und Crane (2005) die Unternehmung als politische Akteurin in der globalisierten Wirtschaft. Unternehmen können sich als Bürger dort einbringen, wo Regierungen die ihnen obliegenden Pflichten nicht mehr so gut allein erfüllen können. Es sind viele Handlungs- und Unterlassungsmöglichkeiten denkbar, wenn es um die Wahrung der sozialen, zivilen und politischen Rechte der übrigen Mitbürger geht. Eine solche Sichtweise kann Unternehmen auch Vorteile bringen. Dabei geht es nicht nur um Schadensminderung bezüglichen des ökologischen Fußabdrucks, sondern auch um Kapitalerhaltung im weitesten Sinn. Das eingangs erwähnte internationale Rahmenwerk für die integrierte Berichterstattung beschreibt sechs Arten von Kapital, um die es hier geht: Eigen- und Fremdkapital, Anlagevermögen, geistiges Eigentum (gewerbliche Schutz- und Urheberrechte, Markenwert sowie Organisationkapital, z. B. implizites Wissen, Systeme, Verfahren usw.), Humankapital (Mitarbeiterengagement und -loyalität), Sozial- und Beziehungskapital (gemeinsame Werte und Verhaltensweisen, Stakeholder-Vertrauen und Reputation) und schließlich das in der Natur gebundene Kapital (Luft, Wasser, Land, Bodenschätze, Wälder, gesundes Ökosystem) (IIRC 2013). Corporate Citizenship wird in der Literatur im Allgemeinen als Angelegenheit für multinationale Unternehmen (MNCs) gesehen. Corporate Citizenship ist gleichwohl auch für kleine und mittelständische Unternehmen interessant, weil sie in einer politischen Rolle – gegebenenfalls durch Zusammenarbeit in einem Netzwerk – regulatorische Lücken ausfüllen können (Wickert 2014). Dabei müssen sie nicht nach dem Muster der MNCs vorgehen, sondern können eigene innovative Wege beschreiten (von Weltzien Hoivik und Melé 2009).

Dies vorausgeschickt können wir nun das OL-SL-Modell in Anlehnung an Zadek wie folgt grafisch darstellen (Abb. 1):

Aus der Grafik ist zu erkennen, dass das CSR-Potenzial umso größer ist, je frühzeitiger ein Unternehmen sich mit einem neuen Thema auseinandersetzt und Lösungen entwickelt. Dieses Potenzial ist ebenso vom Entwicklungsstand des OLs abhängig. Umgekehrt birgt schwache Compliance CSR-Risiken, wenn eine Lösung für ein gegebenes Problem bereits institutionell verankert ist. Die Komplexität der Zusammenhänge in Verbindung mit strategischer Unsicherheit und strategischem Risiko zeigt, dass die Steuerung der Lernprozesse in der Organisation hohe Ansprüche stellt, die – konsequent weitergedacht – eine Erweiterung des Aufgabenspektrums für das Controlling beinhalten.

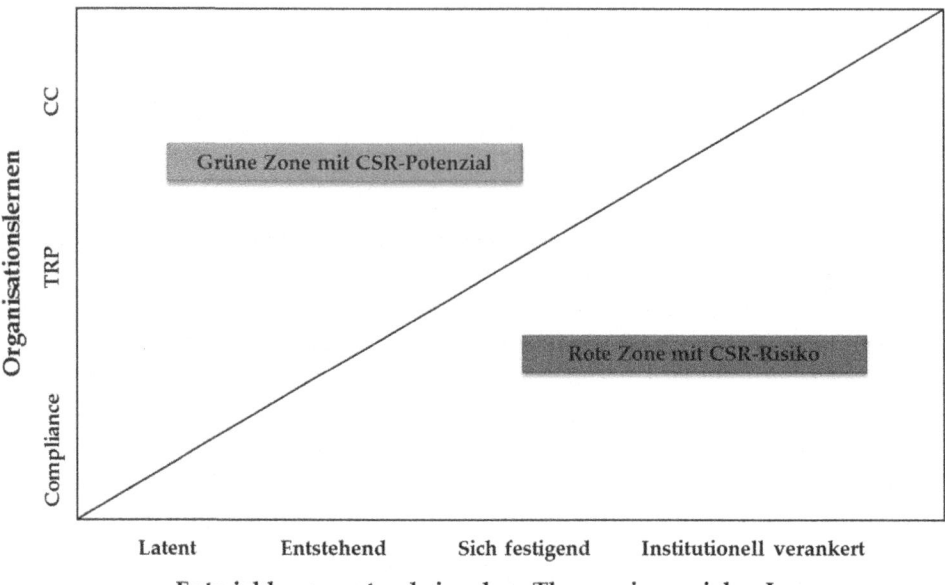

Abb. 1 Das OL-SL-Modell in Anlehnung an Zadek (2004)

4 Wie das Controlling ins Spiel kommt

Als Antwort auf strategische Unsicherheit und strategische Risiken im Unternehmen identifizierte Simons (1994) vier Steuerungshebel (Levers of Control). Es sind dies a) das System der gemeinsamen Werte und Überzeugungen (Belief System), b) das Abgrenzungssystem (Boundary System), c) die diagnostische Steuerung (Diagnostic Controls) und d) die interaktive Steuerung (Interactive Controls). Das Belief System strahlt positive Energie aus, weil die Organisationsmitglieder durch die Kommunikation der Kernwerte, z. B. durch das Leitbild, in ihren Handlungen inspiriert werden. Dagegen ist das Boundary System durch negative Energie gekennzeichnet, denn die Mitarbeiter werden, z. B. durch einen Code of Conduct in ihren Handlungen eingeschränkt. Auch negativ energisch wirken die Diagnostic Controls, weil das Verhalten der Mitarbeiter an Hand der kommunizierten kritischen Erfolgsfaktoren gemessen und kontrolliert wird. Die Interactive Controls sind zukunftsorientiert. Dabei wird das Top-Management durch einen häufig stattfindenden Austausch in der Suche nach neuen Wegen der strategischen Positionierung involviert. Die positiven und negativen Energien erzeugen eine dynamische Spannung, die die Wertschöpfung im Unternehmen unterstützt.

Diese vier Steuerungshebel bedingen und ergänzen sich gegenseitig und sollten daher gesamtheitlich im Steuerungsprozess berücksichtigt werden, zumal die zu erzielende unternehmerische Wertschöpfung die Kontrollkosten übersteigt (Widener 2007). Außerdem wird das OL durch das interaktive System vorangetrieben, und zwar mit Unterstützung der diagnostischen Kontrolle. Um die Effektivität der Steuerungsprozesse sicherzustellen ist es allerdings notwendig, die Leistungsevaluierung und -vergütung der Führungskräfte an die Verwendung des Kontrollsystems zu koppeln, da ihnen sonst die Umsetzungsanreize fehlten (Grafton et al. 2010).

Was aber implizieren diese Ideen für die Praxis des Controllings und welches Leitbild ist für das CSR-Controlling denkbar? Der Internationale Controller Verein (ICV), als international ausgerichtetes Controller-Netzwerk, hat die Aufgaben des sogenannten „grünen" Controllings wie folgt zusammengefasst:

> Controller sollten die ökologische Ausrichtung der Unternehmen, sofern bereits angestoßen, methodisch und instrumentell unterstützen oder das Thema, sofern hierin Chancen und Risiken zur Erreichung der Unternehmensziele gesehen werden, aktiv im Unternehmen vorantreiben. Ökologische und ökonomische Zusammenhänge sind hierzu durch das Controlling vor dem Hintergrund sich ändernder externer Bedingungen laufend zu hinterfragen und transparent darzustellen (ICV 2014).

Das beschriebene OL-SL-Modell eignet sich grundsätzlich als methodischer Ansatz für das grüne bzw. CSR-Controlling, weil dadurch CSR-Chancen und -Risiken festgestellt werden können und die entsprechenden Themen dem Entwicklungsstand des OL zugeordnet werden können. Damit erhält man eine Basis für die Festlegung von Maßnahmen und Metriken oder Indikatoren, um die Entwicklung laufend zu steuern. Das ist zunächst eine Betrachtung von der hohen Warte aus, aber wie geht man dabei praktisch vor?

1. **Branchenthemen und Themengebiete mit CSR-Potenzial erkennen**. Wie wir gesehen haben, entstehen die Themen und entwickeln sich im SL. Die Themen betreffen zunächst einmal Wirtschaftssektoren und nicht alle Unternehmen eines Sektors gleichermaßen. Schon aus diesem Grund erscheint es sinnvoll, zunächst bei der Branche auf die Suche nach Themen mit CSR-Potenzial bzw. -Risiko zu begeben. Diese Vorgehensweise wird auch in der Literatur vorgeschlagen (Laudal 2010). Bei der Betrachtung des relevanten Sektors stellt man sich die Frage „Welche spezifischen Eigenschaften des Sektors deuten auf ein Risiko, dass CSR-Standards verletzt werden?" Auf diese Weise spürt man die Branchenthemen mit hohem CSR-Potenzial auf. Denn ein Unternehmen, das hier akzeptablere Lösungen als die meisten seiner Mitbewerber identifiziert und umsetzt, kann dieses Potenzial für sich ausschöpfen.
2. **Unternehmensthemen erkennen**. Im zweiten Schritt untersucht der Controller die Themen im Hinblick auf ihre Relevanz für das eigene Unternehmen.
3. **Abgleich mit dem OL**. Wenn man die unternehmensspezifischen Themen identifiziert hat, überlegt man, wie diese entsprechend dem Stand des OL im Unternehmen behandelt werden. An dieser Stelle ist allerdings auf eine gewisse Schwäche des OL-Modells als Phasenmodell hinzuweisen. Es handelt sich um eine Kritik, die gleichermaßen auf alle Phasenmodelle dieser Art zutrifft (Stubbart und Smalley 1999): Die Einteilung einer Entwicklung in Phasen gaukelt dem Betrachter vor, dass das OL sequenziell

abläuft, d. h. dass ein Unternehmen in der Compliance-Phase als nächstes in die TRM-Phase gelangt und diese Entwicklung durchschreiten muss, bevor es die CC-Phase erreichen kann. Tatsächlich sind Abläufe mit mehreren Entwicklungspfaden vorstellbar. Es ist sogar wahrscheinlich, dass die Phasen in Abhängigkeit von den Themen unterschiedlich sind. Aus diesem Grund muss der Controller im Hinblick auf alle Themen die zutreffende OL-Phase feststellen, um eine generelle Orientierung zu erhalten. Ein Phasenmodell bietet jedoch keine Grundlage um inkrementelle Veränderungen zu steuern und zu überwachen. Dafür ist die Einteilung in Phasen zu grob.

4. **Festlegung von Maßnahmen und Indikatoren.** Aus dem oben genannten Grund müssen im vierten Schritt Maßnahmen und Indikatoren gesucht und festgelegt werden. Diese sollten möglichst unternehmensspezifisch sein. Branchenspezifische Indikatoren, wie von EFFAS vorgeschlagen, können auf ihre Relevanz für das Unternehmen hin überprüft werden. Die Indikatoren müssen valide (müssen, was sie vorgeben zu messen, tatsächlich messen), reliabel (müssen präzise und robust sein) und objektiv sein (andere Anwender müssten das gleiche Ergebnis erzielen). Außerdem muss man stets hinterfragen, ob sich der finanzielle Aufwand für die Datenbeschaffung und -aufbereitung im Verhältnis zum Erkenntnisgewinn durch den Indikator lohnt. Gleiches gilt für die Gesamtzahl der (regelmäßig zu pflegenden) Indikatoren.

Im Allgemeinen sollte der Controller für neue, für ihn ungewöhnliche Instrumente und Methoden aufgeschlossen sein. Im Folgenden sind beispielhaft zwei Methoden kurz erläutert, die für die CSR-Controlling-Praxis von großem Nutzen, aber Controllern im Allgemeinen unbekannt sind.

Mit Hilfe von **Analytic Hierarcy Process** (AHP) steht dem Controller ein Instrument zur Verfügung, mit dessen Hilfe er oder sie die relative Gewichtung sozio-ökonomischer Auswirkungen zutreffend erfassen und eine robuste Aussage treffen kann. AHP ist ein multiattributives Verfahren zur Unterstützung bei der Lösung komplexer Entscheidungsprobleme, das vor rund 35 Jahren von einem Wissenschaftlerteam um T. L. Saaty (1980) an der Universität Pittsburgh entwickelt wurde. Komplexe Probleme betreffen eine Vielzahl von miteinander verwobenen Faktoren bzw. Attributen, deren gegenseitige Abhängigkeiten sich mit dem normalen logischen Denken nicht adäquat erschließen lassen (Saaty 1994). Analytic Hierarcy Process ermöglicht als Lösung die gleichzeitige Berücksichtigung intuitiver und rationaler Aspekte bei multiattributiven Entscheidungen mit mehreren Akteuren, wobei die komplexe Problemstellung in einer hierarchischen Struktur organisiert wird und die Problembestandteile schrittweise durch Paarvergleiche beurteilt werden. Einerseits werden dadurch Fragestellungen nicht unzulässig vereinfacht; andererseits ist die Methode aufgrund einer vorhandenen Softwarelösung vergleichsweise einfach. Das Verfahren kombiniert also die Prinzipien der Dekonstruktion, der Vergleichsbeurteilung und der Synthese der gefundenen Prioritäten zu einer Gesamtlösung.

AHP-Praxisbeispiel: Wegen erheblicher Reputationsrisiken flussaufwärts in der Lieferkette möchte ein Unternehmen eine fundierte, gesamtheitliche Lieferantenbewertung vornehmen. Die vorgegebenen Bewertungskriterien sind Zuverlässigkeit, Flexibilität und Reaktionsfähigkeit, Kosten sowie nachhaltige Entwicklung der Herstellungsprozesse. Jedes dieser Kriterien wird in Subkriterien weiter unterteilt. Bei dieser komplexen Problemstellung kann AHP vorteilhaft und unkompliziert angewandt werden. Die nachfolgende Darstellung ist aus Platzgründen auf das Wesentliche reduziert, um dem Leser einen allgemeinen Überblick zu geben. Wichtige Details für die praktische Anwendung können nicht besprochen werden. Außerdem hängt die Qualität der Lösung maßgeblich von der Dekonstruktion des Problems ab. Ggfs. sollte der Anwender fachliche Unterstützung in Anspruch nehmen.

Die Problemstellung mit dem Oberziel „Lieferantenqualität" wurde im ersten Schritt wie folgt dekonstruiert und hierarchisch gegliedert (Abb. 2):

Drei Experten im Unternehmen wurden im nächsten Schritt gebeten, im Hinblick auf das Ziel der Lieferantenqualität paarweise Vergleiche anzustellen, beginnend mit dem Paar Zuverlässigkeit/Flexibilität, danach Zuverlässigkeit/Kosten usw. bis jedes Element mit jedem anderen verglichen wurde. Dadurch wird die relative Bedeutung der beiden Elemente eines Paarvergleichs abgefragt. Beispielsweise lautet die Frage für den ersten Paarvergleich: „Wie wichtig ist Zuverlässigkeit im Vergleich zu Flexibilität für die Realisierung des Ziels der Lieferantenqualität?" Die Antwort wird auf einer neunstelligen Skala angegeben (1 = gleich wichtig; 9 = sehr viel wichtiger). Es ist sinnvoll, die Ergebnisse der Paarvergleiche an Ort und Stelle digital zu erfassen, weil dadurch mögliche Inkonsistenzen in den Bewertungen sofort aufgezeigt werden können und dem Befragten Gelegenheit gegeben werden kann, seine Antwort zu überdenken. Das Verfahren wird auf die gleiche Art für die Ebenen der Subkriterien und der Lieferantenalternativen fortgesetzt, wobei auf der letzten Ebene jeder Lieferant im Hinblick auf alle Subkriterien der darüber liegenden Ebene beurteilt wird. Die Paarvergleiche sind durch Pfeile in der Hierarchie dargestellt. Insgesamt ergeben sich in diesem Beispiel 217 Paarvergleiche. Im letzten Schritt werden die lokalen Prioritäten jeder Ebene automatisch zu globalen Prioritäten für die gesamte Hierarchie verdichtet. Damit erhält man eine robuste Rangreihenfolge der Lieferanten. Je höher der Gesamtwert, um besser der Lieferant.

Bei der Steuerung von CSR stößt der Controller auf interne und externe Treiber und Hemmnisse. Die Frage lautet: Was treibt CSR voran, was hemmt sie bei der Umsetzung? Wenn man diese unterschiedlichen Kräfte analysiert hat, stellt sich die Frage, wie eine Veränderung der Situation herbeizuführen ist. Eine dafür geeignete Methode ist die von Kurt Lewin entwickelte Force Field Analysis (Kraftfeldanalyse) (Lewin 1947). Dieses Verfahren beschreibt, wie eine gegebene Ausgangssituation (z. B. ein Implementierungshemmnis) in eine künftige, wünschenswerte Zielsituation verändert werden kann. Die Ausgangssituation ist in einem Kraftfeld „gefroren", weil sie von Antriebskräften und Rückhaltekräften in einem Gleichgewicht gehalten wird. Die Veränderung erfolgt in drei Schritten: a) durch Störung des Gleichgewichts, b) durch die Veränderung selbst und c) durch Etablierung eines neuen Gleichgewichtszustands. Der Controller schafft Veränderung durch Impulse, die die vorhandenen Antriebskräfte verstärken, und durch die

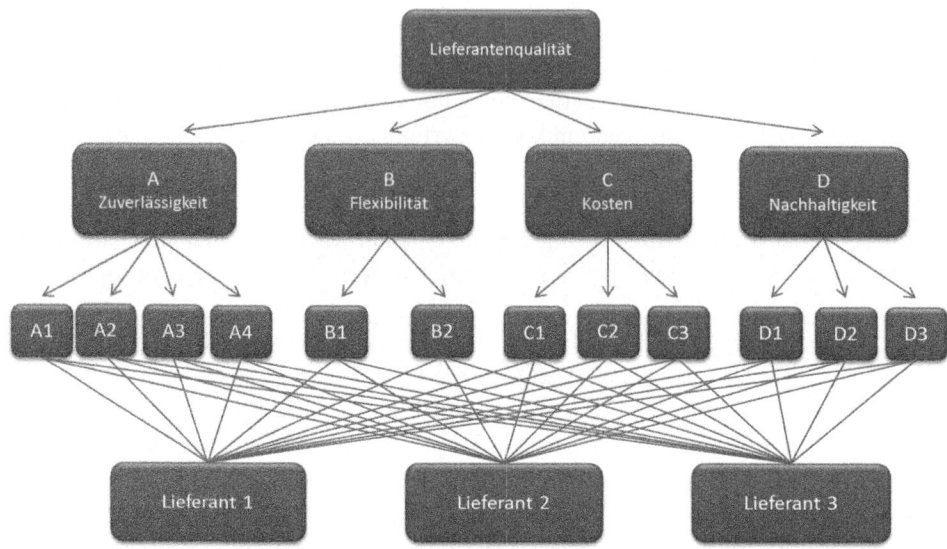

Die Legende für die Subkriterien A1...A4, B1...B2, ... lautet:

A1	Produktqualität
A2	Vorlaufzeit
A3	Lieferquote
A4	Qualität der Auftragsabwicklung
B1	Reaktionsfähigkeit
B2	Herstellungsflexibilität
C1	Produktpreis
C2	Logistische Kosten
C3	Garantiekosten
D1	Ecoeffizienz: Energie-und Wasserverbrauch
D2	Abfälle und Emissionen: giftige Chemikalien, CO_2-Ausstoß
D3	Recycling-Fähigkeit der Produkte

Abb. 2 Beispiel für die Aufstellung einer Hierarchie nach dem AHP-Verfahren

Anwendung neuer Antriebskräfte bei gleichzeitiger Schwächung der Rückhaltekräfte. Ein wesentlicher Vorteil der Force Field Analysis liegt in der Einfachheit des Verfahrens an sich. Allerdings sollte der Controller in der Lage sein, soziale Situationen gut analysieren zu können. Außerdem setzt das Verfahren einen ausgeprägten Sinn für soziale Innovation voraus. Die Anwendung dieses Verfahrens illustriert das folgende Fallbeispiel.

5 Fallbeispiel: TRIGEMA

TRIGEMA ist ein Unternehmen der Bekleidungsindustrie mit Sitz in Burladingen, Baden-Württemberg. Das Familienunternehmen wurde 1919 gegründet und wird in der dritten Generation von Wolfgang Grupp geführt. Mit einem Jahresumsatz von knapp 90 Mio. € beschäftigt das Unternehmen 1200 Mitarbeiter. Es handelt sich um eines der wenigen Textil- und Bekleidungsunternehmen, die die Krise in diesem Sektor gut überstanden haben. Die für die Produktion benötigten Garne werden von Spinnereien aus Deutschland und anderen EU-Ländern eingekauft. Alle Produktionsphasen von der Stoffherstellung über die Ausrüstung (Strickerei und Färberei), den Zuschnitt und die Konfektion bis hin zur Veredelung durch Siebdruck und Bestickung mit den Logos der Industriekunden werden in Deutschland durchgeführt. Direkte Mitbewerber sind Jockey und Schiesser.

Wenn wir zunächst einen Blick auf die Branche werfen, stellen wir fest, dass die Bekleidungsindustrie stark globalisiert und durch sechs wesentliche Themengebiete gekennzeichnet ist (Laudal 2010): a) herkömmliche Technologie und arbeitsintensive Produktionsmethoden, b) große Unterschiede in der allgemeinen Kostenstruktur zwischen den Herstellungs- und Verkaufsländern, c) Käufermarkt, d) große Planungsunsicherheit und kurzen Produktionsvorlauf, e) geringe Transparenz sowie f) Sprachbarrieren. Diese Problemkreise führen zu schlechten Arbeitsbedingungen mit wenig Investitionen in neue Herstellungsverfahren, Korruption und Vernachlässigung von Umwelt- und sozialen Standards, schnellem Austausch von Lieferanten wegen der Vielzahl von Lieferanten sowie erhöhtem Arbeitsdruck wegen schlecht planbaren Aufträgen und schnell wechselnden Modetrends. Mit diesen schwierigen Marktbedingungen geht die Ausbeutung von Arbeitskräften und natürlichen Ressourcen einher. Außerdem wird die Umwelt durch die Verwendung von Färbesalzen stark belastet, wenn entsprechende Vorkehrungen zur Abscheidung von ausgewaschenen Chemikalien nicht getroffen und kontrolliert werden.

Diese Probleme in der Lieferkette betreffen fast alle Importeure von Materialien und Rohstoffen in Deutschland. TRIGEMA produziert allerdings zu 100 % in Deutschland, wo entsprechende strenge Maßnahmen in Bezug auf Umwelt und soziale Merkmale vorherrschen. Aus diesem Grund können wir uns sofort den Gegebenheiten im Unternehmen selbst zuwenden. Hier konnten wir gesprächsweise feststellen, dass die Verbindung von Ökonomie und Moral im Gedankengut des Unternehmens auf eine Art verankert ist, dass bei Familienunternehmen häufig anzutreffen ist. So pflegt das Unternehmen einen patriarchalischen, fürsorglichen Umgang mit den Beschäftigten. Beispielsweise gilt der Grundsatz, dass bei sinkender Nachfrage keine betriebsbedingten Entlassungen ausgesprochen werden, wobei kurzfristige Nachfrageschwankungen durch Produktion auf Lager abgefangen werden. Außerdem erhalten Mitarbeiter eine Jobgarantie für ihre Familienangehörigen. Dadurch kann Unsicherheit in der Belegschaft minimiert und die Produktivität erhöht werden, und es entsteht etwas, was von den Beteiligten als „Betriebsfamilie" erlebt wird. Das Unternehmen ist nicht auf quantitatives, sondern auf qualitatives Wachstum aus. Darunter versteht die Unternehmensleitung ein „Wachstum in den Produkten" durch Innovation bei ansonsten im Wesentlichen gleich bleibenden Stückzahlen, denn nur so kann das Unternehmen gegenüber Importen aus Billiglohnländern langfristig bestehen. Dementsprechend sind die Produkte zertifiziert, u. a. durch das Cradle-to-Cradle®-Siegel, welches die schadstofffreie Herstellung und die Möglichkeit der Rückführung am Ende des Produktlebenszyklus in den natürlichen Kreislauf (z. B. biologisch abbaubare Trikots) zum Ausdruck bringt. Darüber hinaus hat die Eigentümerfamilie Grupp eine Stiftung gegründet, deren philanthropische Tätigkeit einen deutlichen Beitrag zum Gemeinwohl in der Region leistet. Diese Maßnahmen sind sowohl unter ethischen wie auch unter betriebswirtschaftlichen Gesichtspunkten sinnvoll und eigenen sich darüber hinaus für PR-Aktivitäten. Das Hauptaugenmerkmal liegt eben auf einem „Tu'-Gutes-und-Rede-Darüber". Im Hinblick auf das OL-SL-Modell befindet sich das Unternehmen noch im oberen Bereich der Compliance, denn zum Total Responsibility Management fehlt die Entwicklung entsprechender Führungsprozesse und den Einbau der Vision in das Managementsystem. Der Gesellschafter-Geschäftsführer fühlt eine höchstpersönliche Verantwortung für die Unternehmensentwicklung und agiert daher als Dreh- und Angelpunkt des Unternehmens. Wenn er merkt, dass diesbezüglich „etwas nicht rund läuft", müsse er nach eigenen Worten eingreifen und sich darum kümmern, denn die Firma habe keinen Controller im eigentlichen Sinn. Daher sehen wir noch viel Raum für Entwicklung nach oben und in der Folge für die bessere Wahrnehmung von CSR-Potenzial. Nachstehend wird kurz skizziert, welche Schritte dazu nötig wären.

Bedeutende Themen für TRIGEMA sind Energie- und Wasserverbrauch, Abfall und CO_2-Ausstoß. Hier lässt sich die Entwicklung von Jahr zu Jahr mit Indikatoren transparent machen. KPIs sind leicht zu gewinnen und für das Reporting sehr geeignet. Es lassen sich jeweils Ökoeffizienzkoeffizienten errechnen, indem beispielsweise der Energie- oder Wasserverbrauch in Verhältnis zum Warenabsatz setzt, z. B. Wasserverbrauch in m³ bzw. Stromverbrauch in kWh/verkaufte Produkte in t.

Um den Wasser- oder Energieverbrauch zu steuern, muss der Controller noch tiefer einsteigen und nach Maßnahmen und Indikatoren mit einem Steuerungspotenzial suchen. Wir setzten die bereits beschriebene Kraftfeldanalyse nach Lewin (1947) als Methode zur Feststellung geeigneter Maßnahmen und zum Aufspüren von KPIs ein und haben unsere Interviewpartner bei TRIGEMA sowie bei den wichtigsten Standard- bzw. Siegelgebern gebeten, ganz allgemein die Hemmnisse und Treiber für die Implementierung von CSR zu schildern. Das für TRIGEMA relevante Ergebnis ist in der folgenden Tabelle in Themenclustern dargestellt (Tab. 1).

TRIGEMA verfügt einerseits über eine klar ausgeprägte Wettbewerbsstrategie. Andererseits fehlt es an einem ausgeprägten Konsumentenbewusstsein sowie deren Bereitschaft, eine Prämie für ein nachhaltiges Produkt zu zahlen. Aus diesem Grund ist es notwendig, die Kunden mit transparenten Informationen jederzeit zu erreichen und für sie erreichbar zu sein. Beide angegebenen KPIs orientieren sich unmittelbar daran.

Qualitatives Wachstum ist ein Kernelement der Unternehmensstrategie. Das setzt Produktinnovation und -qualität voraus. Die Herstellung von Textilien geht immer mit Umweltbelastungen einher und qualitativ bessere Produkte verursachen höhere Kosten (Lohnniveau, Abfallentsorgung, Abwasserklärung). Diese Kosten sind notwendig und

Tab. 1 Ergebnis der Force Field Analysis bei TRIGEMA

Treiber	Hemmnisse	Maßnahmen	KPIs
Ökoeffizienz	Steigende Energiekosten und hohe Beteiligungskosten an der Kläranlage	Analyse von weitergehenden Kosteneinparungspotenzialen	Energieverbrauch in kWh/Absatz in t Wasserverbrauch in m³/Absatz in t
Nachhaltige Wettbewerbsstrategie	Mangelndes Konsumentenbewusstsein, somit fehlende Zahlungsbereitschaft	Erreichbarkeit für Kunden erhöhen Kostentransparenz auch im B2C-Geschäft	Anzahl der Kundenanfragen und Kundenbeschwerden Durchschnittliche Dauer einer Frage- bzw. Beschwerdeerledigung
Qualität/Innovation/ Differenzierung/ Effizienz	Wasserverunreinigung durch Färberei Erhöhte Kosten gegenüber Billiglohnländern	Verstärkte Kooperationen (Lieferanten, Hochschulen, EPEA) Prämierung von Mitarbeitervorschlägen Klare Kriterienvorgabe Produktentwicklung und Vertrieb besser verbinden	Anzahl eingereichter Innovationsvorschläge Anzahl prämierter Innovationen Anzahl Kundenvorschläge vom Vertrieb an die Produktentwicklung Anzahl Produktvorschläge von der Produktentwicklung
Geschulte, motivierte Mitarbeiter	Ungeschulte, frustrierte Mitarbeiter	Schulung und Motivation Weiterbildung Einrichtung einer Ombudsstelle für Mitarbeiterbeschwerden	Durchschnittliche Schulungstage je Mitarbeiter Durchschnittliche Weiterbildungstage je Mitarbeiter Anzahl Mitarbeiterbeschwerden mit und ohne Abhilfe
Standards und Siegel	Kosten von Standards und Siegel Unübersichtlichkeit der Standards und der Siegel	Fokus auf Erhöhung der Markenbekanntheit von TRIGEMA	Monetärer Markenwert

müssen an die Kunden weitergegeben werden, was auf Grund der gegebenen Marktstruktur nicht einfach ist. Also auch hier ist Kostentransparenz und klare Kundeninformation notwendig. Aber es geht weiter: Technische Kooperationen sind notwendig und Mitarbeiter wissen sehr oft am besten, wie Verbesserungen (auch organisatorische) zu erzielen sind. Diese Informationen müssen eingeholt und verarbeitet werden, was die Einrichtung eines Vorschlags- und Prämierungssystems voraussetzt. Gleiches gilt für den Vertrieb, der entsprechende Kundenerfordernisse über ein CRM-System einspeisen kann.

Mitarbeiter sind CSR-Treiber und CSR-Hemmnisse zugleich, eben weil sie Menschen sind, die motiviert und geschult werden müssen. Ein weiterer Punkt: Der Code of Conduct von TRIGEMA schreibt vor, dass Beschäftigte, die eine Beschwerde auf Grund von Verstößen gegen Regelungen des Verhaltenskodexes oder gegen nationale Gesetze erheben, keiner Form von Disziplinarmaßnahmen ausgesetzt werden dürfen. Das lässt sich am besten durch die Ernennung eines zur Verschwiegenheit verpflichteten Ombudsmanns erreichen, weil dadurch Vertrauen aufgebaut und gefestigt werden kann.

Standards und Siegel (z. B. Bluesign®, Cradle to Cradle®, GOTS®, Ökotex®) sind einerseits von Vorteil, weil sie den Kunden eine bestimmte Qualität signalisieren. Diese Signale sind jedoch diffus, weil sie für die Konsumenten zu unübersichtlich sind, was ihre Zahlungsbereitschaft herabsetzt. Die mangelnde Kaufwilligkeit wird durch die teilweise vorhandene, inkonsequente Zertifizierung und die damit einhergehende Verschlechterung des Ansehens der Standards noch verschärft. Aus diesem Grund erscheint es sinnvoll, wenn TRIGEMA bei Cradle to Cradle® und Ökotex-100® bleibt und keine weiteren Zertifizierungen anstrebt, dafür aber versucht, die eigene Marke noch besser zu positionieren. Als KPI wird dafür der monetäre Markenwert vorgeschlagen. Dieser basiert auf der Annahme, dass Verbraucher für den mit einer Markierung verbundenen Zusatznutzen einen bestimmten, quantifizierbaren Aufpreis zu zahlen bereit sind. Der Markenwert lässt sich relativ einfach ermitteln, indem man entweder durch eine Conjoint-Analyse oder durch direkte Befragung untersucht, was ein Kunde sowohl für ein markiertes als auch für ein gleichwertiges, aber unmarkiertes Produkt zu zahlen bereit wäre. Die Differenz multipliziert mit der Absatzmenge des markierten Produktes in einer Periode ergibt dann den monetären Markenwert.

6 Fazit

Die heutige Controlling-Praxis ist noch weitgehend durch die Orientierung an der direkten Messung und Steuerung monetärer Größen geprägt. Was fehlt ist die Einsicht in das Potenzial von CSR-Controlling zur Verbesserung des unternehmerischen Erfolgs. Das hängt zum Teil damit zusammen, dass die Beziehungen zwischen CSR-Maßnahmen und Geschäftserfolg eher indirekt sind. Controller müssen daher an die komplexe CSR-Thematik herangeführt werden, ihre Rolle als Transformatoren besser verstehen lernen und neue Controlling-Instrumente in ihr Repertoire aufnehmen.

Dieser Beitrag greift die transformative CSR (Rangan et al. 2012; Martinuzzi und Krumay 2013) als Organisationslernen auf, weil sie die stärkste Beziehung zum Geschäftserfolg aufweist. Wie die folgende Tabelle zeigt, geht das OL weit über herkömmliche Ansätze im Projekt- und Qualitätsmanagement hinaus und lässt auch den strategischen Managementansatz Porter und Kramer (2006) hinter sich (siehe Tab. 2).

Tab. 2 Entwicklung von CSR-Controlling-Ansätzen in Anlehnung an Martinuzzi und Krumay 2013

Motto	Aktivität	Entwicklungsstufe
„Doing good"	Projekt in einem Bereich entwickeln, das als „gut" angesehen wird	Projektmanagement
„Not doing bad"	Negative Auswirkungen des unternehmerischen Handelns vermeiden	Qualitätsmanagement
„Being successful"	Prüfung gesellschaftlicher Anforderungen auf Chancen, um geteilte Wertschöpfung zu schaffen	Strategisches Management
„Being more successful"	Ausbau und Entwicklung der Lernkapazität der Unternehmung	Organisationslernen

Literatur

Bawden, R., Guijt, I., & Woodhill, J. (2009). The critical role of civil society in fostering societal learning for a sustainable world. In A. E. J. Wals (Hrsg.), *Social learning towards a sustainable world* (S. 133–147). Wageningen: Wageningen Academic Publishers.

Bruton, J. (2011). *Unternehmensstrategie und Verantwortung. Wie ethisches Handeln Wettbewerbsvorteile schafft*. Berlin: Erich Schmidt Verlag.

Carroll, A. B. (1991). The Pyramid of Corporate Social Responsibility: Toward the Moral Management of Organizational Stakeholders. *Business Horizons, 34*, 39–48.

Cook, S., & Yanow, D. (1993). Culture and organizational learning. *Journal of Management Inquiry, 2*(4), 373–390.

EFFAS European Federation of Financial Analysts Societies. (2010). KPIs for ESG 3.0. A Guideline for the Integration of ESG into Financial Analysis and Corporate Valuation. http://www.effas-esg.com/wp-content/uploads/2011/07/KPIs_for_ESG_3_0_Final.pdf. Zugegriffen: 19. Aug. 2014.

Grafton, J., Lillis, A. M., & Widener, S. K. (2010). The role of performance measurement and evaluation in building organizational capabilities and performance. *Accounting, Organizations and Society, 35*, 689–706.

ICV. (2014). Green-Controlling. http://www.icv-controlling.com/de/arbeitskreise/ideenwerkstatt/green-controlling.html. Zugegriffen: 20. Aug. 2014.

IIRC International Integrated Reporting Council. (2013). The International Framework. http://www.theiirc.org/international-ir-framework/. Zugegriffen: 19. Aug. 2014.

Laudal, T. (2010). An attempt to determine the CSR potential of the international clothing business. *Journal of Business Ethics, 96*, 63–77.

Leigh, J., & Waddock S. (2006). The emergence of total responsibility management systems: J. Sainsbury's (plc) voluntary responsibility management systems for global food retail supply chains. *Business and Society Review, 111*(4), 409–426.

Lewin, K. (1947). Frontiers in group dynamics: Concept, method and reality in social science; social equilibria and social change. *Human Relations, 1*, 5–41.

Lundvall, B. A. (1996). *The social dimension of the learning economy*. Danish Research Unit for Industrial Dynamics, Working Paper No. 96–1.
Lundvall, B. A., & Johnson, B. (1994). The learning economy. *Journal of Industry Studies, 1*(2), 23–42.
Marcus, J., Kurucz, E. C., & Colbert, B. A. (2010). Conceptions of the business-society-nature interface: Implications for management scholarship. *Business & Society, 49*(2), 402–438.
Martinuzzi, A., & Krumay, B. (2013). The good, the bad, and the successful – how corporate social responsibility leads to competitive advantage and organisational transformation. *Journal of Change Management, 13*(4), 424–443.
Matten, D., & Crane, A. (2005). Corporate citizenship: Toward an extended theoretical conceptualization. *Academy of Management Review, 30*(1), 166–179.
Porter, M. E., & Kramer, M. R. (2006). Strategy and society: The link between competitive advantage and corporate social responsibility. *Harvard Business Review, 84*(12), 78–92. (Deutsche Übersetzung: Wohltaten mit System. *Harvard Business Manager* (2007) 1: 16–34).
Rangan, K., Chase, L. A., & Karim S. (2012). *Why every company needs a CSR strategy and how to build it*. Harvard Business School Working Paper 12–088.
Reed, M. S., Evely, A. C., Cundill, G., Fazey, I., Glass, J., Laing, A., Newig, J., Parrish, B., Prell, C., Raymond, C., & Stringer, L. C. (2010). What is social learning? *Ecology and Society, 15*(4), r1. http://www.ecologyandsociety.org/vol15/iss4/resp1/. Zugegriffen: 20. Aug. 2014.
Reiß, H., & Reker, J. (2011). *Compliance im Mittelstand*. Eine Studie von Deloitte & Touche. http://www2.deloitte.com/content/dam/Deloitte/de/Documents/Mittelstand/Studie-Compliance-im-Mittelstand.pdf. Zugegriffen: 20. Aug. 2014.
Saaty, T. L. (1980). *The analytic hierarchy process*. New York: McGraw Hill.
Saaty, T. L. (1994). How to make a decision. *Interfaces, 24*(6), 19–43.
Schussler, T. M., Decker, D. J., & Pfeffer, M. J. (2003). Social learning for collaborative natural resource management. *Society & Natural Resources, 15*, 309–326.
Senge, P. (1996). *Die Fünfte Disziplin. Kunst und Praxis der lernenden Organisation*. Stuttgart: Klett-Cotta.
Simons, R. (1994). How new top managers use control systems as levers of strategic renewal. *Strategic Management Journal, 15*(3), 169–189.
Smith, K. (2000). Innovation as a systemic phenomenon: Rethinking the role of policy. *Enterprise & Innovation Management Studies, 1*(1), 73–102.
Stubbart, C. I., & Smalley, R. D. (1999). The deceptive allure of stage models of strategic processes. *Journal of Management Inquiry, 8*(3), 273–286.
von Weltzien Hoivik, H., & Melé, D. (2009). Can an SME become a global corporate citizen? Evidence from a case study. *Journal of Business Ethics, 88*(3), 551–563.
Wickert, C. (2014). ‚Political' corporate social responsibility in small- and medium-sized enterprises: A conceptual framework. *Business & Society*. Published online 16 June 2014. doi:10.1177/0007650314537021.
Widener, S. K. (2007). An empirical analysis of the levers of control framework. *Accounting, Organizations and Society, 32*, 757–788.
Zadek, S. (2004). The path to corporate responsibility. *Harvard Business Review, 82*(12), 125–132.

Prof. Dr. James Bruton ist Diplomkaufmann und Steuerberater. Er lehrt Wirtschafts- und Unternehmensethik an der Universität Flensburg und ist Autor des Buches „Unternehmensstrategie und Verantwortung – wie ethisches Handeln Wettbewerbsvorteile schafft". Nach mehrjähriger Beschäftigung bei einer Big-Four-Wirtschaftsprüfungsgesellschaft war er viele Jahre in Führungspositionen bei Unternehmen unterschiedlicher Branchen und Größenklassen tätig, zuletzt als CFO einer internationalen Unternehmensgruppe. Fast zehn Jahre lang war er darüber hinaus Leiter des Studiengangs für Betriebswirtschaft an der Fachhochschule Salzburg.

Strategische Perspektive bei der Integration der CSR in das Controlling unter besonderer Berücksichtigung von KMU

Stefan Mayr

1 Einleitung

Corporate Social Responsibility (CSR) bzw. die gesellschaftliche Verantwortung von Unternehmen erfuhren in den letzten Jahren einen merklichen Bedeutungsanstieg in ihrer öffentlichen Wahrnehmung und auch in der Unternehmenspraxis. Die ethische Verantwortung der heutigen Unternehmergeneration für zukünftige Generationen wird dabei zur unternehmerischen Herausforderung. Dies lässt sich daran erkennen, dass mittlerweile ein beträchtlicher Teil der Großunternehmen sich dieses Themas annimmt und auch öffentlich kommuniziert, etwa durch die Herausgabe von CSR- und Nachhaltigkeitsberichten, die Festlegung von CSR-Verantwortlichen oder regelmäßige Aussendungen zum Thema CSR als Teil der Kommunikationspolitik. Als Gründe für diesen Bedeutungsanstieg können das verstärkte Bewusstsein der Konsumenten für „sozial verantwortlich" hergestellte Produkte, die allgemeine Besorgnis bezüglich der durch die Wirtschaftstätigkeit ausgelösten Umweltschädigung oder das durch moderne Informationskanäle wie Facebook und Twitter immer transparenter werdende unternehmerische Handeln genannt werden (Mayerhofer et al. 2008).

Was dabei konkret unter CSR verstanden wird bzw. wie diese in die (strategische) Unternehmensführung integriert werden kann, wird bis dato jedoch sehr unterschiedlich ausgelegt. Eine zusätzliche Herausforderung für die Unternehmenspraxis und insbesondere für das Controlling stellt die Erfolgsmessung aller Aktivitäten im Zusammenhang mit der unternehmerischen Verantwortung dar. Dieser Erfolg kann sowohl in einer monetären als auch in einer immateriellen Zielerreichung gesehen werden. Einen wesentlichen Ein-

S. Mayr (✉)
Johannes Kepler Universität Linz, Linz, Österreich
E-Mail: Stefan.Mayr@jku.at

fluss auf die konkrete Ausgestaltung der CSR und deren Verankerung auf strategischer Ebene übt die Unternehmensgröße aus: Während Großunternehmen in der Regel über eine klar definierte und arbeitsteilige Organisationsstruktur verfügen und dem operativen Handeln der Mitarbeiter ausformulierte Unternehmensstrategien zugrunde liegen, trifft für mittelständische Unternehmen (für eine Abgrenzung der Begriffe Mittelstand und KMU siehe auch Abschn. 3 des Beitrages) oft genau das Gegenteil zu: Der Unternehmer, der in vielen Fällen auch der Unternehmensgründer ist, ist üblicherweise der zentrale Entscheidungsträger und Stratege. Diese Unterschiede wirken sich in weiterer Folge sehr vielschichtig auch auf das Nachhaltigkeitsmanagement sowie die CSR-Aktivitäten, das grundlegende Verständnis darüber und die dahinterliegende Motivation aus.

Im Folgenden wird daher, ausgehend von einer Definition von CSR und der Darstellung von Besonderheiten von mittelständischen Unternehmen bzw. KMU, ein Ansatz zur Strategieimplementierung und möglichen Ausgestaltung eines CSR-Controllings unter besonderer Berücksichtigung von KMU skizziert. Der Fokus liegt dabei auf den einzelnen Implementierungsschritten, die aufeinander abzustimmen sind. Die wesentliche Frage, die dem Beitrag zugrunde gelegt wird, lautet dabei folgendermaßen:

> Wie lässt sich die Integration von CSR, Unternehmensstrategie und Controlling in KMU sicherstellen und welche konkreten Gestaltungsempfehlungen lassen sich aus diesen Überlegungen für die Unternehmenspraxis ableiten?

Zur Veranschaulichung werden in Abschn. 8.4 und Abschn. 8.5 jeweils konkrete Beispiele aus der Unternehmenspraxis anhand eines international tätigen mittelständischen Bauunternehmens angeführt.

2 Definition von gesellschaftlicher Verantwortung und CSR

Im Rahmen der Diskussionen rund um das Thema gesellschaftliche Verantwortung und CSR herrscht bisher sowohl in der Fachliteratur als auch in der Unternehmenspraxis ein uneinheitliches Verständnis, was Definition und Inhalte dieses Konzeptes betrifft (Duong Dinh 2011). Während die Anfänge von CSR in die 1950er-Jahre zurückreichen, wurden die Definitionen in den letzten Jahrzehnten immer konkreter (vgl. für einen Überblick über die Entwicklung von CSR Carroll 1999). Für den vorliegenden Beitrag wird auf die Definition der gesellschaftlichen Verantwortung nach ISO 26000 zurückgegriffen (BM für Arbeit und Soziales 2011): Unter gesellschaftlicher Verantwortung wird demnach „die Verantwortung einer Organisation für die Auswirkungen ihrer Entscheidungen und Aktivitäten auf die Gesellschaft und die Umwelt durch transparentes und ethisches Verhalten" verstanden. CSR wird dabei mit der gesellschaftlichen Verantwortung von Unternehmen gleich gesetzt. Als zentrales Kernthema dieser Verantwortung wird die „Organisationsführung" definiert, da es nur die formelle und auch gelebte Führung eines Unternehmens ermöglicht, Maßnahmen der CSR umzusetzen und die zentralen Grundsätze (Rechenschaftspflicht, Transparenz, ethisches Verhalten, Achtung der Interessen von Anspruchsgruppen und Achtung der Rechtsstaatlichkeit) einzuhalten (BM für Arbeit und Soziales 2011). Hintergrund ist ein integriertes Management von Unternehmen in enger Abhängigkeit von wirtschaftlichen, umweltverträglichen und sozialen Ergebnissen.

In diesem Zusammenhang wird auch vom Gleichklang aus Ökonomie, Ökologie und Sozialem (Triple Bottom Line) gesprochen, wobei der ökonomischen Komponente eine besondere Bedeutung zukommt: Die langfristige Gewinnorientierung entspricht zum einen der moralischen Pflicht von Unternehmen, weil dieses Verhalten den Interessen der Stakeholder und der Allgemeinheit am besten entspricht (Homann und Blome-Drees 1992). Zum anderen jedoch eine empirische Bedingung darstellt, um nicht aus dem Markt auszuscheiden (Suchanek 2005, S. 27). Diese Grundbedingung gilt es daher, beim Austarieren der drei Ebenen zu berücksichtigen. Dem CSR-Konzept liegt eine sehr breite Definition des Kapitals zugrunde. Neben dem ökonomischen Kapital (z. B. Finanz- und Realkapital oder Firmenwerte) gilt es, das ökologische Kapital (natürliche Ressourcen) und das soziale Kapital (Human- und Sozialkapital) im strategischen Management, welches sich eben gerade mit der Allokation und dem Einsatz der Ressourcen zu beschäftigen hat, zu berücksichtigen.

Das CSR-Engagement erfolgt auf freiwilliger Basis und geht dabei deutlich über die Einhaltung von Gesetzen, Normen und Vorschriften hinaus. Um der CSR auch die entsprechende Bedeutung in der Unternehmensführung einzuräumen, ist es notwendig, diese in die Unternehmensstrategie eines Unternehmens mit einzubeziehen bzw. in diese zu integrieren. Diese Integration von CSR und Unternehmensstrategie wird auf instrumenteller Ebene – in Großunternehmen – häufig unter dem Begriff der Sustainability Balanced Scorecard diskutiert (Figge et al. 2002; Fischer et al. 2010). Es wird davon ausgegangen, dass CSR die Wettbewerbsfähigkeit steigern kann und einen beiderseitigen Nutzen, sowohl für die Gesellschaft als auch das Unternehmen nach sich zieht (Europäische Kommission 2001). In diesem Zusammenhang werden unterschiedliche „Reifegrade" von CSR unterschieden: Während gesellschaftliches Engagement im Sinne einer wirtschaftlichen und gesetzlichen Verantwortung sowie philanthropisches CSR eine grundlegende Basis repräsentieren, stellt die Orientierung an unternehmerischer und gesellschaftlicher Wertschöpfung durch integriertes Management deutlich höhere Anforderungen an Unternehmen. Das Unternehmen als proaktiver politischer Gestalter stellt den höchsten Reifegrad von CSR dar (Schneider 2012a, S. 29).

Der Einzug der unternehmerischen Verantwortung in das Controlling wurde in der Unternehmenspraxis noch nicht zur Gänze vollzogen. So hat eine Studie von Deloitte aus dem Jahr 2009 ergeben, dass in den Bereichen Finanzen und Controlling, CSR eine nur sehr geringe Bedeutung hat. Vor allem die fehlende Messbarkeit der Auswirkungen von CSR auf den Unternehmenserfolg wird dabei als Hauptgrund gesehen. Im Rahmen dieser Studie wurden 55 deutsche und internationale Großunternehmen der Konsumgüterindustrie und des Handels zur Verankerung von CSR in ihrer Wertschöpfungskette teils schriftlich, teils persönlich befragt (Deloitte 2009). Auch in der Wissenschaft steht die Diskussion um die Verbindung von operativem Controlling und CSR als strategisches Anliegen erst am Anfang und wird etwa unter dem Begriff „Sustainability Accounting" oder „Sustainability Controlling" thematisiert (Fischer et al. 2010). Der Auseinandersetzung von gesellschaftlicher Verantwortung und Nachhaltigkeitsmanagement in KMU kommt in diesem Zusammenhang nur eine sehr untergeordnete Rolle zu (Rabbe und Schulz 2011)

Zusammenfassend lässt sich festhalten, dass der CSR trotz einer Vielzahl an akademischen Diskussionen um Definitionen und Konzepte (Schaltegger 2011) im Kern ein verhältnismäßig klarer Inhalt zugrunde liegt, nämlich die Festlegung der Gewichtung ökonomischer, ökologischer und sozialer Unternehmensziele. Unbestritten ist weiter die Tatsache, dass in der unternehmerischen Praxis eine Vielzahl an Aktivitäten im Bereich gesellschaftlicher Verantwortung und CSR zu finden sind. Die zentrale Herausforderung stellt in diesem Zusammenhang jedoch die nachhaltige Integration von Unternehmensstrategie, CSR und dem begleitenden Controlling dar (vgl. zur Bedeutung der strategischen Implementierung von CSR im KMU etwa Gelbmann und Baumgartner 2012).

3 Besonderheiten von KMU

Die Begriffe „mittelständische Unternehmen" bzw. „kleine und mittlere Unternehmen (KMU)" werden oft synonym verwendet. Zur Eingrenzung bzw. Definition dieser Unternehmenstypen werden meist Größenkriterien wie etwa „Zahl der Beschäftigten", „Umsatz" oder die „Bilanzsumme" verwendet (Europäische Kommission 2003). Da diese Größenkriterien regional bzw. kulturell geprägt sind, wird im Folgenden auf qualitative Kriterien zur Abgrenzung Bezug genommen. Zu den Besonderheiten von mittelständischen Unternehmen zählt etwa der im Vergleich zu Großunternehmen eingeschränkte Zugang zu finanziellen und personellen Ressourcen im Unternehmen (Storey 1994; Wiklund und Shepherd 2003). Dies führt in weiterer Folge zu einem mangelnden Einsatz von Spezialisten, etwa im Bereich Finanzen oder Controlling, deren Expertise etwa auch bei der Erarbeitung und Implementierung von Unternehmensstrategien bzw. beim Aufbau, dem Einsatz und der ständigen Weiterentwicklung von Controlling(-instrumenten) hilfreich und notwendig ist. Darüber hinaus ist das Wissen des Unternehmers meist stärker technisch- und produktions- denn managementorientiert ausgeprägt. Dessen Verhalten ist oft stark visionsgetrieben.

Eine weitere Besonderheit von mittelständischen Unternehmen stellt die Tatsache dar, dass ein Großteil des Privatvermögens der Unternehmer in den Unternehmen investiert ist, sodass die wirtschaftliche Existenz der Eigentümer eng mit der des Unternehmens verbunden ist (Analoui und Karami 2003). Zur Entwicklung des Unternehmens wird vom Unternehmer bzw. der Unternehmerfamilie ein sehr hoher zeitlicher Einsatz gebracht. Dadurch kommt es zu einer sehr starken emotionalen Verbindung zwischen Unternehmer(-familie) und Unternehmen. Zwischen persönlichen Motiven des Unternehmers und dem ethischen Verhalten des Unternehmens besteht zumeist ein sehr enger Zusammenhang (Gelbmann und Baumgartner 2012, S. 286). Die Beziehung zu den wesentlichen Stakeholdern, wie Mitarbeitern und Kunden, ist meist sehr eng. Dies kann im Falle einer Unternehmenskrise auch nachteilig wirken (Mayr 2010).

Der Fokus in der Unternehmenstätigkeit in mittelständischen Unternehmen liegt oft stark im operativen Bereich. Das Führungsverhalten zeichnet sich durch nicht formalisierte, kurzfristige und auf Improvisation beruhende Handlungen aus. Zu Kunden, Lieferanten und der Hausbank bestehen oft langjährige Geschäftsbeziehungen. Strategisches Management wird oft gar nicht oder nicht umfassend und integriert betrieben (Analoui und Karami 2003). Zu den zentralen Gründen, warum kleine und mittlere Unternehmen die so wichtige strategische Planung und Gestaltung des eigenen Unternehmens vernachlässigen, zählen etwa folgende: fehlendes Wissen über strategische Managementtechniken, fehlende Zeit, fehlendes Bewusstsein über die Wichtigkeit der Planung, zu starker Fokus des Unternehmers auf operative Tätigkeiten und das Tagesgeschäft, fehlende Kontroll- und Steuerungssysteme als Basis für einen Strategieprozess oder allgemein die fehlende Bereitschaft sich mit der Zukunft auseinander zu setzen. Durch die Konzentration aller Führungsaktivitäten können sich jedoch auch Vorteile für das strategische Management von KMUs ergeben („the entrepreneur as strategist", Analoui und Karami 2003, S. 12), da der Unternehmer in der Regel die Vision des Unternehmens selbst erarbeitet und in sich trägt bzw. in allen wesentlichen Unternehmensbereichen vertreten und eng in die operative Umsetzung eingebunden ist. Die für eine langfristige und nachhaltige Ausrichtung so notwendige Verzahnung von strategischem Management und dem laufenden Reporting bzw. operativen Kennzahlen wird aus Gründen der Komplexität oft nicht betrieben.

4 Implementierung von CSR in die Unternehmensstrategie

4.1 Überblick

Wie bereits angeführt, muss CSR in die Unternehmensstrategie und das Kerngeschäft eingebunden werden, um sicherzustellen, dass die Bemühungen um Nachhaltigkeit ernsthaft und glaubwürdig umgesetzt werden. Eine strategisch ausgerichtete CSR zielt darauf ab, möglichst einen Nutzen für die Gesellschaft und auch für das Unternehmen zu stiften (Kirchhoff 2006, S. 22). In der Praxis zeigt sich jedoch häufig ein anderes Bild. Oftmals handelt es sich bei den „CSR-Aktivitäten" um eine Reihe von unkoordinierten Aktionen, welche nicht mit der Gesamtstrategie der Unternehmen in Verbindung stehen (Habisch 2006, S. 83). Im Folgenden wird daher ein integrierter Leitfaden zur erfolgreichen und nachhaltigen Integration von CSR Aktivitäten in die Unternehmensstrategie vorgestellt (Mayr und Ausweger 2013). Dabei handelt es sich um einen idealtypischen Prozess, der darlegt, welche Schritte in welcher zeitlichen Abfolge für eine erfolgreiche Integration von Strategie und CSR zu setzen sind und welche Bedeutung dabei dem Controlling zukommt (vgl. Abb. 1). Die Erläuterung der einzelnen Prozessschritte erfolgt mit dem Fokus auf KMU. Anzumerken ist in diesem Zusammenhang, dass jedes Unternehmen individuelle Antworten bei der Umsetzung finden muss, da die gesellschaftliche Verantwortung in jedem Unternehmen an die jeweiligen Besonderheiten anzupassen sind (BM für Arbeit und Soziales 2011, S. 8).

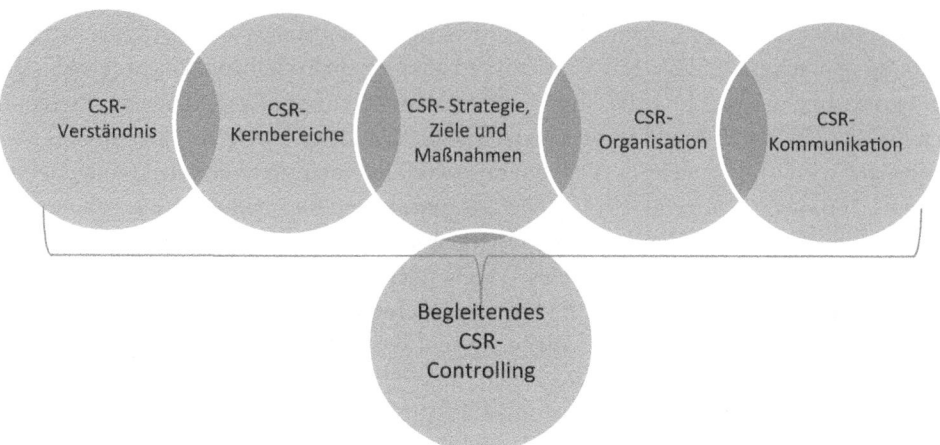

Abb. 1 Schritte zur Implementierung von CSR in die Unternehmensstrategie

Ausgehend von der Erarbeitung eines unternehmensindividuellen CSR-Verständnisses, folgt die Festlegung von CSR-Kernbereichen, in denen CSR-Aktionen gesetzt werden sollen. Der nächste Schritt liegt in der Anpassung der Unternehmensstrategie bzw. Ableitung einer CSR-Strategie mit Zielen und Maßnahmen zur Umsetzung. Es folgen die notwendige Anpassung der Organisationsstruktur zur Sicherstellung der Umsetzung sowie die Durchführung der internen und externen CSR-Kommunikation. Begleitet und gesteuert wird das CSR-Engagement mithilfe des CSR-Controllings (siehe hierzu im Detail Abschn. 8.5).

4.2 Entwicklung eines CSR-Verständnisses und Einbindung in das Leitbild

Vor der Festlegung konkreter CSR-Maßnahmen und -Ziele ist es notwendig, für ein einheitliches CSR-Verständnis im Unternehmen zu sorgen. Dabei geht es nicht zwingend darum, konkret auf den Begriff „CSR" oder „Nachhaltigkeit" Bezug zu nehmen, sondern vielmehr muss festgelegt werden, aus welcher Motivation heraus die Aktivitäten gesetzt werden und welche Rolle allgemein das Unternehmen in Bezug auf die soziale und ökologische Verantwortung einnehmen will (Kleinfeld und Schnurr 2010, S. 298). Im Wesentlichen geht es dabei darum, sich bewusst zu machen, in welchen Unternehmensbereichen CSR eine Rolle spielt und wie das Unternehmen einen positiven Beitrag für die Gesellschaft leisten kann. Unternehmen sollten sich dabei an den eigenen Stärken und Kompetenzen in ihrer Organisation orientieren. Hierbei stellt sich auch die Frage, wo im Unternehmen bereits Know-how besteht, das zu Gunsten der Stakeholder und der Gesellschaft eingesetzt werden kann. Dadurch kann sichergestellt werden, dass sich das CSR-Verständnis immer auch am Kerngeschäft orientiert.

Das entwickelte CSR-Verständnis sollte idealerweise auch im Leitbild des Unternehmens verankert werden. Ein Leitbild kann aus verschiedenen Elementen, wie Mission Statement, Unternehmensvision oder Verhaltensgrundsätzen, bestehen. Im Zusammenhang mit CSR sollte das Leitbild im Unternehmen angepasst werden und etwa folgende Anforderungen erfüllen (Braun et al. 2010, S. 13 f.):

- Die Übernahme gesellschaftlicher Verantwortung (im ökologischen und sozialen Sinn) als Unternehmensziel sollte in die Mission bzw. Vision des Unternehmens eingebunden werden.
- Vom Management sollte das Leitbild aktiv und klar erkennbar gelebt werden.
- Das Leitbild wird sowohl intern als auch außerhalb des Unternehmens kommuniziert.

Beispiel aus der Unternehmenspraxis für ein unternehmerbezogenes Leitbild, in dem die unternehmerische Verantwortung und somit das CSR-Verständnis zum Ausdruck kommt:

> Unternehmer sein heißt für mich, sich jeden Tag aufs Neue den wirtschaftlichen und sozialen Herausforderungen zu stellen und meine Unternehmen nachhaltig und ressourcenschonend zu führen.

4.3 Festlegung von CSR-Kernbereichen

In einem nächsten Schritt sind Kernbereiche festzulegen, auf die sich das CSR-Engagement beziehen sollen. Dafür werden zunächst eine IST-Analyse bereits bestehender CSR-Aktivitäten im Unternehmen sowie eine (externe und interne) Stakeholderanalyse, die die Ansprüche und Erwartungen der Stakeholder zum Gegenstand hat, durchgeführt.

In Anbetracht der unzähligen gesellschaftlichen Probleme, denen sich Unternehmen widmen könnten, ist zu betonen, dass ein Unternehmen nicht alle Probleme in der Gesellschaft lösen kann. Daher sollte jedes Unternehmen für sich Bereiche festlegen, in denen es gesellschaftliche Verantwortung übernehmen will. Von besonderer Bedeutung dabei ist, dass Bereiche identifiziert werden, in denen Werte gleichsam für die Gesellschaft und auch für das Unternehmen geschaffen werden kann (Porter und Kramer 2007, S. 23).

Beispiel aus der Unternehmenspraxis zur Festlegung von CSR-Kernbereichen:

> Unser Unternehmen sieht sich als in der Gesellschaft verankert und unterstützt **nationale und internationale Projekte**, die sich der **Armutsbekämpfung und der Unterstützung sozial benachteiligter Menschen** widmen. Wir wollen dadurch einen positiven Beitrag leisten und Nutzen stiften. Darüber hinaus ist uns die **Ausbildung von jungen Mitarbeitern** ein großes Anliegen. Wir versuchen dabei, unterschiedliche Kulturen zu integrieren und den Menschen in den Mittelpunkt zu stellen. Im Bereich der Ökologie konzentrieren wir uns auf **einen ressourcenschonenden Materialverbrauch und die Verwendung nachhaltiger Produkte.**

Ziel: Unterstützung nationaler und internationaler Hilfsprojekte	• Kostenlose Fassadenrenovierung des Gebäudes der Kindergruppe „Villa Kindertraum", Abschluss bis Ende 2014 • Unterstützung des Projekts „Hope for Kids" in Kenia durch finanzielle Beiträge und Projektmanagement, Abschluss bis Ende 2016
Ziel: nachhaltige Förderung von Mitarbeitern und Auszubildenden	• Aufnahme von 10 Auszubildenden in der Unternehmensgruppe, Förderung von sozial benachteiligten Bewerbern, jährlich • Durchführung der jährlichen Führungskräfteakademie an allen Standorten mit zumindest gesamt 25 Schulungstagen, jährlich
Ziel: Beitrag zu Umweltschutz und ressourcenschonende Wertschöpfung	• Reduktion der gesamten Entsorgungskosten in der Unternehmensgruppe um zumindest 10 %, Abschluss bin Ende 2014 • Sonderprojekt Umbau Büro- und Lagergebäude am Hauptsitz: Abschluss der Planung und Sicherstellung der Reduktion des Heizwärmebedarfs auf Niedrigenergiestandard, Abschluss der Realisierung bis Ende 2015

Abb. 2 Beispiel CSR-Ziel- und Maßnahmenkatalog

4.4 Erarbeitung von CSR-Strategie, Ziel- und Maßnahmenkatalog

Nach der Festlegung von Kernbereichen kann eine (CSR-)Strategie abgeleitet sowie ein Maßnahmenkatalog (CSR-Action-Plan) ausgearbeitet werden. Dabei sollten die bereits erhobenen internen und externen Informationen als Ausgangsbasis herangezogen werden. Insbesondere die aus dem Stakeholderdialog eruierten Interessen und Bedürfnisse der Anspruchsgruppen des Unternehmens können für die Formulierung der Strategie herangezogen werden (Jonker et al. 2011, S. 37).

Ausgehend von einer (im Idealfall an das CSR-Verständnis angepassten) Gesamt-Unternehmensstrategie werden abgeleitete CSR-Strategien formuliert. Dabei werden für die ausgewählten CSR-Kernbereiche jeweils strategische Ziele festgelegt (Kleinfeld und Schnurr 2010, S. 330). Die operative Umsetzung wird im Rahmen von Ziel- und Maßnahmenkatalogen geplant.

Abbildung 2 zeigt ein Beispiel aus der Unternehmenspraxis für einen solchen Katalog. Darin werden jeweils die übergeordneten (strategischen) Ziele sowie die dazugehörigen Maßnahmen/Projekte und ein Zeitplan zusammengefasst.

4.5 Integration von CSR in die Organisation und Unternehmenskultur

Einen weiteren wesentlichen Schritt in der strategischen Verankerung von CSR stellt die Sicherstellung der Integration in die Organisation und Unternehmenskultur dar. Folgende Maßnahmen können hier unterstützend wirken:

- Festlegung eines CSR-Verantwortlichen
- Verankerung von CSR in den Köpfen der Mitarbeiter und in der Unternehmenskultur
- Aktives Vorleben der CSR-Orientierung von Eigentümern und Führungskräften
- Integration von CSR in die Ziel- und Anreizsysteme der Führungskräfte

Um seine gesellschaftliche Verantwortung umfassend wahrzunehmen, ist ein Unternehmen abhängig von allen Mitarbeitern, da diese nach außen hin das Unternehmen repräsentieren. Aus diesem Grund ist es notwendig, dass bei allen Mitarbeitern ein Bewusstsein für CSR und den damit verbundenen vom Unternehmen verfolgten Zielen geschaffen werden. Vor allem im Rahmen der Einführung von CSR muss die Zustimmung der Mitarbeiter zur Verantwortungsübernahme geschaffen werden (Kleinfeld und Schnurr 2010, S. 331). CSR sollte von allen Personen im Unternehmen verstanden werden, im täglichen Handeln verankert und daher in die Unternehmenskultur integriert sein (Gastinger und Gaggl 2012, S. 251).

Folgende beispielhafte Maßnahmen können diese Integration sicherstellen: Verständliche Informationen über CSR im Rahmen von Mitarbeiterbesprechungen, Bereitstellung von Informationen über das Intranet und Emails, Artikel in der Mitarbeiterzeitung oder auch interne Kompetenzbildung durch CSR-Schulungen der Mitarbeiter (Kleinfeld und Schnurr 2010, S. 332 f.)

Der oder die Unternehmer und alle Führungskräfte müssen CSR und unternehmerische Verantwortung vorleben und dadurch die Bedeutung der gesellschaftlichen und ökologischen Verantwortung auch unternehmensintern zum Ausdruck bringen.

Beispiel aus der Unternehmenspraxis:

Als Haupt-Verantwortlicher für die CSR-Aktivitäten tritt der Unternehmer und Geschäftsführer auf, der durch das Controlling unterstützt wird. Mit den Führungskräften werden im Rahmen der jährlichen Strategieklausur die Ziele und konkreten Maßnahmen erarbeitet bzw. abgestimmt. In weiterer Folge werden für die einzelnen CSR-Projekte Verantwortliche für die Umsetzung festgelegt.

4.6 Durchführung der internen und externen CSR-Kommunikation

Als abschließender Teil der strategischen Implementierung von CSR muss über die CSR-Aktivitäten innerhalb und außerhalb des Unternehmens berichtet werden. Im Rahmen der CSR-Kommunikation wird daher zwischen einer internen und externen Berichterstattung unterschieden. Hier ist vor allem darauf zu achten, das Augenmerk nicht nur auf die Kommunikation außerhalb des Unternehmens zu legen, sondern auch die Mitarbeiter möglichst umfassend über das gesellschaftliche Engagement zu informieren (Habisch 2006, S. 88). Da zwar die strategische Planung und die Umsetzung im Unternehmen in der Verantwortung der Unternehmensführung liegen, jedoch die Projekte dann von der Belegschaft mitgetragen und umgesetzt werden müssen, ist es notwendig, diese möglichst umfangreich über CSR zu informieren, um in weiterer Folge deren Unterstützung sicherzustellen.

Die Ausgestaltung der Berichterstattung ist jeweils unternehmensabhängig, sie kann aber als Teil einer standardisierten Unternehmenskommunikation (z. B.: auf der Homepage, in Unternehmensbroschüren oder bei Unternehmenspräsentationen) durchgeführt werden. Darüber hinaus empfiehlt es sich, eine spezielle CSR-Berichterstattung (Gelbmann und Baumgartner 2012, S. 291) zu implementieren:

- Veröffentlichung eines CSR- bzw. Nachhaltigkeitsberichts
- Veröffentlichung von Sonderbeiträgen in Printmedien
- Veröffentlichung von Fortschrittsberichten auf der Homepage
- Durchführung von Stakeholderdialogen
- Integration des CSR-Engagements in den Jahresbericht

Vor allem das Thema Glaubwürdigkeit ist im Zusammenhang mit der CSR-Kommunikation von großer Bedeutung. Es ist notwendig, regelmäßig über den aktuellen Stand der CSR-Umsetzung zu berichten. Entscheidend dabei ist aber, dass eine Übereinstimmung der innerhalb des Unternehmens gelebten CSR und dem nach außen Berichteten besteht. Ist dies nicht der Fall, wird das in der, besonders im Zusammenhang mit CSR, sehr kritischen Öffentlichkeit als äußerst negativ wahrgenommen. In weiterer Folge kann dies zu Vertrauens- und Imageverlusten führen.

Als mögliche Wirkungen durch die CSR-Kommunikation können etwa folgende genannt werden (Kleinfeld und Schnurr 2010, S. 342 f.): Stärkung des Vertrauens aller Stakeholder in das Unternehmen, Förderung der eigenen Verantwortungsfähigkeit und Aufbau einer dementsprechenden Reputation, Transparentmachung der unternehmerischen Wahrnehmung und dadurch Vorbildwirkung für andere Unternehmen, Motivation für Mitarbeiter, die Bemühungen des Unternehmens zu unterstützen.

Beispiel aus der Unternehmenspraxis zur CSR-Kommunikation:

> Wir kommunizieren regelmäßig unsere Unternehmensmission und unsere gesellschaftlichen Aufgaben. Die Kernbereiche unseres wirtschaftlichen, sozialen und ökologischen Handelns legen wir jährlich in unseren Strategieklausuren fest. Darüber hinaus informieren wir unsere Mitarbeiter regelmäßig über unsere Ziele und die beschlossenen Maßnahmen. Wir integrieren die Kommunikation über unsere sozialen und ökologischen Aktivitäten in unsere laufende Unternehmenskommunikation. Dazu gehören Newsletter, Unternehmenszeitungen und alle sonstigen Veröffentlichungen, wie etwa Presseaussendungen.

5 Strategische Integration des CSR-Controllings

Die grundlegende Aufgabe des Controllings in KMU kann in einer zielorientierten Steuerung des Unternehmens durch Bereitstellung von Informationen zur Planung und Kontrolle sowie die Koordination mit und unter anderen Führungsteilsystemen, wie etwa den einzelnen Fachabteilungen, gesehen werden (Coenenberg et al. 2009, S. 43 ff.). Tendenziell werden in kleinen und mittleren Unternehmen relativ einfache Controllinginstrumente verwendet. Der finanzwirtschaftlichen Planung und Kontrolle wird jedoch auch in KMUs eine relativ hohe Bedeutung beigemessen (hierzu gibt es auch eine Vielzahl empirischer Befunde, vgl. exemplarisch Feldbauer-Durstmüller et al. 2012). Aus institutioneller Sicht ist anzumerken, dass dem oder den Controllingverantwortlichen in KMUs oft ein sehr breites Aufgabenspektrum zukommt, das oft über klassische oder reine Controllingtätigkeiten hinausgeht.

Sinnvollerweise erfolgt bei dieser Implementierung des CSR-Controllings eine Integration in bestehende Instrumente (vgl. BM für Arbeit und Soziales 2011, S. 25). Im *CSR- bzw. Sustainability-Controlling* erfolgt daher eine integrative Erweiterung des Controllings um nachhaltigkeitsbezogene und gesellschaftliche Aspekte. Aufgabe des CSR-Controllings ist es, die in die Unternehmensstrategien und -ziele integrierten Nachhaltigkeitsziele für die entsprechenden strategischen und operativen Entscheidungssituationen quantifizierbar zu definieren und zu koordinieren (Preller 2007, S. 52). Eine CSR-Strategie kann demnach im Unternehmen nur dann erfolgreich implementiert werden, wenn diese auch über entsprechende „Key Performance Indicators" abgebildet wird (Bielka und Schwerk 2011, S. 155). Ein CSR-Controlling dient somit dazu, den Erfolg der einzelnen geplanten Maßnahmen und der CSR-Strategie gesamthaft zu beurteilen.

5.1 Begleitung des gesamten CSR-Prozesses durch das Controlling

Für eine erfolgreiche strategische Verankerung der CSR Aktivitäten in das Controlling ist es sinnvoll, dass der Controller von Beginn an in die Planung und Umsetzung eingebunden wird und somit auch den Strategieprozess im weiteren Sinne betreut (Begleitungsfunktion). Um eine adäquate Planung, Steuerung und Überwachung der Umsetzung der CSR-Strategie zu ermöglichen, ist es notwendig, diese durch konkrete Ziele, Maßnahmen und Kennzahlen zu operationalisieren.

Um die strategischen CSR-Ziele umsetzen zu können, sind im Unternehmen die entsprechenden Sach-, Human- und Kapitalressourcen auch zur Verfügung zu stellen (Fischer et al. 2010, S. 255 ff.) und in weiterer Folge verbindlich zu planen (*Planungsfunktion*). Kennzahlen(systeme) und die Einbindung derselben in das laufende Berichtswesen können durch die Gegenüberstellung mit Planwerten bzw. der Abstimmung mit den übergeordneten Unternehmenszielen eine operative und strategische Kontrolle der CSR-Aktivitäten sicherstellen (*Koordinations- und Kontrollfunktion*). Dem Controlling kommt somit neben der Begleitung und im Idealfall der Moderation des Prozesses sowie der exakten Budgetierung der CSR-Maßnahmen die Aufgabe der Entwicklung von CSR-Kennzahlen zu (Horst und Albrecht 2009, S. 298).

Im Hinblick auf die Kontrolle von CSR-Aktivitäten können zwei Aspekte unterschieden werden: die exakte *Budgetierung und Kontrolle der eingesetzten Ressourcen* (Geldmittel oder Mitarbeiter) im Sinne einer Wirtschaftlichkeitsüberwachung (Preller 2007, S. 52) sowie die *Erfolgsmessung und somit Beurteilung der erreichten Nachhaltigkeitsleistung*

(Fischer et al. 2010, S. 228). Während sich die Kontrolle der eingesetzten Mittel für alle CSR-Aktivitäten relativ einfach durchführen lässt, ist die Beurteilung der Wirkung bzw. Leistung der Maßnahmen klarerweise nicht immer möglich und auch sinnvoll. Zum einen entstehen soziale und ökologische Aktivitäten in KMUs sehr oft intuitiv und instinktiv (Schneider 2012b, S. 583) und verwirklichen unternehmerische Verantwortung ohne diese explizit publik zu machen, zum anderen ist bei vielen Aktivitäten die Auswirkung der Maßnahme auf das Unternehmen nur mit einem sehr großen Aufwand oder gar nicht feststellbar. Teilweise liegen im Hinblick auf die Wirkung von CSR-Maßnahmen nur qualitative Informationen vor (etwa zur Zufriedenheit oder Einstellung bestimmter Stakeholdergruppen). Ausnahmen stellen etwa messbare Emissionswerte, Entsorgungskosten oder etwa Fluktuationsraten der Mitarbeiter dar. Aus diesem Grunde liegt der Hauptfokus des Controllings primär auf der koordinierten Planung und Kontrolle von CSR-Aktivitäten im Hinblick auf die eingesetzten Ressourcen ergänzt um qualitative Informationen zur wahrgenommenen Wirkung der CSR-Maßnahmen.

Wie bereits unter Punkt 8.4.6 angeführt, stellt die CSR Kommunikation einen sehr wesentlichen Aspekt dar. Das Controlling kann diese Kommunikation mitkoordinieren und die entsprechenden Grundlagen wie einen Überblick über den Projektstatus und -verlauf sowie CSR-Kennzahlen und Informationen über die Wirkungen der CSR-Aktivitäten auf die einzelnen Stakeholdergruppen liefern (*Informationsfunktion*).

Abbildung 3 gibt zusammengefasst einen Überblick über die Aufgaben und Aktivitäten des Controllings im Rahmen eines strategisch verankerten CSR-Controllings:

Begleitung
- Moderation und Begleitung des gesamten Strategie- und CSR-Prozesses

Planung
- Zuordnung der Maßnahmen zu Verantwortungsbereichen
- Planung der Maßnahmen im Rahmen der jährlichen Budgetierung

Koordination
- Abstimmung und Begleitung der Maßnahmen in der Umsetzung
- Festlegung von CSR-Kennzahlen

Kontrolle
- Kontrolle der CSR-Maßnahmen im Rahmen laufender Soll/Ist-Vergleiche

Information
- Informationsversorgung aller relevanten Entscheidungsträger
- Vorbereitung und Unterstützung der externen Kommunikation

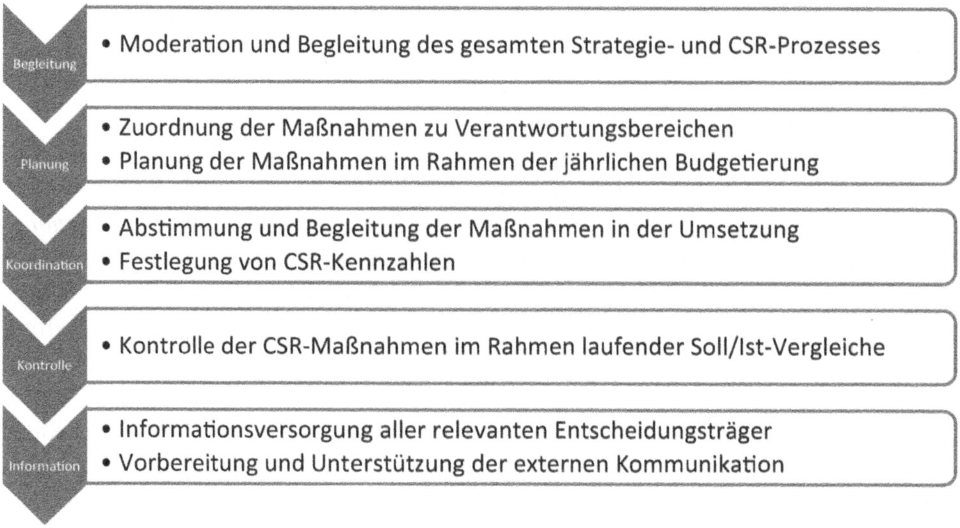

Abb. 3 Aufgaben eines strategisch verankerten CSR-Controllings

Beispiel aus der Unternehmenspraxis zur Begleitung des gesamten CSR-Prozesses durch das Controlling:

Der Controllingverantwortliche begleitet und moderiert den Strategieprozess. Im Rahmen der jährlichen Budgetierung werden die mit den Führungskräften erarbeiteten CSR-Maßnahmen finanziell und personell je Gesellschaft bzw. Verantwortungsbereich budgetiert. Die Kontrolle dieser Werte ist Teil des laufenden Reportings (Soll/Ist-Vergleiche und ausgewählte Kennzahlen). Darüber hinaus überwacht der Controller mittel- bis langfristige CSR-Projekte und liefert quartalsweise einen Projektstatus für den Unternehmer, die Führungskräfte sowie die Marketingverantwortliche, welche mit der externen Kommunikation betraut ist.

6 Schlussfolgerungen und Handlungsempfehlungen

CSR als Managementkonzept ist für KMUs relativ neu. Auch die strategische Planung sowie die explizite Formulierung und Kommunikation eines Unternehmensleitbildes findet in vielen kleinen und mittleren Unternehmen nur rudimentär statt. Die Auseinandersetzung mit unternehmerischer Verantwortung und CSR kann daher in diesen Unternehmen den strategischen Fokus schärfen, die Innovationskraft stärken und sowohl Risiken als auch Chancen abzubilden (Schneider 2012b, S. 584).

Die Nähe und der direkte Zugang zu Stakeholdern sowie das häufige Zusammenfallen von Inhaberschaft und Geschäftsführung stellen eine gute Basis für rasche, unkomplizierte und authentische Implementierung von CSR dar. Viele Eigentümer von KMU stehen jedoch „neuen" oder „modernen" Managementkonzepten oft skeptisch gegenüber. Das CSR-Engagement gestaltet sich oft spontan und ausschließlich projektbezogen (Schneider 2012b, S. 586). Dies bietet jedoch für die Controllingverantwortlichen in KMUs eine große Chance: Durch die integrative Verzahnung von Strategie, CSR und Controlling können diese einen wesentlichen Beitrag zur Professionalisierung der Unternehmen auf strategischer Ebene sowie zur internen und externen Bewusstseinsschaffung über die Bedeutung nachhaltiger Unternehmensführung beitragen.

Als Handlungsempfehlungen lassen sich zusammenfassend folgende ableiten:

Idealerweise erfolgt eine Begleitung des gesamten CSR-Prozesses durch das Controlling, welches neben der Sensibilisierung und Aufklärung der Mitarbeiter auch die laufende Reflexion des Gesamtprozesses und der Stakeholdererwartungen und -beziehungen sicherstellt.

In weiterer Folge bedarf es der Koordination von CSR-Projekten mit allen anderen unternehmerischen Aktivitäten und der Sicherstellung der Kongruenz mit dem unternehmensindividuellen CSR-Verständnis. Corporate Social Responsibility bzw. das CSR-Controlling sind demnach immer unternehmensindividuell auszugestalten (BM für Arbeit und Soziales 2011, S. 12 ff.; Preller 2007, S. 53). Durch einen integrativen Ansatz, der vom Eigentümer unterstützt werden muss, können jedoch Zielkonflikte zwischen den Nachhaltigkeitsbereichen und der wirtschaftlichen Orientierung transparent gemacht und gelöst werden.

Literatur

Analoui, F., & Karami, A. (2003) *Strategic management in small and medium enterprises*. London: Thomson.

Bielka, F., & Schwerk, A. (2011). Fünf Thesen zur strategischen Einbettung von CSR in das Unternehmen am Beispiel der degewo. In B. Sandberg & K. Lederer (Hrsg.), *Corporate Social Responsibility in kommunalen Unternehmen. Wirtschaftliche Betätigung zwischen öffentlichem Auftrag und gesellschaftlicher Verantwortung* (S. 149–169). Wiesbaden: Springer.

BM für Arbeit und Soziale. (2011). Die DIN ISO 26000 *Leitfaden zur gesellschaftlichen Verantwortung von Organisationen – ein Überblick*. Publikationsversand der Bundesregierung.

Braun, S., Doerner, U., Horst, D. W., & Loew, T. (2010). *Unternehmerische Verantwortung praktisch umsetzen. Leitfaden zum Nachhaltigkeitsmanagement*, Hrsg. von Price Waterhouse Cooper 2. Aufl. Frankfurt a. M.

Carroll, A. B. (1999). Corporate social responsibility: Evolution of a definitional contruct. *Business and Society, 38*(3), 268–295.

Coenenberg, A. G., Fischer, T. M., & Günther, T. (2009). *Kostenrechnung und Kostenanalyse* (7. Aufl.). Stuttgart: Schäffer Pöschl.

Deloitte. (Hrsg.). (2009). Corporate social responsibility. Verankert in der Wertschöpfungskette. http://www.deloitte.com/assets/Dcom-Germany/Local%20Assets/ Documents/de_CB_CSR_R_80409.pdf. Zugegriffen: 20. Okt. 2014.

Duong Dinh, H. (2011). *Corporate social responsibility. Determinanten der Wahrnehmung, Wirkungsprozesse und Konsequenzen*. Wiesbaden: Gabler.

Europäische Kommission. (Hrsg.). (2001). Grünbuch Europäische Rahmenbedingungen für die soziale Verantwortung der Unternehmen. http://eurlex.europa.eu/legalcontent/DE/TXT/?uri=CELEX:52001DC0366. Zugegriffen: 20. Oct. 2014.

Europäische Kommission. (Hrsg.). (2003). Empfehlung der Kommission vom 6. Mai 2003 betreffend die Definition der Kleinstunternehmen sowie der kleinen und mittleren Unternehmen. http://eur-lex.europa.eu/LexUriServ/LexUriServ.do? uri=OJ:L:2003:124:0036:0041:DE:PDF. Zugegriffen: 20. Oct. 2014.

Feldbauer-Durstmüller, B., Duller, C., Mayr, S., Neubauer, H., & Ulrich, P. (2012). Controlling in mittelständischen Familienunternehmen – ein Vergleich von Deutschland und Österreich. *Zeitschrift für Controlling und Management, 56*(6), 408–41.

Figge, F., Hahn, T., Schaltegger, S., & Wagner, M. (2002). The sustainability balanced scorecard – linking sustainability management to business strategy. *Business Strategy and the Environment, 11*, 269–284.

Fischer, T. M., Huber, R., & Sawczyn, A. (2010). Nachhaltige Unternehmensführung als Herausforderung für das Controlling. *Controlling, 22*(4/5), 222–230.

Gastinger, K., & Gaggl, P. (2012). CSR als strategischer Managementansatz. In A. Schneider & R. Schmidpeter (Hrsg.), *Corporate Social Responsibility. verantwortungsvolle Unternehmensführung in Theorie und Praxis* (S. 331–356). Berlin: Springer.

Gelbmann, U., & Baumgartner, R. J. (2012). Strategische Implementierung von CSR in KMU. In A. Schneider & R. Schmidpeter (Hrsg.), *Corporate Social Responsibility, verantwortungsvolle Unternehmensführung in Theorie und Praxis* (S. 285–298). Berlin: Springer.

Habisch, A. (2006). Gesellschaftliches Engagement als Win-win-Szenario. In K. Gazdar, A. Habisch, K. R. Kirchhoff, & S. Vaseghi (Hrsg.), *Erfolgsfaktor Verantwortung. Corporate Social Responsibility professionell managen* (S. 81–97). Berlin: Springer.

Homann, K., & Blome-Drees, F. (1992). *Wirtschafts- und Unternehmensethik*. Göttingen.

Horst, D. W., & Albrecht, P. (2009). Corporate Responsibility – Steuerung und Rechenschaftslegung „weicher" Erfolgsfaktoren. *Zeitschrift für Controlling & Management, 53*(5), 296–302.

Jonker, J., Stark, W., & Tewes, S. (2011). *Corporate Social Responsibility und nachhaltige Entwicklung. Einführung, Strategie und Glossar*. Berlin: Springer.

Kirchhoff, K. R. (2006). CSR als strategische Herausforderung. In K. Gazdar, A. Habisch, K. R. Kirchhoff, & S. Vaseghi (Hrsg.), *Erfolgsfaktor Verantwortung. Corporate Social Responsibility professionell managen* (S. 13–33). Berlin: Springer.

Kleinfeld, A., & Schnurr, J. (2010). CSR erfolgreich umsetzen. In A. Hardtke & A. Kleinfeld (Hrsg.), *Gesellschaftliche Verantwortung von Unternehmen. Von der Idee der Corporate Social Responsibility zur erfolgreichen Umsetzung* (S. 286–357). Wiesbaden: Springer.

Mayerhofer, W., Grusch, L., & Mertzbach, M. (2008). Corporate Social Responsibility. Einfluss auf die Einstellung zu Unternehmen und Marken. In G. Schweiger (Hrsg.), *Empirische Marketingforschung* (S. 1–267). Wien: Facultas.

Mayr, S. (2010). *Stakeholdermanagement in der Unternehmenskrise, eine unternehmensethische Betrachtung.* Wiesbaden: Gabler.

Mayr, S., & Ausweger, M. (2013). CSR-Strategien mittels CSR-Scorecard erfolgreich umsetzen. *Controlling & Management Review, 57*(4), 34–41.

Porter M. E., & Kramer, M. R. (2007). Corporate Social Responsibility: Wohltaten mit System. *Harvard Business Manager, 1,* 16–35.

Preller, E. (2007). Controlling und Sustainability. *Controlling, 19*(1), 51–53.

Rabbe, S., & Schulz, A. (2011). Herausforderungen an ein ganzheitliches Nachhaltigkeitsmanagement zur Professionalisierung des strategischen Nachhaltigkeitsmanagements in kleinen und mittleren Unternehmen. In J.-A. Meyer (Hrsg.), *Nachhaltigkeit in kleinen und mittleren Unternehmen* (S. 59–81). Köln: Josef Eul.

Schaltegger, S. (2011) Von CSR zu Corporate Sustainability. In B. Sandberg & K. Lederer (Hrsg.), *Corporate Social Responsibility in kommunalen Unternehmen* (S. 187–199). Wiesbaden: Springer.

Schneider, A. (2012a). Reifegradmodell CSR – eine Begriffsklärung und -abgrenzung. In A. Schneider & R. Schmidpeter (Hrsg.), *Corporate social responsibility* (S. 17–38). Wiesbaden: Springer.

Schneider, A. (2012b). CSR aus der KMU-Perspektive: die etwas andere Annäherung. In A. Schneider & R. Schmidpeter (Hrsg.), *Corporate social responsibility* (S. 583–598). Wiesbaden: Springer.

Storey, D. J. (1994). *Understanding the small business sector.* London: Thomson.

Suchanek, A. (2005). Moral als Managementaufgabe. In A. Brink, J. Eurich, & C. Giersch (Hrsg.), *Anreiz versus Tugend? Merkmale moderner Unternehmensethik.* Hamburg: Kovac.

Wiklund, J., & Shepherd, D. (2003). Knowledge-based resources, entrepreneurial orientation, and the performance of small and medium-sized businesses. *Strategic Management Journal, 24,* 1307–1314.

Dr. Stefan Mayr ist Assistenzprofessor am Institut für Controlling und Consulting an der Johannes Kepler Universität Linz. Seine Forschungsschwerpunkte sind CSR und Unternehmensstrategie in den Bereichen Krisen- und Sanierungsmanagement in Klein- und Mittelunternehmen. Daneben ist er als Unternehmensberater in den Bereichen Controlling, Restrukturierung und Sanierung sowie strategische Unternehmensführung tätig. Des Weiteren ist er als Trainer in Managementausbildungen und Führungskräfteentwicklungsprogrammen aktiv.

Teil II
Praktische Fallstudien

Nachhaltigkeit und Controlling im Zusammenspiel bei der SAP

Marc Müller, Diana Pauly und Daniel Schmid

1 Die SAP im Überblick

Die SAP wurde 1972 gegründet und ist weltweit führend beim Marktanteil für Anwendungs- und Analysesoftware für Unternehmen und Marktführer im Bereich Mobile Enterprise Management. Darüber hinaus ist die SAP im Bereich Lösungen für Unternehmen der Cloud-Anbieter mit der höchsten Anzahl an Nutzern und der am schnellsten wachsende Datenbankanbieter. Stetige Innovation, ein breit gefächertes Portfolio und die Fähigkeit sich ständig ändernde Kundenanforderungen vorauszusehen, tragen seit mehr als 40 Jahren zu einem kontinuierlichen Wachstum unseres Unternehmens bei. Zu unserer Konzernstruktur gehören Tochterunternehmen in jedem größeren Land der Erde. Wir betreuen mehr als 282.000 Kunden in über 180 Ländern und beschäftigen mehr als 74.400 Mitarbeiterinnen und Mitarbeiter.

Im Mittelpunkt unserer Unternehmenskultur steht der Erfolg unserer Kunden. Gemäß unserem Leitprinzip Run Simple ist es uns ein wichtiges Anliegen, unsere Kunden bei der Bewältigung der schwierigsten Herausforderungen zu unterstützen, vor denen Unternehmen heute stehen: Komplexität abzubauen und effizienter zu arbeiten. Viele Unternehmen wachsen beispielsweise durch Akquisitionen, wodurch gleichzeitig Komplexität in unterschiedlichen Bereichen entsteht, die aber nicht unmittelbar abgebaut werden kann.

Der Hauptsitz der SAP, die unter SAP SE firmiert, ist Walldorf, Deutschland. Wir sind sowohl an der Deutschen Börse in Frankfurt sowie weiteren Börsen in Deutschland als auch an der US-amerikanischen Börse in New York (New York Stock Exchange) notiert. Zum Ende des Jahres 2014 belief sich unsere Marktkapitalisierung auf 76,5 Mrd. €. Die

---

M. Müller (✉) · D. Pauly · D. Schmid
SAP, Walldorf, Deutschland
E-Mail: marc02.mueller@sap.com

SAP ist Mitglied des Deutschen Aktienindex (DAX), des Aktienindex Dow Jones EURO STOXX 50 und des Dow Jones Sustainability Index.

2 Nachhaltigkeit bei der SAP

In den vergangenen Jahren war es unser erklärtes Ziel, neue Grundlagen für eine nachhaltigere SAP zu schaffen: Anstatt eine isolierte Nachhaltigkeitsstrategie zu verfolgen, möchten wir eine nachhaltige Unternehmensstrategie gestalten. Dieses Ziel können wir nur erreichen, wenn wir das Prinzip der Nachhaltigkeit zum wesentlichen Bestandteil unserer Geschäftsprozesse machen. Zu diesem Zweck haben wir unsere Governance-Struktur angepasst, sodass die einzelnen Funktionen unserer zentralen Nachhaltigkeitsorganisation nun größtenteils in die verschiedenen Geschäftsbereiche integriert sind. Dabei konzentrieren wir uns gleichermaßen auf soziale, ökologische und wirtschaftliche Themen.

Wir sind uns bewusst, dass unsere Investoren zu unseren wichtigsten Stakeholdern gehören und ihr Augenmerk verstärkt darauf richten, mit welchen Maßnahmen wir wesentlichen geschäftlichen Herausforderungen vom Klimawandel bis hin zum weltweiten Bevölkerungswachstum begegnen. Unser Chief Sustainability Officer (CSO) gehört daher der Organisation des Chief Financial Officer (CFO) an, der zugleich auch die Position des Chief Operating Officer (COO) innehat und die Gesamtverantwortung für diesen Bereich trägt. Der CFO und COO vertritt das Thema Nachhaltigkeit im Vorstand. In den Verantwortungsbereich des CSOs fallen verschiedenste Aufgaben im Hinblick auf unsere Nachhaltigkeitsleistung, unsere Maßnahmen zur Verankerung der Nachhaltigkeit in unserer Geschäftstätigkeit sowie unsere Beziehungen zu externen Stakeholdern und die Kommunikation.

Unser erweitertes Nachhaltigkeitsteam ist als Matrixorganisation aufgestellt. In der Organisation sind beispielsweise folgende Teams vertreten:

- ein spezielles Nachhaltigkeitsteam, das das Konzept der Nachhaltigkeit in unserer Unternehmensstrategie verankert und für unsere interne Nachhaltigkeitsleistung, die integrierte Berichterstattung und die Förderung neuer Nachhaltigkeitsinitiativen in anderen Teilen des Unternehmens verantwortlich ist
- ein Team aus Nachhaltigkeitsexperten, die das Prinzip der Nachhaltigkeit in unsere bestehenden und neuen Lösungen für Geschäftsbereiche und Industrien integrieren
- Experten für Entwicklung und Solution Management, die für die Entwicklung spezieller SAP- Nachhaltigkeitslösungen zuständig sind
- ein Team, das für das soziale Engagement der SAP zuständig ist (Corporate Social Responsibility Team)

In den nachfolgenden Abschnitten wird aufgrund dieser Unterteilungen der Begriff Nachhaltigkeit als Überbegriff unserer Leistungen im Bereich Corporate Social Responsibility verwendet.

3 Controlling bei der SAP

Die Rolle des Controllings orientiert sich bei der SAP am Leitbild eines *dualen Rollenmodells*. Ein Mitarbeiter im Finanzbereich bei der SAP erfüllt demnach zwei sich einander ergänzende Rollen als *Business Partner* und *Steward* (siehe auch Abb. 1).

Aus diesem Selbstverständnis heraus soll Controlling einerseits die verschiedenen Geschäftsbereiche dabei unterstützen, ihre Ziele und damit das gesamte Unternehmensziel zu erreichen. Es soll als Co-Navigator der Unternehmensleitung „Kursabweichungen" erkennen und Möglichkeiten zur Wiederaufnahme des Kurses aufzeigen (*Business Partnering* Funktion). Gleichzeitig stellt das Controlling (im Rahmen seiner Fachkompetenz) sicher, dass entsprechende Richtlinien eingehalten werden (*Compliance* Funktion).

Im Zuge der letzten Jahre hat sich die Rolle der Finanzfunktion stark gewandelt. Dabei ging es kontinuierlich um das gleiche Ziel: einen noch stärkeren Fokus auf die *Business Partnering* Funktion legen, ohne dabei die Compliance zu vernachlässigen. Damit folgt die SAP einem Trend, der auch in anderen Unternehmen Einzug hält (siehe auch Abb. 2).

Auch die Controlling Funktion ist davon betroffen. Sie ist analog zu den anderen Finanzfunktionen über die Zeit v. a. durch anorganisches Wachstum gewachsen. Im Rahmen des Umbaus des Geschäftsmodells in Richtung Cloud Geschäft ist der Aufbau einer an global einheitlichen Standards ausgerichteten, gleichzeitig flexiblen und hocheffizienten Controlling Organisation essenziell, um erfolgreich zu bleiben.

Die Tradition von SAP-Controlling liegt analog zu den anderen Finanzfunktionen in einer starken Ausrichtung auf die *Business Partnering* Funktion.

Erreicht werden soll dies im Wesentlichen durch drei Maßnahmen:

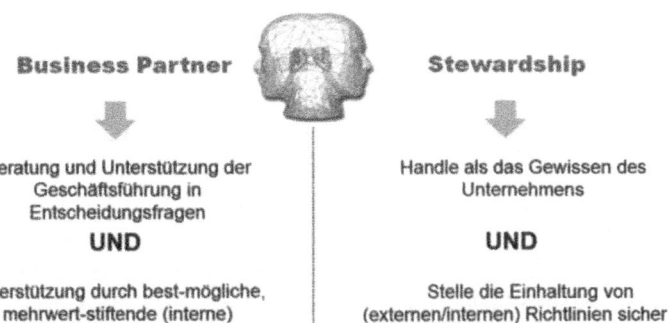

Abb. 1 Die duale Rolle des CFO bei der SAP

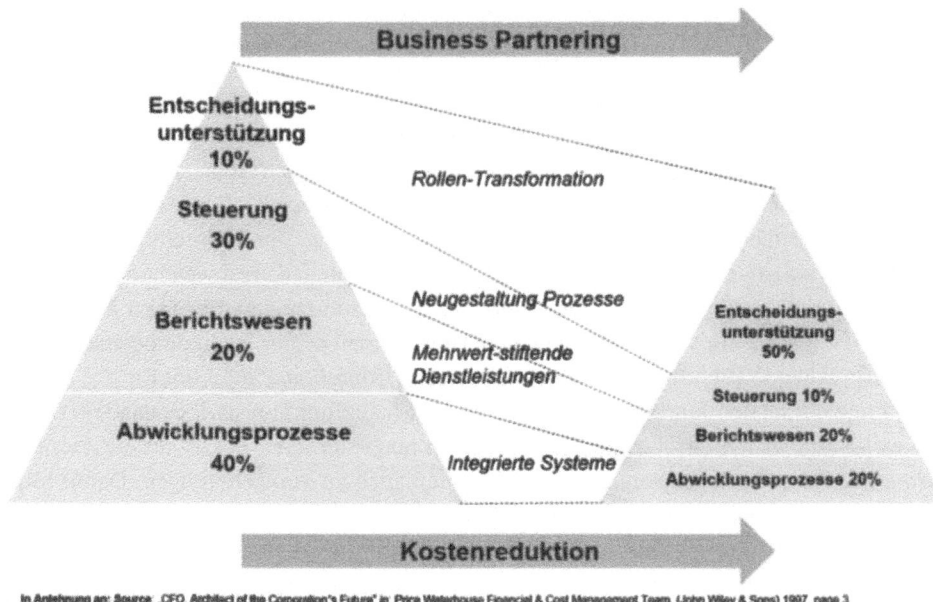

Abb. 2 Neuausrichtung des Finanzbereiches

1. Vereinheitlichung von Prozessen durch Einführung global verantwortlicher „Centers of Expertises"
2. Vereinheitlichung bzw. Optimierung von Systemen z. B. für Analytics, Forec und Planung.
3. Verwendung des Shared Service Center Ansatzes für die Kostenrechnung und Stammdatenverwaltung.

Christian Klein, Head of Global Controlling, sieht das Controlling bei der SAP in einer stark aktiven Rolle – sowohl bei der Ausgestaltung der Unternehmensstrategie wie auch bei der operativen Begleitung und Nachverfolgung eingeleiteter Maßnahmen. Dabei wird es von einer standardisierten Analytics-Plattform unterstützt, die unternehmensweit mit einheitlichen Kennzahlen arbeitet und gleichzeitig bereichsspezifisch flexible Berichts- und Analysemöglichkeiten bietet. Zusätzlich werden erfolgversprechende Initiativen zur Automatisierung und Integration von Forecast- und Planungsabläufen – wie zum Beispiel der Zusammenführung von Personal und Ressourcenplanung – vorangetrieben mit dem Ziel, eine fakten- und themenbasierte Diskussion des Controllers mit seinem Business Partner zu unterstützen. Um dieses Ziel zu erreichen, ist es aus seiner Sicht aber auch von Bedeutung, den Umbau in den Kontext der Firma einzubetten. So sind das Bewusstsein der Mitarbeiter für die Notwendigkeit der Veränderungen sowie die konsequente Ausrichtung dieser an den Zielen der SAP zentrale Faktoren. Ein konsequentes Change Management auf allen von dem Umbau betroffenen Ebenen sowie ein frühzeitiger und kontinuierlicher

Einbezug des internen Kunden helfen dabei sicherzustellen, dass der Umbau im Licht der Ziele der Firma umgesetzt wird.

4 Das Zusammenspiel von Nachhaltigkeit und Controlling

> Traditionelle finanzielle Indikatoren allein genügen nicht, um ein vollständiges Bild der Leistung eines Unternehmens zu malen. Für eine ganzheitliche Sicht müssen auch soziale und ökologische Auswirkungen beachtet werden. Das Verankern von Nachhaltigkeit hilft uns, die Verknüpfungen zwischen unserer nicht-finanziellen und finanziellen Leistung herzustellen (Luka Mucic, Finanzvorstand SAP).

4.1 Eine ganzheitliche Sicht unserer Leistung

In den vergangenen Jahren war es unser Ziel, einen Rahmen zu schaffen, der die konkreten Zusammenhänge zwischen unserer nicht finanziellen und unserer finanziellen Leistung aufzeigt. Denn dass die sozialen, ökologischen und wirtschaftlichen Leistungen eines Unternehmens sich gegenseitig beeinflussen, und dass jeder Bereich spürbare Auswirkungen auf die anderen hat, bildet die Grundlage unseres integrierten Denkens. So haben wir ermittelt, wie sich vier soziale und ökologische Kennzahlen – betrieblicher Gesundheitskulturindex (BHCI), Mitarbeiterengagement, Mitarbeiterbindung und Emissionen – auf das Betriebsergebnis der SAP auswirken. Wie auf den folgenden Seiten geschildert, waren unsere Ergebnisse überraschend: Sie belegten mit eindeutigen Zahlen, wie eine integrierte Strategie nicht nur unsere Umweltauswirkungen verringert und das Wohlbefinden unserer Mitarbeiter positiv beeinflusst, sondern auch unseren Geschäftserfolg fördert.

In 2014 haben wir mehr als nur die allgemeinen Zusammenhänge zwischen nicht finanzieller und finanzieller Leistung aufgezeigt. Untersuchungen in der Vergangenheit haben bereits ergeben, dass eine Korrelation zwischen Kennzahlen wie Mitarbeiterengagement und Umsatz oder Marge besteht. Wir wollten einen Schritt weiter gehen. Anhand unserer internen Daten haben wir diese Verbindungen ganz konkret für die SAP dargestellt: Kennzahlen, die messen, wie gut wir unsere Mitarbeiter für unser Unternehmen begeistern und für unsere Vision und Strategie gewinnen, wie erfolgreich wir die Vereinbarkeit von Beruf und Privatleben unterstützen und unsere CO_2-Emissionen senken, haben wir finanziell bewertet. In internen Gesprächen zwischen dem Nachhaltigkeitsteam und Controlling, sowie in Zusammenarbeit mit externen Beratern, konnte so eine Methode erstellt werden, die in den nachfolgenden Abschnitten genauer betrachtet wird.

Das Nachhaltigkeitsteam hat diesen Entstehungsprozess maßgeblich vorangetrieben und steuert auch bislang die Weiterentwicklung der Themen. Eine über diese Gespräche hinaus gehende Integration von Controlling Funktionen in den Prozess der Festlegung und in das fortlaufende Monitoring der Nachhaltigkeitsziele und -kennzahlen findet im Moment noch nicht statt. Näheres zur Zusammenarbeit zw. Controlling und dem Nachhaltigkeitsteam siehe auch im Kapitel „Ausblick" am Ende des Beitrags.

4.2 Unsere Methode zur Dokumentation finanzieller Auswirkungen

Für unsere Methode haben wir zunächst Ursache-Wirkungs-Ketten erstellt. Diese Diagramme zeigen, wie spezielle Maßnahmen, die wir ergreifen, Verhaltensänderungen bewirken, die wiederum unser Geschäft beeinflussen und sich letztendlich in einem finanziellen Ergebnis niederschlagen. Diese Maßnahmen und ihre Wirkungen werden im folgenden Abschnitt exemplarisch genauer erläutert. Eine solche Analyse stellt aber mehr als nur einen Zusammenhang zwischen nicht finanziellen Kennzahlen und ihren finanziellen Auswirkungen her. Sie zeigt, warum und wie ein Faktor wie das Mitarbeiterengagement letztlich zu einer Verbesserung oder Verschlechterung der Unternehmensleistung führt. Solche Erkenntnisse sind unserer Ansicht nach eine Voraussetzung dafür, um die finanziellen Auswirkungen nicht finanzieller Faktoren umfassend darzustellen.

Bei der Erstellung und Bewertung dieser Ursache-Wirkungs-Ketten haben wir sowohl mit internen als auch mit externen Stakeholdern zusammengearbeitet. Zunächst setzten wir uns innerhalb der SAP in kleinen Gruppen zusammen und untersuchten im Detail, wie einzelne Aktivitäten, die mit unseren jeweiligen nicht finanziellen Kennzahlen im Zusammenhang stehen, Schritt für Schritt andere Bereiche beeinflussen. Unsere Ergebnisse diskutierten wir anschließend mit externen Stakeholdern, unter anderem mit Wissenschaftlern, Finanzinvestoren und anderen IT-Unternehmen.

In einem letzten Schritt setzten wir reale Daten der SAP ein, um anhand unserer Ursache-Wirkungs- Ketten die Auswirkungen auf das Betriebsergebnis zu dokumentieren. Am Beispiel der CO_2-Emissionen kann dieser Schritt im Folgenden genauer erläutert werden. Die zugrunde liegenden Daten für unsere ökologischen Kennzahlen werden vierteljährlich erhoben und nach einer Prüfung durch ein unabhängiges Unternehmen einmal jährlich in unserem Geschäftsbericht veröffentlicht. Wir analysieren den Energieverbrauch und die Treibhausgasemissionen in unserer gesamten Wertschöpfungskette. Bis auf wenige Ausnahmen können wir alle unsere Emissionen direkt messen, manche Emissionen die durch die von uns gekauften Waren und Dienstleistungen oder die graue Energie in unseren Gebäuden entstehen, ermitteln wir auf der Grundlage von Hochrechnungen. Der Einfluss der CO_2-Emissionen auf das Betriebsergebnis berechnet sich beispielsweise aus den gesamten Kosten der CO_2-Emissionen (400 Mio. €) geteilt durch 100 %, also 4 Mio. € pro Prozent. Die Berechnungen für den betrieblichen Gesundheitskulturindex, Mitarbeiterengagement und Mitarbeiterbindung waren wesentlich komplexer, weshalb deren Ergebnisse auch nicht exakt sondern als Spannweite wiedergegeben werden. Durch diese Rechnungen fanden wir zunächst heraus, dass wir die Vereinbarkeit von Beruf und Privatleben verbessern können, wenn wir ein flexibleres Arbeiten ermöglichen, und sich dies wiederum positiv auf die Produktivität auswirkt. Aufbauend auf dieser Erkenntnis ergab unsere Analyse, dass diese höhere Produktivität zu spürbaren finanziellen Verbesserungen führt (Tab. 1).

Anschließend dokumentierten wir mit Verfahren wie der linearen Regressionsanalyse die finanziellen Auswirkungen von vier nicht finanziellen Kennzahlen: unserem betrieblichen Gesundheitskulturindex, dem Mitarbeiterengagement, der Mitarbeiterbindung und den CO_2-Emissionen. Bei den ersten drei Kennzahlen untersuchten wir, wie sich eine Ab-

Tab. 1 Auswirkungen der nicht-finanziellen Kennzahlen auf das Betriebsergebnis der SAP

Betrieblicher Gesundheitskulturindex	65 bis 75 Mio. €
Mitarbeiterengagement	35 bis 45 Mio. €
Mitarbeiterbindung	40 bis 50 Mio. €
CO_2-Emissionen	4 Mio. €

weichung von einem Prozentpunkt auf das Betriebsergebnis der SAP auswirken würde. Gleichzeitig ermittelten wir, was eine Senkung unserer Emissionen um 1 % für das Betriebsergebnis bedeuten würde. Dabei gelangen wir zu folgenden Ergebnissen:

Diese Zahlen sind Bruttowerte und lassen keine exakten Rückschlüsse auf den Nettowert zu. Ebenso enthalten die einzelnen Kennzahlen Wirkungszusammenhänge miteinander. Dennoch geben die Ergebnisse einen guten Einblick in die Größenordnung und Bedeutsamkeit der nicht-finanziellen Kennzahlen.

4.3 Beispiele

Nachfolgend stellen wir die Ursache-Wirkungs-Kette für den betrieblichen Gesundheitskulturindex dar. Der betriebliche Gesundheitskulturindex misst die Gesundheit der Unternehmenskultur und der Mitarbeiter. Unsere Kette beginnt mit gesundheitsfördernden Maßnahmen bei der SAP. Sie reichen von flexiblen Arbeitsmodellen über Programme zur Weiterentwicklung von Führungskräften bis hin zu unseren weltweit stattfindenden „Health and Innovation Weeks". Jede dieser Initiativen stärkt unsere Unternehmenskultur und hilft unseren Mitarbeitern, mit beruflicher Belastung umzugehen, Beruf und Privatleben miteinander in Einklang zu bringen, eigenverantwortlich zu arbeiten und ihr Leistungspotenzial zu entfalten (Abb. 3).

In jedem einzelnen Fall zeigt die Kette auf, wie Nicht-Messbares messbar wird. Insgesamt stellen die Zusammenhänge dar, wie Maßnahmen in einem Bereich untrennbar mit Auswirkungen in einem anderen Bereich verbunden sind. So würde sich eine Abweichung des betrieblichen Gesundheitskulturindex um einen Prozentpunkt mit 65 bis 75 Mio. € auf das Betriebsergebnis der SAP auswirken. Daniel Schmid, Chief Sustainability Officer bei der SAP, sieht dadurch einen klaren Bezug zur Strategie und den Werten, die bei der SAP gelebt werden:

> Unsere Vision „Help the world run better and improve people's lives" zeigt auf, welche immense Wirkung wir mit unseren Lösungen haben. Zudem ist sie zukunftsweisend und sinnstiftend. Wir erleben nicht nur bei uns selbst, sondern gerade auch bei unseren Kunden und Investoren, wie der Business Bezug von Nachhaltigkeit und die Einbettung ins Kerngeschäft stetig zunehmen. Unsere integrierter Leistungsanalyse verdeutlicht klarer als je zuvor, dass Unternehmen durch Maßnahmen nicht nur in ökonomischen, sondern auch in sozialen und ökologischen Dimensionen ein höheres Betriebsergebnis erreichen können, das sich aus mehr Kosteneffizienz sowie Umsatzwachstum ergibt. Mehr Nachhaltigkeit führt zu mehr Unternehmenserfolg.

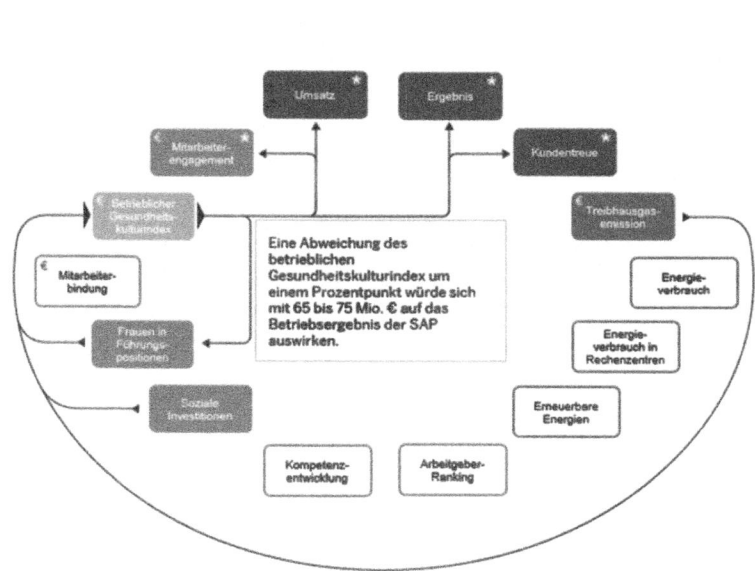

Abb. 3 Wirkungszusammenhänge des betrieblichen Gesundheitskulturindexes mit anderen finanziellen und nicht finanziellen Kennzahlen der SAP

Gesundheitsassoziierte Produktivitätsverluste können mithilfe des betrieblichen Gesundheitskulturindex in großem Umfang erfasst und berücksichtigt werden. Darin prüfen wir in unseren Berechnungen den kombinierten Effekt der krankheitsbedingten Abwesenheit oder Arbeitsunfähigkeit (Absentismus) und dem krankheitsbezogenen Produktivitätsverlust durch Präsentismus. Schätzungen des gesundheitsassoziierten Produktivitätsverlustes werden in Tage pro Person pro Jahr ausgedrückt. Präsentismus lässt sich in zwei Komponenten unterteilen: Produktivitätsreduktion und Produktivitätsverlust, verbunden mit beeinträchtigter organisationaler oder individueller Gesundheit. Das von uns verwendete Maß ist konzeptionell abgeleitet von vielfältigen Quellen wie der Stanford-Presenteeism-Skala, dem Work Productivity Activity Index (WPAI) und dem Work Ability Index.

Zusätzlich zu den bereits geschilderten Maßnahmen nutzen wir unser Sustainability Dashboard um unsere wichtigsten Nachhaltigkeitskennziffern all unseren Mitarbeitern ständig zur Verfügung zu stellen. Die jährlichen Nachhaltigkeitsberichte von Unternehmen mit den Kennziffern auf Konzernebene bilden die Grundlage für mehr Transparenz und Messbarkeit. Um den einzelnen Mitarbeiter mitzunehmen, ist es jedoch hilfreich, die Daten aus der globalen Anonymität zu holen und einen stärkeren persönlichen Bezug herzustellen, indem die Nachhaltigkeitskennziffern zeitlich, räumlich und organisatorisch heruntergebrochen werden (Abb. 4).

Das Sustainability Dashboard knüpft an dieses Prinzip an und bietet den idealen Einstiegspunkt, um nachhaltigkeitsbezogene Daten aus dem eigenen Unternehmensbereich

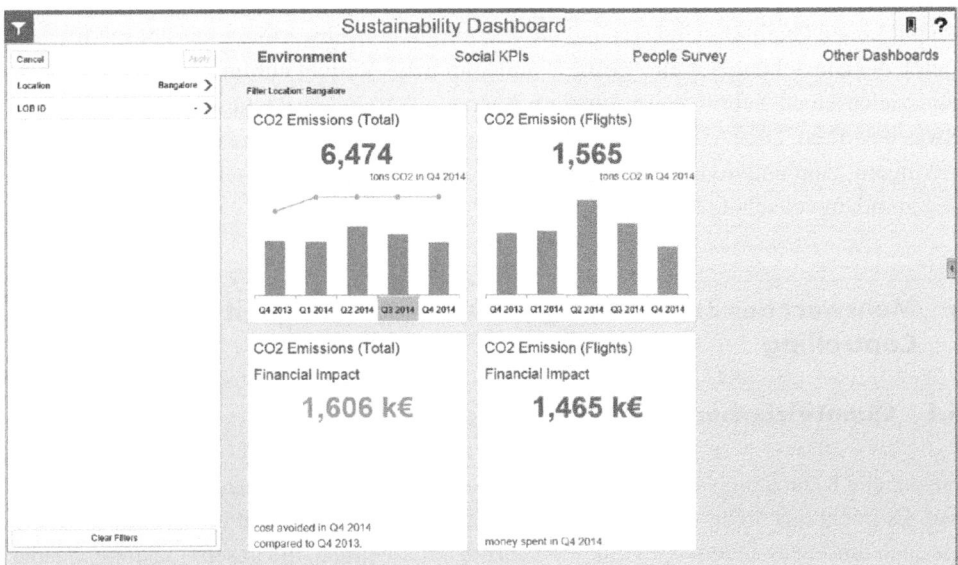

Abb. 4 Das Sustainability Dashboard veranschaulicht verschiedenste Nachhaltigkeitskennzahlen eines Unternehmens auf einen Blick

oder Standort einsehen und vergleichen zu können. Es visualisiert in anschaulicher und ansprechender Weise nicht-finanzielle Kennzahlen aus den Bereichen Umwelt, wie beispielsweise CO_2-Emissionen oder Flüge, und Soziales, wie beispielsweise Mitarbeiterbindung oder Frauen in Führungspositionen. Der Nutzer kann eine geografische oder organisationale Perspektive wählen und dabei bis auf die Ebene des jeweiligen Standortes oder der zweiten Führungsebene des eigenen Geschäftsbereiches gehen.

Für jede Kennzahl lassen sich zeitliche Trends ablesen: Wie hat sich der jeweilige Wert über die letzten fünf Quartale entwickelt? Hat sich der aktuelle Quartalswert gegenüber dem Vergleichsquartal im Vorjahr verbessert oder verschlechtert? So kann einerseits ermittelt werden, ob eingeleitete Initiativen bereits Wirkung zeigen. Das kann Mitarbeiter zum Weitermachen anspornen. Andererseits kann auch Handlungsbedarf verdeutlicht werden, was Mitarbeiter verstehen lässt, warum gegensteuernde Maßnahmen erforderlich sind, und ihre Unterstützung sichert. Ergänzend dazu wird der Grad der Zielerreichung für jeden Geschäftsbereich beziehungsweise Standort angezeigt, sodass erkennbar wird, ob erreichte absolute Verbesserungen bereits ausreichen, um die hochgesteckten Ziele zu erreichen, oder weitere Anstrengungen erforderlich sind.

Unsere Nachhaltigkeitskennziffern und -ziele kommunizieren wir außerdem extern über unseren integrierten Geschäftsbericht. Zu unseren erklärten Zielen gehört unter anderem, die Netto-Treibhausgasemissionen aus unseren Unternehmensaktivitäten bis 2020 auf das Niveau des Jahres 2000 zu reduzieren und einen Anteil von 20 % Elektrofahrzeugen in unserer Firmenwagenflotte. Zur Verringerung unserer Emissionen verfolgen wir drei grundlegende Ansätze: eine Steigerung der Effizienz unserer Abläufe in Verbindung mit der Erarbeitung zukunftsweisender Konzepte, den Erwerb von Grünstromzertifikaten mit hohen Qualitätsstandards und die Investition in hochwertige Emissionszertifikate. Durch die Umstellung auf eine grüne Cloud kommen wir nicht nur unseren eigenen Emissionszielen einen Schritt näher, sondern können auch außerhalb unseres Unternehmens etwas bewirken. Denn auf diese Weise können wir zum einen unsere eigenen Emissionen verringern, zum anderen aber auch durch unsere Kunden einen wesentlich größeren Beitrag zum Umweltschutz leisten.

5 Mehrwert des Zusammenspiels von Nachhaltigkeit und Controlling

5.1 Quantifizierbarkeit nicht finanzieller Kennzahlen

Finanzielle Kennzahlen alleine können kein Gesamtbild der Unternehmensleistung zeichnen. Es reicht uns nicht, nur eine integrierte Strategie zu haben. Wir müssen diese Strategie auch umsetzen, indem wir konkrete Schritte unternehmen, die unsere Leistung in jeder Hinsicht – der wirtschaftlichen, sozialen und ökologischen – verbessern.

Wir glauben, dass wir diesen Schritten näher kommen, wenn wir die finanziellen Auswirkungen von nicht-finanziellen Kennzahlen dokumentieren. Wir begnügen uns nicht mehr nur mit der Feststellung, dass sozialer und ökologischer Wandel wirtschaftlich sinnvoll ist, sondern haben jetzt auch die Zahlen, um dies zu belegen. Diese dokumentierten Zahlen schaffen eine neue Argumentationsgrundlage für Unternehmenschefs, Investoren, Mitarbeiter und andere wichtige Stakeholder. Sie erweitern den Katalog an möglichen Maßnahmen, die finanziellen Erfolg fördern. Maßnahmen zur Verbesserung des Mitarbeiterengagements und Senkung von Emissionen können nicht mehr länger als optional gelten, sondern als Schritte, die für eine erfolgreiche Unternehmensstrategie unabdingbar sind.

5.2 Von der Erstellung eines Modells zu seiner Umsetzung

Im weiteren Verlauf unserer Arbeit wollen wir dazu beitragen, dass sich diese Erkenntnis sowohl innerhalb als auch außerhalb der SAP verbreitet und durchsetzt. Wir arbeiten daran, dass diese Ergebnisse in unsere Entscheidungsprozesse und unsere vierteljährlichen Geschäftstätigkeitsanalysen einfließen, damit sie neben Faktoren wie Umsatz und Kosten für die Steuerung unseres Unternehmens eingesetzt werden. Unser Ziel ist es, dass mehr und mehr Führungskräfte erkennen – und auch daran gemessen werden –, dass eine Verbesserung von Kennzahlen wie dem Mitarbeiterengagement auch für die finanzielle Leistung des Unternehmens förderlich ist.

Sich überhaupt auf diese neue Herangehensweise einzulassen und aktiv Changemanagement in der Firma zu betreiben, ist sicherlich eine der größten Herausforderungen für andere Unternehmen, die am Anfang ihrer Reise zu integriertem Denken stehen. Für uns war der Weg von einer Nachhaltigkeitsstrategie hin zu einer nachhaltigen Strategie entscheidend für diesen Wandel, ebenso wie eingebettete Nachhaltigkeitsarbeit über unsere Geschäftsbereiche hinweg. Ebenso haben wir uns sehr früh klare Ziele in Bezug auf Nachhaltigkeit gesteckt, an denen wir uns nach wie vor messen.

Wir werden unsere Methode auch unseren Kunden vorstellen, um ihnen damit zu mehr Wettbewerbsfähigkeit zu verhelfen. Wir wissen nun, dass Unternehmen durch Maßnahmen in ökonomischen, sozialen und ökologischen Dimensionen ein höheres Betriebsergebnis erreichen können, das sich aus mehr Kosteneffizienz sowie Umsatzwachstum ergibt. Noch bedeutsamer ist aber, dass diese Unternehmen bessere Voraussetzungen für eine Führungsrolle in der Zukunft mitbringen, da sie sich mit den drängenden Fragen der heutigen Zeit auseinandersetzen und zu einem langfristigen nachhaltigen Wandel beitragen.

5.3 Ausblick

Nachhaltigkeit und Controlling leisten jeweils für sich genommen einen bedeutsamen Beitrag zur Strategie und Zielsetzung der SAP und sind zwei vereinbare Funktionen. Dieser Artikel verdeutlicht, dass Nachhaltigkeit sehr konkret operationalisiert und an monetäre Größen geknüpft werden kann. Die SAP hat es geschafft, ein mit finanziell messbaren Kenngrößen verknüpftes Modell zu entwickeln, welches die Planung und Erreichung von Nachhaltigkeitszielen und deren Integration in das Zielsystem der SAP erlaubt. Dadurch wird offensichtlich, dass Nachhaltigkeit keine Modeerscheinung des 21. Jahrhunderts ist, sondern zukünftig integraler Bestandteil jeder Strategie- und Zieldefinition eines Unternehmens wird.

Daneben zählt das Controlling nach wie vor zu den zentralen Finanzfunktionen bei der SAP und hat an Bedeutung nicht verloren. Jedoch unterliegt auch diese dem Wandel und muss veränderten Anforderungen gerecht werden, die sich aus dem Marktumfeld der SAP ergeben. Dieser Wandel steht im Zeichen des Business Partnerings. Das Controlling der SAP möchte diese Rolle unter verstärktem Einsatz innovativer Technologien zukünftig noch stärker wahrnehmen und damit noch besser zur Geschäftszielerreichung beitragen können, ohne dabei die Compliance mit internen und externen Richtlinien zu vernachlässigen

Die Integration von Controlling und Nachhaltigkeit bei der SAP kann als Prozess aufgefasst werden, der begonnen wurde. Im Moment sind Controlling und Nachhaltigkeit nur ansatzweise integriert, die Zusammenarbeit beschränkt sich im Moment dabei insbesondere auf das Ermitteln und Berichten von Werten für definierte Kennzahlen. Zukünftig soll das Integrations-Niveau auf Basis des dargestellten Nachhaltigkeits-Steuerungsmodells erhöht werden. Das Ziel ist, Controlling zu einem festen Bestandteil des Regelkreises werden zu lassen und bei der Festlegung und Überwachung von Nachhaltigkeitszielen, sowie bei dem dazu notwendigen Einsatz von Steuerungsmechanismen zu beteiligen.

Marc Müller hat ein Diplom der Betriebswirtschaftslehre an der Berufsakademie in Stuttgart erworben und arbeitet seit 2007 bei der SAP, zunächst als Spezialist für die Umsatzbilanzierung, zwischen 2013 und 2015 als Assistent des CFO der Vertriebsregion „Middle and Eastern Europe" und verantwortet derzeit die Abteilung Umsatzbilanzierung der SAP Deutschland SE & Co. KG.

Diana Pauly arbeitet seit Dezember 2014 in der Nachhaltigkeitsabteilung der SAP. Sie betreut innerhalb des Teams das Thema wirtschaftliche Nachhaltigkeit, insbesondere die integrierte Berichterstattung, sowie Ratings und Rankings.

Daniel Schmid ist seit Juni 2014 Chief Sustainability Officer der SAP und verantwortet Nachhaltigkeit im Gesamtkonzern. Er gehört dem Lenkungskreis von econsense an, dem Forum für nachhaltige Entwicklung der deutschen Wirtschaft, und ist Jury-Mitglied beim Baden-Württembergischen Mittelstandspreis LEA (Leistung, Engagement, Anerkennung). Diana Pauly betreut innerhalb von Schmids Team das Thema wirtschaftliche Nachhaltigkeit.

GoGreen und das Carbon Accounting & Controlling Programm bei Deutsche Post DHL

Katharina Tomoff, Klaus Hufschlag und Patric Pütz

Das Unternehmen

Unter dem Motto „*Die* Post für Deutschland. *The* logistics company for the world" ist Deutsche Post DHL Group der weltweit führende Post- und Logistikdienstleister, mit einem Umsatz von mehr als 56 Mrd. € in 2014. Deutsche Post DHL ist am Markt mit den starken Marken Deutsche Post und DHL vertreten. Die Marke Deutsche Post steht für Nähe, verlässliche Qualität und wegweisende Leistungen. Ihr Erfolg beruht auf der einzigartigen Infrastruktur in Deutschland, der beständig hohen Qualität im Briefgeschäft und innovativen Angeboten im Dialog Marketing. Die Marke DHL steht für persönlichen Einsatz, proaktive Lösungen und lokale Stärke im Paketbereich sowie im internationalen Express-, Logistik- und Briefgeschäft. Garant dafür sind unsere Mitarbeiter, die kundenorientiert denken und jedem Kunden eine maßgeschneiderte Lösung anbieten. Die Gruppe bietet ihren Kunden sowohl einfach zu handhabende Standardprodukte als auch maßgeschneiderte, innovative Lösungen – vom Dialogmarketing bis zur industriellen Versorgungskette. Dabei bilden die mehr als 480.000 Mitarbeiter in mehr als 220 Ländern mit über 90.000 Fahrzeugen und 176 eigenen Düsenflugzeugen ein globales Netzwerk, das auf Service, Qualität und Nachhaltigkeit ausgerichtet ist.

K. Hufschlag (✉) · K. Tomoff · P. Pütz
Deutsche Post DHL Group, Bonn, Deutschland
E-Mail: klaus.hufschlag@dpdhl.com

1 Verantwortung Leben

Gebündelt unter dem Motto „Living Responsibility" hat der Konzern sich zum Ziel gesetzt, durch den Einsatz seiner Kernkompetenzen einen positiven Beitrag zu Umwelt, Gesellschaft und Wirtschaft zu leisten und die Erwartungen aller Stakeholder durch verantwortungsvolles unternehmerisches Handeln zu erfüllen. Im Fokus stehen hier die drei Programme GoGreen im Bereich Umweltschutz, GoHelp im Bereich Katastrophenmanagement und GoTeach im Bereich Bildungsförderung.

Mit dem konzernweiten Umweltschutzprogramm GoGreen zeigt Deutsche Post DHL Group, dass ein nachhaltiges Geschäftsmodell die Dimension der ökologischen Nachhaltigkeit braucht. Intention des Programms ist daher nicht die Demonstration einzelner Leuchtturmprojekte, sondern Aspekte der Ressourceneffizienz in das Geschäftsmodell zu integrieren und partnerschaftlich mit Lieferanten und Kunden Erfolge zu erzielen. Um dies zu gewährleisten, wurden die Kernziele des Programms entsprechend eines ökonomischen Managementansatzes aufgesetzt und in die Konzernstrategie 2020 integriert.

Das im Jahr 2008 ins Leben gerufene GoGreen Programm verfolgt damit ein zentrales Ziel: Bis zum Jahr 2020 will der Konzern seine eigene CO_2-Effizienz und die der Transportsubunternehmer im Vergleich zum Basisjahr 2007 um 30 % verbessern. Mit diesem ambitionierten Ziel will Deutsche Post DHL Group nicht nur das eigene Geschäftsmodell nachhaltig ausrichten, sondern auch einen Mehrwert für Kunden und Investoren schaffen, die den CO_2-Fussabdruck ihrer eigenen Wertschöpfungskette bzw. ihrer gemanagten Assets erfassen und verbessern wollen.

Um ein solches Ziel verlässlich im Auge behalten zu können, bedarf es Prozesse und Systeme, die eine Datenerfassung, -berechnung und -auswertung zulassen und die es ermöglichen, aus den gewonnenen Daten Handlungsempfehlungen abzuleiten.

2 Organisationseinbettung und Zusammenspiel

Abteilungen für Umweltschutz oder Nachhaltigkeit sind in Organisationen heute oft in einer zentralen Funktion angesiedelt. Man findet sie häufig in den Bereichen für Kommunikation, Unternehmensstrategie oder Personal. Auch bei Deutsche Post DHL Group ist das Umweltschutzprogramm GoGreen im Ressort des Vorstandsvorsitzenden aufgebaut worden. Die Integration in bestehende zentrale Funktionen hat den Vorteil, dass Programme und Maßnahmen direkt konzernweit geplant und beschlossen werden können und vereinfacht meist die Einbettung in Kommunikation oder Unternehmensstrategie aufgrund der organisatorischen Nähe. Die Steuerung eines globalen Programms bedarf eines aussagekräftigen Reportings mit dem Ziel, die oben genannten Stakeholderinteressen – intern wie auch extern – zu befriedigen. Um das Programm zu steuern, müssen tatsächliche Fortschritte pro Einheit dargestellt werden. Hierfür wird ein lokal ebenso wie weltweit verlässliches Erfassungs- und Verarbeitungskonzept benötigt. Dieses kann in einem komplexen, international aufgestellten Konzern kaum mit einfachen Mitteln bewerkstelligt werden.

Zudem würde die Komplexität zusätzlich erhöht, wenn ein Parallelsystem zu existierenden Abrechnungs- und Erfassungssystemen eingeführt würde. Vor diesem Hintergrund ist im Konzern bereits früh die Idee entstanden, das Rechnungswesen für Umweltschutz mit dem finanziellen Rechnungswesen zu verknüpfen und entsprechend den Finanzbereich als Partner zu gewinnen.

Ein fester Bestandteil der Finanzanorganisation ist im Konzern Deutsche Post DHL Group das Controlling. Durch Handlungsorientierung und enge Zusammenarbeit mit den Geschäftsfunktionen hat sich ein ausgezeichnetes, vorausschauend agierendes Controlling-Verständnis etabliert. Als Partner und Berater stehen Controller dem Management unterstützend zur Seite, ergebnisorientiert, mit umfassendem Geschäftsverständnis (Ernst et al. 2007, S. 6).

Exzellente Performance eines Unternehmens bedeutet heute jedoch mehr, als „nur" hervorragende Finanzergebnisse zu liefern. Zu exzellenter Performance gehört, dass der Erfolg eines Unternehmens dauerhaft ist, d. h. durch ein nachhaltiges Geschäftsmodell getragen wird und so die Zufriedenheit von Mitarbeitern, Kunden und Investoren sicherstellt. Für das Management und damit auch für das Controlling bei Deutsche Post DHL Group bedeutet dies, den Blick nicht nur auf das aktuelle ökonomische Ergebnis zu richten, sondern auch die sozialen und ökologischen Säulen nachhaltigen Erfolgs zu im Blick zu behalten (Rosen 2013).

Das Zusammenspiel zwischen den Bereichen für Umweltschutz und Finanzen beim Aufbau der Emissionsberichterstattung erwies sich für Deutsche Post DHL Group nicht nur als innovativ, sondern auch als sehr pragmatisch und zielführend.

3 Das Carbon Accounting & Controlling Programm von Deutsche Post DHL Group

Da der Finanzbereich seit jeher mit der Erfassung und Auswertung von Daten sowie mit dem Aufbau effektiver Steuerungprozesse vertraut ist, lag die organisatorische Angliederung des Aufbaus der Prozesse und Systeme zur Erfassung von Treibhausgasemissionen unter die Verantwortung des Finanzvorstands auch aus praktischen Gründen nahe.

Zunächst wurde 2008 eine gemeinsame Arbeitsgruppe aus Experten des Umweltbereichs und des Finanzbereiches gebildet, die den Auftrag hatte, mit dem Aufbau eines „Carbon Accounting"-Systems zu beginnen, welches analog zur Finanzberichterstattung eine verlässliche Messung und Nachverfolgung der CO_2-Emissionen und der CO_2-Effizienz ermöglichen sollte. Aus dieser interdisziplinären Arbeitsgruppe entstand dann ab 2010 das heute im Bereich „Konzernrechnungswesen und Controlling" angesiedelte „Carbon Accounting & Controlling-Programm". In dieser Konstellation ist es gelungen, innerhalb weniger Jahre ein umfassendes und detailliertes Berichtswesen über die Emissionen des Konzerns aus eigenen Aktivitäten sowie auch für die Aktivitäten der Transportsubunternehmer aufzubauen. Wesentlicher Erfolgsfaktor für die schnelle Umsetzung war die Interdisziplinarität der Teams: Experten aus verschiedenen Bereichen des Konzern, z. B.

der Konzernrechnungslegung, dem Konzerninformations- und Konsolidierungssystems oder Finance Operations wurden mit Vertretern aus dem Umwelt- und Innovationsmanagement zusammengebracht. Dies erlaubte die effiziente Verknüpfung von Fachwissen zu bestehenden Bilanzierungsregeln, Buchhaltungs- und Qualitätssicherungsprozessen und die Prüfung auf deren Übertragbarkeit auf Umweltkennzahlen.

Es wurden in kürzester Zeit Prozesse geschaffen, die es bereits Mitte 2009 ermöglichten, die Energie- und Treibstoffverbräuche aus eigenen Aktivitäten monatlich im Berichtswesen abzubilden. Die Prozesse zur Datenlieferung, Konsolidierung und Qualitätssicherung orientieren sich bis heute weitgehend an standardisierten Prozessen, wie sie im Finanzbereich seit vielen Jahren gelebt werden.

Ab 2010 wurde dann begonnen, nach Wegen zur regelmäßigen Erfassung und Berechnung der CO_2-Effizienz auch der vom Konzern beauftragten Subunternehmer aufzubauen. Zu diesem Zweck wurde eine umfassende Datenbank erstellt, mit der auch alle fremdvergeben Transporte detailliert abgebildet werden können, sodass Deutsche Post DHL Group heute umfassend über alle Scopes des Greenhouse Gas Protocols, einschließlich aller relevanter Kategorien des „Corporate Value Chain (Scope 3) Accounting and Reporting Standards" berichten kann.

Neben der für Dritte sichtbaren externen Berichterstattung über die Fortschritte des Konzerns im Rahmen von Geschäftsbericht und Bericht zur Unternehmensverantwortung gehören selbstverständlich auch interne Berichtsformate zum Portfolio. Auf Basis der umfassenden Datengrundlage ist es heute möglich, die Entwicklung der CO_2-Effizienz des Konzerns regelmäßig (monatlich) intern zu berichten und darüber hinaus durch die Einbindung in den jährlichen Planungprozess zu steuern. Gemeinsam mit dem Umweltbereich betritt der Finanzbereich hier Neuland: Noch vor wenigen Jahren war eine solch tiefgreifende Integration von Umweltkennzahlen in die Finanzwelt nahezu undenkbar.

4 Effizienzkennzahlen und Analyseansätze

Nach einer Studie der IPCC entfallen auf den Transportsektor ca. 14 % des weltweiten Ausstoßes an Treibhausgasen (IPCC AR5 WGIII 2014). Die Logistikindustrie trägt daher eine große Verantwortung im Kampf gegen den Klimawandel. Das anteilmäßig bedeutendste Treibhausgas ist dabei Kohlendioxid, weswegen Treibhausgase häufig anhand ihrer Klimaschädlichkeit in CO_2-Äquivalente umgerechnet werden.

Der Ausstoß von Treibhausgasen stellt gleichzeitig im Geschäftsmodell der Logistik die bedeutendste Umweltwirkung dar. Daher spielen sie auch in den Kernindikatoren für den Erfolg des Umweltschutzprogramms eines Logistikers eine wichtige Rolle. Mit dem Effizienzziel von Deutsche Post DHL Group, will der Konzern eine Entkopplung des Emissionswachstums vom Geschäftswachstum anstoßen. Hierzu werden verschiedene Kennzahlen mit dem Basisjahr 2007 indiziert und über Geschäftsbereichsgrenzen hinweg in einen CO_2-Effizienzindex auf Konzernebene zusammengeführt. Der Index basiert dabei auf einer Reihe geschäftsmodell-spezifischer KPI, welche die Emissionen (in

CO$_2$-Äquivalenten) im jeweiligen Geschäftsfeld zur Leistung (z. B. Transportvolumen x Transportdistanz) in Beziehung setzen. Schließlich werden die jeweiligen spezifischen KPI zu einer anhand der absoluten Emissionsbeiträge gewichteten Kennzahl für den Konzern zusammengeführt.

Über das Carbon-Controlling des Konzerns werden jedoch nicht nur die Entwicklung der Kennzahlen auf oberster Ebene betrachtet, sondern auch die Entwicklung in den Divisionen und Geschäftsfeldern verfolgt und gesteuert. Die Effizienz wird dabei sowohl nach der Entwicklung der zu Grunde liegenden Emissionen, als auch nach der Entwicklung der gegenüberstehenden Transportleistung analysiert. Ein Beispiel für die umfassenden Analysemöglichkeiten von Treibern und Trends, welche durch die granulare Datenbasis ermöglicht werden ist die grafische Darstellung der Entwicklung auf Haupthandelsrouten in sogenannten „Efficiency Driver Maps" (Abb. 1).

In dieser Darstellung wird die Effizienzentwicklung auf den jeweiligen Handelsrouten durch eine Farbkodierung abgebildet, während die Stärke der Pfeile die absolute Signifikanz der einzelnen Handelsroute im Gesamtkontext wiedergibt. Auf diese Art und Weise wird auf einen Blick erkennbar, welche Verbindungen mehr oder weniger zur Effizienzentwicklung beitragen.

Eine andere Analyseperspektive ist die Betrachtung des Energieträger-Mixes:

Als wesentlicher Einflussfaktor der Emissionsentwicklung wird der Verbrauch der verschiedenen Treibstoffarten bzw. Energiequellen im System differenziert erfasst, sodass es z. B. auf einfache Weise möglich ist, die Substitution von konventionell erzeugter Elektrizität durch „grünen" Strom aus nachhaltiger Erzeugung nachzuverfolgen.

5 „Single Source of Truth"

Da initial nicht absehbar war, wie sich die Anforderungen an die Emissionsberichterstattung entwickeln würden, wurde für das Carbon Accounting von Anfang an ein Design vorgesehen, welches möglichst vielseitig ausgewertet werden kann. Als Platform für die Entwicklung wurde dabei auf das seit 2004 bei DPDHL genutzte Konzerninformationssystem „CREST" zurückgegriffen. In CREST laufen alle Finanzdaten zur Konzernkonsolidierung nach IFRS sowie alle relevanten Details für das Management-Reporting des Konzerns zu einer integrierten Berichtsperspektive als „Single Source of Truth" für das Reporting zusammen. Auf Grund seiner flexiblen, multidimensionalen Auswertungsmöglichkeiten war CREST daher auch ideal geeignet, auch die für die Emissionsberichterstattung erforderlichen Daten aufzunehmen. Das Datenmodell des Systems musste hierzu zwar erweitert werden, um auch Verbrauchs und Aktivitätsdaten erfassen zu können – die Grundprinzipien und führenden Berichtsstrukturen des Konzerns konnten jedoch übernommen werden (Abb. 2).

Durch eine weitgehend generische Anlage der zentralen Datenbasis ist es möglich, diese nun flexibel, für verschiedenen Verwendungszwecke auszuwerten – auch deutlich über den Rahmen des GoGreen CO$_2$-Effizienzziels hinaus. So lassen sich z. B. aus organisa-

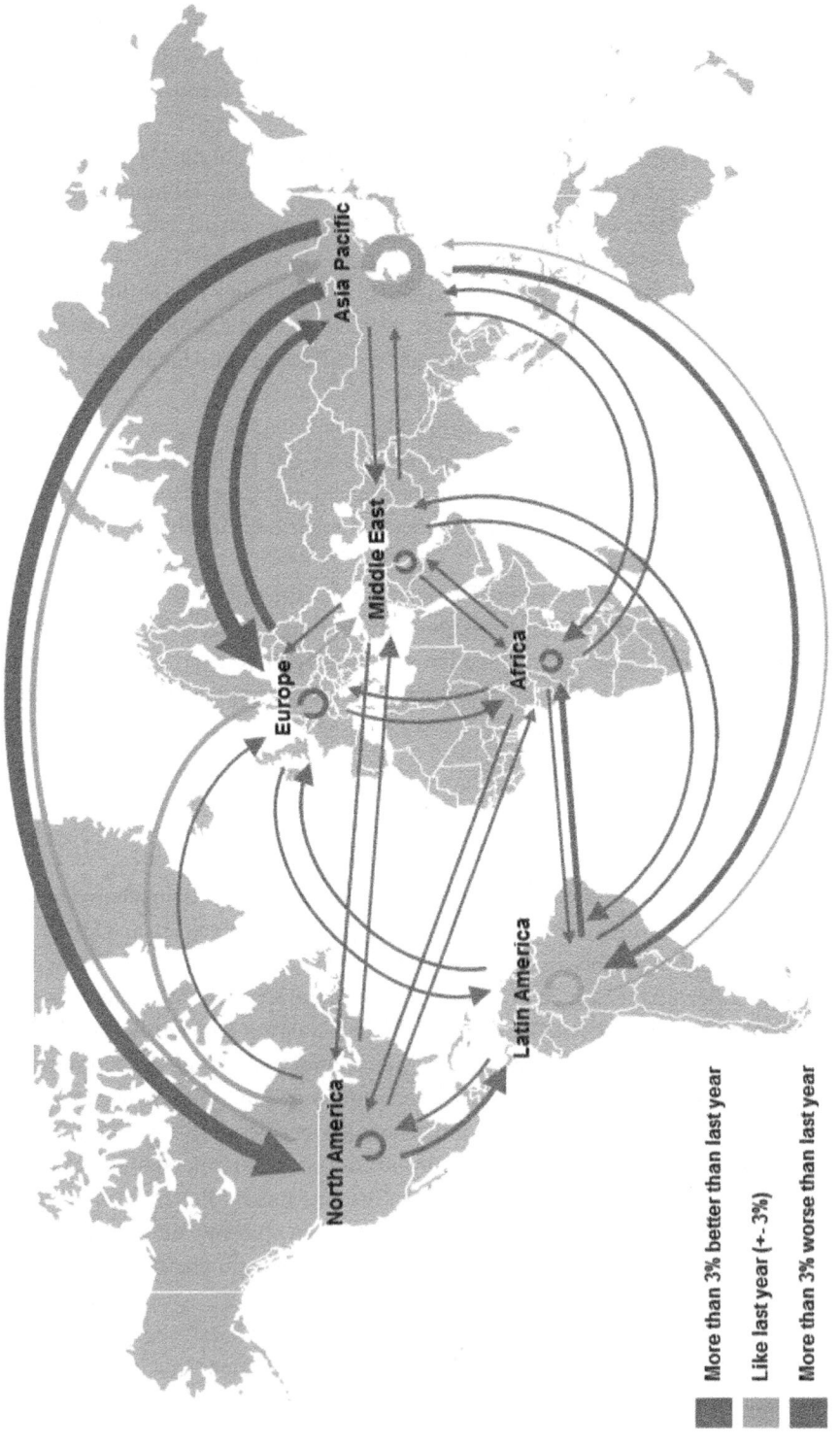

Abb. 1 Grafische Darstellung der CO_2-Effizienz auf Haupthandelsrouten als „Efficiency Driver Map" (Beispiel, keine Echtwerte)

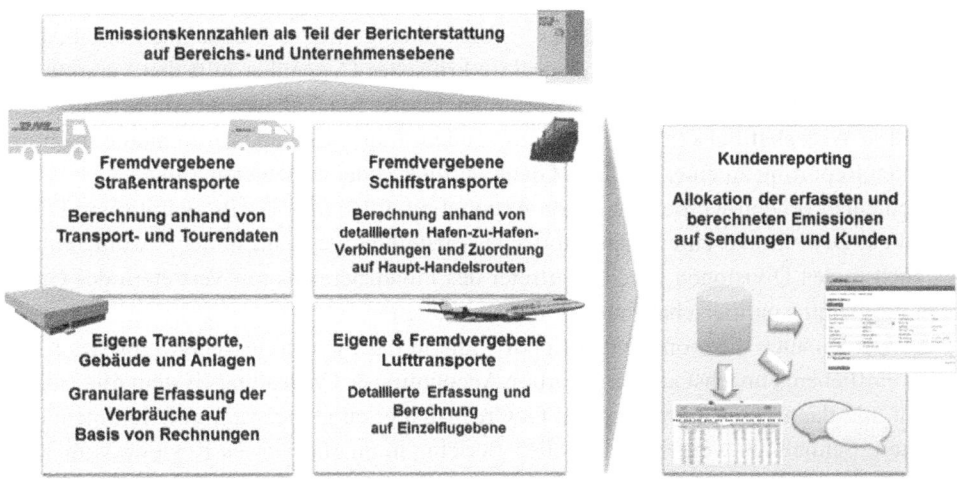

Abb. 2 Multifunktionale Auswertung eines einheitlichen CO_2-Datenbestandes als „Single Source of Truth"

torischer Perspektive auf Basis der Energieträger-Daten in Verbindung mit zusätzlichen Angaben zu den Schadstoffklassen der eingesetzten Fahrzeuge bzw. Anlagen auch Angaben zu lokalen Schadstoffen wie Schwefeloxiden, Stickoxiden und Feinstaubemissionen ermitteln.

Gleichzeitig wird die Datenbasis aber auch genutzt, um Emissionsdaten aus der Perspektive interessierter Kunden zu ermitteln und spezifische Optimierungen zu entwickeln. Eine Besonderheit stellt in diesem Rahmen die Anbindung mit den Track & Trace-Systemen der Division DHL Global Forwarding, Freight dar: Hier wurde eine Lösung geschaffen, dies es in der Logistikindustrie erstmalig ermöglicht hat, dass Kunden für jede einzelne Sendung einen individuellen Footprint abrufen können, der nicht auf Basis einer simulierten Modellrechnung beruht, sondern auf tatsächlich erfasste Transportdaten zurückgeht.

6 Manager und Controller im Wechselspiel

Die Wahrnehmung der Carbon Accounting & Controlling-Funktion durch den Finanzbereich hat neben praktischen Synergien auch einen konzeptionellen Vorteil: Während die meisten CSR-Kennzahlen in vielen Unternehmen in den Umwelt- und Nachhaltigkeitsbereichen selbst erfasst und berechnet werden, hat Deutsche Post DHL Group durch die Schaffung eines eigenständigen Carbon Accounting & Controlling eine Funktionstrennung eingeführt, wie sie für Finanzkennzahlen längst üblich ist.

Messung und Reporting von Emissionen und Effizienz erfolgen neutral und unabhängig von der Implementierung und Durchführung der Umweltmaßnahmen. Durch diese Art „moderner Gewaltenteilung" ist sichergestellt, dass das Management stets ein objektives

Bild der Effizienzentwicklung und des Erfolgs durchgeführter Maßnahmen erhält. Das regelmäßige Feedback durch ein konstruktiv kritisches Gegenüber hilft den Verantwortlichen dabei nicht nur, die Wirksamkeit durchgeführter Maßnahmen zu erhöhen, sondern auch ihre Wirtschaftlichkeit zu verbessern. Zudem führt die Funktionstrennung auch im externen Reporting zu einer erhöhten Glaubwürdigkeit der berichteten Zahlen.

Dementsprechend wurde im Carbon Accounting & Controlling Programm von Deutsche Post DHL Group eine organisatorische Aufstellung gewählt, in der sowohl zentral, als auch in den Divisionen jeweils Vertreter des Finanzbereichs mit Vertretern des GoGreen Programms partnerschaftlich zusammenarbeiten.

So werden auch die monatlichen Reports, die in das Standardberichtswesen des Konzerns einfließen, zunächst aus dem Carbon Accounting & Controlling-System mit Zahlen gefüllt und dann von Controllern und GoGreen-Experten gemeinsam mit Kommentaren erläutert. Schließlich werden die erstellen Berichte in quartalsweisen Reviews vom Top-Management diskutiert und zur Entscheidungsfindung herangezogen.

7 Der positive Business Case des Ansatzes

Die Übertragung von Methoden, Techniken und Ansätzen aus dem finanziellen Controlling auf Umweltkennzahlen und die konsequente Integration mit Prozessen des Finanzbereichs hat bei Deutsche Post DHL Group zu einer äußerst leistungsfähigen Controlling-Lösung geführt.

Die gewonnene Transparenz ermöglicht dem GoGreen Programm, seine Ressourcen gezielt für ein effektives Emissionsmanagement einzusetzen.

Darüber lässt sich die gewonnene Datenbasis hervorragend nutzen, um gemeinsam mit interessierten Kunden an prozessübergreifenden Lösungen zur Emissionsminimierung zu arbeiten.

Gleichzeitig hat der bewusste Umgang mit Ressourcen auch einen positiven Business Case: Deutsche Post DHL Group hat im Jahr 2014 fast 2,2 Mrd. € für Treibstoffe und Energie und weitere 18,8 Mrd. € an Transportkosten ausgegeben. Die Aufdeckung von Potenzialen zur Ressourcenschonung und Effizienzverbesserung hat in diesem Kontext einen großen finanziellen Hebel und hilft zudem, Risiken, die aus Ressourcenabhängigkeiten resultieren, zu reduzieren.

Für Deutsche Post DHL Group sind das GoGreen Programm und Carbon Accounting & Controlling daher mehr, als nur Image-Maßnahmen – auch wenn das Unternehmen natürlich auch von einer positiven öffentlichen Wahrnehmung seiner Vorreiterrolle profitiert.

8 Wie wird es weitergehen?

In seiner erfolgreichen Arbeit hat das Carbon Accounting & Controlling-Programm von Deutsche Post DHL Group seine ursprünglich gesetzten Ziele zur Schaffung von Transparenz für das eigene Emissionsmanagement und für das Reporting gegenüber Kunden und

Stakeholdern mehr als erfüllt. Dennoch ist es nicht ausreichend, die etablierten Prozesse nur fortzuführen. Für die konsequente Verfolgung des gesetzten GoGreen-Effizienzziels ist eine permanente Weiterentwicklung der Kennzahlenmodelle und Steuerungsansätze erforderlich.

In den letzten Jahren wurde weiterhin begonnen, neue CSR-Inhalte in einer integrierten Sichtweise zu verknüpfen, wie oben am Beispiel der lokalen Schadstoffe deutlich gemacht wurde. Gleichzeitig wird das Programm weiter an der Verbesserung der eigenen Methoden- und Datenbasis arbeiten, nicht zuletzt auch, um das Reporting gegenüber Kunden weiter ausbauen zu können.

9 Zusammenfassung und Forschungsbedarf

Mit dem GoGreen-Programm, das durch Carbon Accounting & Controlling unterstützt wird, ist es Deutsche Post DHL Group gelungen, ein effektives Umweltschutzprogramm mit einem nachhaltig positiven Business Case zu etablieren und die Vorreiterrolle des Konzerns in der Logistikindustrie durch eine innovative Herangehensweise weiter zu stärken. Die Integration von Carbon Accounting & Controlling im Finanzbereich war zunächst pragmatisch durch Synergien getrieben; insbesondere aus der Funktionstrennung zwischen Controlling und Umweltbereich ist jedoch eine konzeptionelle Stärke in der objektiven Bewertung und permanenten Verbesserung von Maßnahmen erwachsen, welche nicht zuletzt auch die Glaubwürdigkeit der berichteten Umweltkennzahlen stärkt.

Gleichzeitig hat die durch die Controller eingebrachte Fachkompetenz geholfen, die komplexe Wirklichkeit eines globalen Konzerns in einem adäquaten Emissions-Kennzahlenkonzept mit weitergehenden Analyseansätzen abzubilden. Die geschaffene granulare Datenbasis lässt sich hierbei vielseitig einsetzen.

Im Bereich der Kennzahlensysteme besteht dabei dennoch weiterer Forschungsbedarf. So gibt es bislang wenig Übersicht über die in verschiedenen Unternehmen verwendeten Kennzahlendefinitionen in der Logistikindustrie, sowie kaum Diskurs zu Vor- und Nachteilen der möglichen Metriken und noch keine anerkannten „Best Practices". Weiterhin ist – selbst bei Verwendung gleich definierter Kennzahlen – aufgrund der unterschiedlichen Berechnungsweisen bei einzelnen Logistikunternehmen kein fairer Branchenvergleich möglich. Entsprechende Studien in diesen Feldern wären daher wünschenswert.

Literatur

Edgar, E., Hartumt, R., & Hendrik, V. (2007). *Next Generation Controlling, Die Controlling Organisation von Deutsche Post World Net auf dem Weg zum Advanced Navigator* (S. 6). Bonn: SP Gabler Verlag.

Rosen, L. A. (2013). Carbon accounting and controlling – a journey to excellence. In The Stern Steward Institute, periodical #9. München, Dezember 2013.

IPCC. (2014). Summary for policymakers. In Climate Change 2014: Mitigation of Climate Change. Contribution of Working Group III to the Fifth Assessment Report of the Intergovernmental Panel on Climate Change [Edenhofer, O., R. Pichs-Madruga, Y. Sokona, E. Farahani, S. Kadner, K. Seyboth, A. Adler, I. Baum, S. Brunner, P. Eickemeier, B. Kriemann, J. Savolainen, S. Schlömer, C. von Stechow, T. Zwickel and J.C. Minx (Hrsg.)]. Cambridge: Cambridge University Press, UK und New York.

Katharina Tomoff leitet bei Deutsche Post DHL Group die 2013 entstandene Abteilung Shared Value, welche zum Ziel hat, ökonomische Erfolge durch gesellschaftliche und soziale Verantwortung zu erreichen. Bereits seit 2010 ist sie als Vice President für das globale Umweltschutzprogramm GoGreen verantwortlich, mit dem konzernweiten Ziel, die CO_2-Effizienz bis 2020 um 30% zu verbessern. Hierfür werden verschiedene Maßnahmen wie Flottenmodernisierung, den Einsatz alternativer Fahrzeuge oder die Nutzung effizienter Beleuchtung initiiert, koordiniert, messbar gemacht und gesteuert.

Dr. Klaus Hufschlag leitet das Carbon Accounting & Controlling Programm im Finanzbereich der Deutsche Post DHL Group. Er verantwortet als Vice President CREST Finance Business Intelligence den Betrieb des Konzerninformationssystems, welches als integrierte Berichtsplattform nicht nur für die Finanzberichterstattung, sondern auch für die Erfassung und Berechnung der Treibhausgas-Emissionen genutzt wird.

Patric Pütz ist Senior Experte im Umweltschutzprogramm GoGreen bei Deutsche Post DHL Group. Nach seinem Studium der Medieninformatik an der FH Köln trat er 2008 in den Konzern ein und begleitet seitdem die Entwicklung und Professionalisierung der Berechnung, Erfassung und Berichterstattung von Treibhausgasen. Darüber hinaus engagiert er sich für den Konzern in der Gestaltung und Etablierung von globalen Berechnungsstandards, wie dem Greenhouse Gas Protocol oder der Norm DIN EN 16258.

Gelungenes Zusammenspiel von CR- und Finanzfunktionen im „CR Controlling" bei der Deutschen Telekom

Silke Thomas

1 Kurze Darstellung des Unternehmens Deutsche Telekom AG

Die Deutsche Telekom gehört mit rund 156 Millionen Mobilfunk-Kunden, 29 Millionen Festnetz- und mehr als 18 Millionen Breitbandanschlüssen zu den führenden integrierten Telekommunikationsunternehmen weltweit. Wir bieten Produkte und Dienstleistungen aus den Bereichen Festnetz/Breitband, Mobilfunk, Internet und Internet-TV für Privatkunden sowie Lösungen der Informations- und Kommunikationstechnik für Groß- und Geschäftskunden. Die Deutsche Telekom ist in mehr als 50 Ländern vertreten. Im Geschäftsjahr 2015 haben wir mit weltweit rund 225.200 Mitarbeitern einen Umsatz von 69,2 Milliarden Euro erwirtschaftet – rund 64 Prozent davon außerhalb Deutschlands (Geschäftsbericht 2015) (Abb. 1).

Die Informations- und Wissensgesellschaft entwickelt eine große Dynamik. Datenmenge und Wissen im Internet steigen exponenziell, digitale Anwendungen bereichern unseren Alltag. Schnelle Breitbandnetze sind dafür die Voraussetzung. Die Deutsche Telekom trägt deshalb als Telekommunikationskonzern eine große gesellschaftliche Verantwortung. Mit umfangreichen Investitionen in die Infrastruktur schafft die Deutsche Telekom nicht nur die Grundlagen für Innovation und gesellschaftliche Teilhabe, sondern sieht sich zudem als der vertrauenswürdige Begleiter in einer zunehmend komplexer werdenden digitalen Welt – privat und beruflich, unabhängig von Ort und Zeit.

Darüber hinaus wird dem Infrastrukturausbau im Telekommunikationsbereich ein positiver Einfluss auf das volkswirtschaftliche Einkommen zugesprochen.

S. Thomas (✉)
Group Corporate Responsibility, Deutsche Telekom AG, Bonn, Deutschland
E-Mail: silke-stephanie.thomas@telekom.de

© Springer-Verlag Berlin Heidelberg 2016
E. Günther, K.-H. Steinke (Hrsg.), *CSR und Controlling*, Management-Reihe Corporate Social Responsibility, DOI 10.1007/978-3-662-47702-1_11

Abb. 1 Organisationsstruktur der Deutschen Telekom

2 Welches Verständnis von CR hat das Unternehmen und wie ist im Unternehmen CR organisiert?

2.1 Historie und Rolle von CR bei der DTAG

Group Corporate Responsibility (GCR) adressiert die Interessen und Bedürfnisse verschiedenster Stakeholder. Dies gilt sowohl für die Einhaltung von gesetzlichen Richtlinien und Vorgaben (Compliance) als auch für die freiwillige Übernahme unternehmerischer Verantwortung für Gesellschaft, Mitarbeiter, Umwelt und das wirtschaftliche Umfeld – und dies über die gesamte Wertschöpfungskette.

Die Deutsche Telekom bekennt sich ausdrücklich zu ihrer unternehmerischen Verantwortung und zu den Grundsätzen einer nachhaltigen Unternehmensführung. Der Konzern legt seinem geschäftlichen Handeln sowohl wirtschaftliche als auch soziale und ökologische Kriterien zugrunde („ESG": Environment, Social, Governance). Im Einklang mit dem Ziel, führender Telekommunikationsanbieter in Europa zu werden, strebt die Deutsche Telekom eine Vorreiterrolle im Bereich CR an.

Bereits seit ihrer Entstehung im Jahr 1995 engagiert sich die Deutsche Telekom zugunsten von Klima- und Umweltschutz. Im Jahr 2000 tritt die Deutsche Telekom dann als eines der ersten Unternehmen dem UN Global Compact bei. Zwei Jahre später beschließt der Vorstand die konzernweite Sozialcharta zur Einhaltung ökologischer und sozialer Mindeststandards bei Beschäftigten und Lieferanten. Ebenfalls im Jahr 2003 wird die Telekom Stiftung zur Förderung der Bildung in MINT[1]-Bereichen gegründet.

Im Jahr 2008 beschließt der Vorstand die umfassende CR-Strategie, welche seitdem Bestand hat und im nächsten Abschnitt vorgestellt wird. Ebenfalls seit 2008 folgt die externe CR-Berichterstattung den GRI-Kriterien (Global Reporting Initiative).

---

[1] MINT: Mathematik, Informationstechnik, Naturwissenschaften und Technik.

2.2 CR-Selbstverständnis und CR-Strategie der Deutschen Telekom

CR-Selbstverständnis der Deutschen Telekom fordert eine nachhaltige Ausrichtung aller Geschäftstätigkeiten über kurz- oder mittelfristige Ziele hinaus:

> Wir verpflichten uns zu nachhaltigem Handeln entlang unserer gesamten Wertschöpfungskette und zur Lösung der ökologischen, ökonomischen und sozialen Herausforderungen beizutragen.
> Die Möglichkeiten der Digitalisierung verändern die Gesellschaft. Wir begleiten diesen Wandel und vereinfachen und bereichern das Leben der Menschen nachhaltig.
> Wir ermöglichen souveränes und sicheres Handeln in der digitalen Welt, fördern eine klima- und umweltfreundlichere Gesellschaft und arbeiten an einer nachhaltigeren und transparenteren Lieferkette. So stärken wir unsere Position als vertrauenswürdiger Arbeitgeber.

Das CR Selbstverständnis bildet zusammen mit der Konzernstrategie das Fundament der CR-Strategie. Die CR-Strategie wurde 2008 vom Vorstand der Deutschen Telekom verabschiedet. Zentraler Bestandteil sind die drei strategischen CR-Handlungsfelder, als konzernweit verbindlicher Handlungsrahmen für die weitere Detaillierung entlang der Unternehmenshierarchie:

- *Vernetztes Leben und Arbeiten – nachhaltige Lebensweise ermöglichen:* Positive Mitgestaltung des Wandels in der zunehmend digitalisierten Arbeits- und Lebenswelt. Die Deutsche Telekom setzt sich mit innovativen Produkten und Lösungen für einen Kulturwandel ein, hin zu mehr Selbstbestimmung und Lebensqualität in Freizeit und Beruf. Ziel ist es, treibende Kraft für nachhaltiges Leben und Arbeiten zu sein.
- *Chancengleiche Teilhabe an der Informations- und Kommunikationsgesellschaft:* Unabhängig von ihren sozialen oder wirtschaftlichen Chancen, sichern wir möglichst vielen Menschen den Anschluss an die gesellschaftliche Entwicklung. Mit diesem Ziel fördern wir zahlreiche soziale Initiativen und unterstützen Projekte zur Entwicklung von Medienkompetenz.
- *Klimafreundliche Gesellschaft:* Zu den größten Herausforderungen für die Menschheit gehören die globale Erwärmung und ihre Folgen. Die Deutsche Telekom reduziert die eigenen Emissionen nachhaltig mit umfassenden Initiativen. Gleichzeitig ermöglichen die Produkte und Lösungen der Deutschen Telekom auch ihren Kunden und Partnern, ihren Beitrag zum Klimaschutz zu leisten.

2.3 CR-Governance bei der Deutschen Telekom

Die Telekom hat eine integrierte Governance-Struktur für CR geschaffen, um die strategische Steuerung und die operative Umsetzung im gesamten Konzern eng miteinander zu verzahnen. Organisations- und Steuerungsstrukturen sind sowohl nahe beim Konzernvorstand angesiedelt als auch gleichzeitig im Management der Unternehmenseinheiten und -funktionen verankert.

- *Die Gesamtverantwortung* für CR liegt beim Konzernvorstand der Deutschen Telekom als Träger der obersten Verantwortung. So stellt der Konzern sicher, dass Nachhaltigkeitsaspekte verbindlich in alle unternehmerischen Tätigkeiten integriert werden und unterstreicht damit sein Bekenntnis zu gesellschaftlichem Engagement.
- Der *Bereich GCR (Group Corporate Responsibility)* ist dem Vorstandsbereich Personal zugeordnet. Die Aufgabe von GCR ist zum einen die strategische Steuerung von konzernweiten CR-Themen und -Prozessen (Konzeption von konzernweiten Maßnahmen, Richtlinien und Kennzahlen), sowie das zentrale CR-Reporting und CR-Controlling.
- Das *CR-Board* berät und unterstützt beim CR-Management sowie bei der Entwicklung von Vorschlägen zur CR-Strategie. Es sichert die Konsistenz der CR-Strategie mit der Konzern- und Markenstrategie sowie mit den Konzernwerten. Das CR-Board ist auf Top-Management-Ebene verankert und setzt sich aus den Leitern jener Konzernbereiche zusammen, deren Engagement zur Umsetzung der CR-Strategie wesentlich sind (u. a. Vorstand Personal sowie Leiter Konzernstrategie, Unternehmenskommunikation, Einkauf, Markenmanagement, Produkt & Innovation, Technik, Vorstandsbüro Konzern und T-Systems).
- Die operative Umsetzung der CR-Strategie verantworten die CR-Manager der jeweiligen Geschäftsfelder und Landesgesellschaften. Auf Konzernebene wurde das *Internationale CR Managers Netzwerk* eingerichtet, um wesentliche Entwicklungen abzustimmen.
- Die *Group Policy Corporate Responsibility* ist eine Richtlinie für den gesamten Konzern und konkretisiert die Rechte und Pflichten der Unternehmenseinheiten und -funktionen im Bezug auf ESG-Themen.
- Um die Erfolge der CR-Strategie überprüfen und steuern zu können, wird die Leistung regelmäßig mithilfe von *Key Performance Indikatoren (KPI)* gemessen, welche alle drei Dimensionen der Nachhaltigkeit (ESG) abdecken (ESG KPI), siehe Seite 5.

3 Welches Verständnis hat das Unternehmen von der Rolle des Controllings?

Der Bereich des zentralen Konzerncontrollings (Group Controlling) sieht sich in als „serviceorientierter Co-Pilot" für Konzernvorstand, Personal- und Finanzbereich sowie als finanzwirtschaftlicher Partner für die Segmente und Wachstumsfelder.

Group Controlling sieht seine Rolle dabei weniger in der operativen Steuerung, sondern in der Vorgabe von Richtung, Impulsen und Rahmenbedingungen. Auf diese Weise übernimmt das Konzerncontrolling auf Basis eines ausgeprägten Geschäftsverständnisses unternehmerische Mitverantwortung für Profitabilität und Wettbewerbsfähigkeit mit Fokus auf Effizienz entlang der Wertschöpfungskette.

Dazu gehören folgende konkrete Aufgaben:

- Mitwirkung bei Definition und Umsetzung der Finanzstrategie
- Überwachung der Konzernfinanzen (z. B. Planung, Konzern-Business-Cases)

- Vorgabe finanzieller Steuerungslogiken
- Vorbereitung von Entscheidungen für das Top-Management
- Zentrale und neutrale betriebswirtschaftliche Beurteilungsinstanz
- Definition von Anforderungen für konzernrelevante Steuerungsinformationen
- Gestaltung von Controlling- und controllingnahen Prozessen entlang der Wertschöpfungskette
- Vereinbarung Ziele sowie dessen segmentübergreifendes Monitoring
- Übergreifende Capex-Steuerung im Konzern (inkl. Investitionsprozess)

Dabei fokussiert sich das zentrale Controlling der Deutschen Telekom auf ausgewählte finanzielle Steuerungsgrößen.

In den Zentralbereich „Deutsche Telekom Services Europe" fallen die Accounting-Themen des internen und externen Reportings sowie Konzeption und Betrieb der Berichtssysteme.

Bereichsspezifische Controllingaufgaben sind zudem auch in den jeweiligen Fachbereichen als fachseitiges, funktionales Controlling angesiedelt – dies gilt auch z. B. für den Bereich CR.

Da Aufgaben des Controllings also sowohl im Zentralbereich Group Controlling als auch in weiteren Finanz- und Fachbereichen ausgeübt werden, soll im weiteren Textverlauf der Begriff „Controlling" als Funktionsbegriff benutzt werden.

4 Wie erfolgt im Unternehmen das Zusammenspiel von CR- und Controllingfunktionen?

4.1 Welche Ziele verfolgt man mit dem Zusammenspiel von CR- und Controllingfunktionen?

Für die Wahrnehmung unternehmerischer Verantwortung und die erfolgreiche Steuerung der CR-Strategie ist die Zusammenarbeit mit den Finanzbereichen elementar. Auf diese Weise wird die bestmögliche Abdeckung der Interessen der relevanten Stakeholdergruppen gewährleistet. Der Schwerpunkt liegt dabei auf den Anspruchsgruppen der Investoren und Lieferanten der Deutschen Telekom – neben den Mitarbeitern, Kunden und NGOs, die auch weiterhin im Fokus stehen.

Die Berücksichtigung von Stakeholder-Interessen und ESG-Aspekten in den Kernprozessen des Unternehmens bieten einen Mehrwert in der gesamten Wertschöpfungskette. Studien belegen darüber hinaus einen Beitrag von CR zur Steigerung des Unternehmenswertes (Liang und Renneboog 2013).

Ein Mehrwert der Zusammenarbeit ist auch, dass die spezifische Expertise der Finanzfunktionen auch zunehmend für Kernthemen des Bereiches GCR genutzt werden kann. Dazu gehören Expertise und Erfahrung in konzernweiten Prozessen und Systemen bezüglich Datenerhebung und Reporting sowie in der Konzeption und Implementierung von steuerungsrelevanten Kennzahlen.

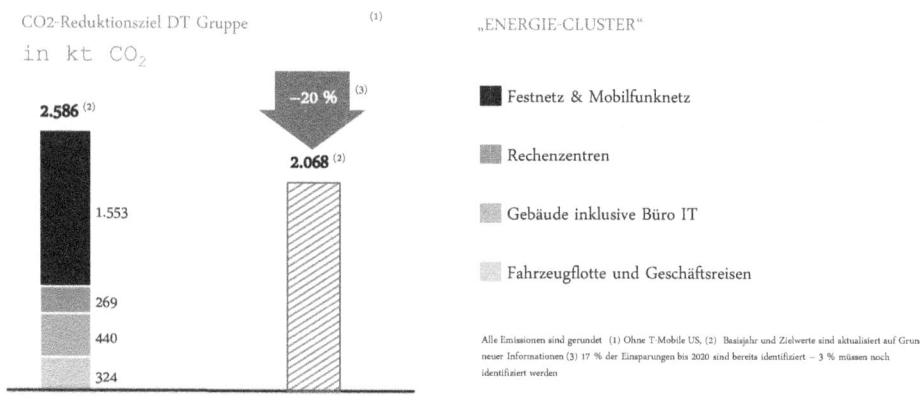

Abb. 2 Klimaziele der Deutschen Telekom in kt CO_2 (20 % Reduktion der CO_2-Emissionen von 2008–2020)

Notwendige Voraussetzung für ein professionelles internes und externes Reporting ist u. a. die Aufnahme von ESG KPIs in die bestehenden Datenerfassungs- und Berichtsprozesse.

So ist eine enge, zuverlässige Taktung der Prozesse elementar für die Aufnahme von CR-Themen in Finanzpublikationen wie den Geschäftsbericht. Dank der hohen Qualität ihres Erhebungsprozesses eignen sich die ESG KPI auch für die Vorstands- und Finanzberichterstattung, so z. B. für das Reporting nicht-finanzieller Leistungsindikatoren nach DRS20.

Ein gutes Beispiel ist der neue Klimaschutz-Vorstandsbericht („Climate Target Board Report"). In diesem Bericht wird seit 2015 die jährliche Zielerreichung auf dem Weg zu einem konzernweiten Klimaziel erfasst. Dieses Ziel sieht eine Reduktion von 20 % der Emissionen zwischen 2008 und 2020 vor (ohne T-Mobile US) (Abb. 2).

Nur auf Basis der systemseitig unterstützten Erfassung von Verbrauchsdaten (Energie, Kraftstoff, Geschäftsreisen) und der darauf basierend berechneten KPIs zu Emissionen ist eine Abweichungsanalyse und das Aufzeigen von Handlungsbedarfen erst möglich.

Die Nutzung der Controllingprozesse kann dazu beitragen, diese Ergebnisse besser auf die relevante Managementebene zu kaskadieren.

Darüber hinaus erleichtert die Integration von CR- und Finanzprozessen auch die Prüfung der ESG-Kennzahlen und der dahinter liegenden Prozesse. Grund dafür ist, dass die Finanzsysteme bereits seit vielen Jahren von Wirtschaftsprüfern zertifiziert werden – sodass über diese Systeme erfasste Kennzahlen bei Shareholdern und Stakeholdern eine hohe Glaubwürdigkeit besitzen.

Wichtige Adressaten für qualitative und quantitative CR-Informationen eines Unternehmens sind die sogenannten „SRI-Investoren" (Socially Responsible Investment) und auch zunehmend Mainstream-Investoren. Die Aktie der Deutschen Telekom wird mittlerweile zu 23 % von Investoren gehalten, welche zumindest teilweise ESG-Kriterien in ihrer Kaufentscheidung berücksichtigen.

4.2 Welche CR-Inhalte werden im Controlling abgebildet und warum?

Die aktuell wichtigsten Inhalte des CR-Controllings der Deutschen Telekom sind die folgenden Kennzahlen und die dazugehörigen Reportingformate (Abb. 3):

ESG KPI der Deutschen Telekom AG

Externes Reporting

- Geschäftsbericht/Lagebericht:
  - *Ökologisch:* KPI „Energieverbrauch", KPI „CO_2-Emissionen"
  - *Sozial:* KPI „Gesellschaftliches Engagement"
  - *Ökonomisch:* KPI „Nachhaltiger Einkauf", KPI „Nachhaltiges Investment(SRI)"
- CR-Bericht: zusätzliche KPI „Handy-Rücknahme"; KPI „Mitarbeiter mit CR-Engagement", sowie KPI-Set „Community Investment", „Beneficiaries", „Medienkompetenz" dazu weitere ESG Daten

ESG KPI	2014 => 2015
ESG KPI „Nachhaltiges Investment (SRI)" Von nachhaltigen Investoren gehaltene T-Aktien (%)	↗
ESG KPI „Nachhaltiger Einkauf" Auf Nachhaltigkeit überprüftes Einkaufsvolumen (%)	↗
ESG KPI „Energieverbrauch" Stromverbrauch vs. Umsatz (Tsd. MWh / Mrd. €)	↘
ESG KPI „CO_2 Emissionen" Veränderung ggü. dem Klimaziel-Basisjahr 2008 (%)	↘
ESG KPI „Handy-Rücknahme" Zurückgenommene vs. in Umlauf gebrachten Endgeräte (Tsd./Mio. Stück.)	↗
ESG KPI „Gesellschaftliches Engagement" (Focus DT in Germany) Erwartung vs. Erfüllung des gesellschaftlichen Engagements (%-Punkte)	↗
ESG KPI "Community Investment" Finanziell, personell und in Sachmitteln geleistetes Engagement (Mio. €)	↗
ESG KPI "Beneficiaries" Menschen, die an gesellschaftlichen Maßnahmen partizipieren (Mio.)	↗
ESG KPI "Medienkompetenz" Mit Maßnahmen zu Medienkompetenz erreichte Zielgruppe (%)	↘
ESG KPI "Employee Satisfaction CR" (zweijährig) Zufriedenheit und Identifikation der Mitarbeiter mit CR-Engagement (%)	↗

↗ Positiver Trend des KPI durch steigenden Verlauf ggü. Vorjahr

↘ Positiver Trend des KPI durch sinkenden Verlauf ggü. Vorjahr

Abb. 3 ESG KPI der Deutschen Telekom AG (DTAG CR-Bericht 2014)

Internes Reporting & Controlling

- *Management Report HR* (quartalsweise): KPI „Energie Verbrauch" und KPI „CO_2-Emissionen"
- *Climate Target Board Report:* Jährliches Monitoring zum Erreichungsgrad des Klimaziels

Ergänzend dazu werden konzeptionelle CR-Inhalte mit Controllingbezug mit den relevanten Finanzbereichen diskutiert, so z. B. Konzeption/Neudesign von KPIs sowie Mehrwert und Realisierbarkeit der Integration von weiteren ESG-Aspekte in die Finanzprozesse.

4.3 Wie ist Zusammenspiel von CR- und Controllingfunktionen im Unternehmen organisiert und warum?

Der Bereich GCR der Deutschen Telekom verfügt über zahlreiche Schnittstellen zu den Finanzbereichen. Dazu gehören neben den Controlling und Accounting-Funktionen auch die Bereiche Investor Relations, Einkauf, Risikomanagement, Revision, Treasury und Tax.

Die Aufgabe des CR-Controllings sowie auch die strategische Weiterentwicklung CR-Controlling werden federführend im Bereich GCR ausgeübt. Im Bereich GCR gibt es eine spezifische Aufgabenbeschreibung und Funktion für das Thema „CR-Controlling". Mit der konzernweit gültigen Group Policy Corporate Responsibility ist die Zulieferung der ESG-Daten aus den Konzerngesellschaften geregelt.

4.3.1 Konzeption ESG Kennzahlen

Dazu gehört die Konzeption und Implementierung von konzernweiten Controlling- und Reportingprozessen für ESG Kennzahlen und -Daten, wie z. B. die Weiterentwicklung der steuerungsrelevanten ESG KPI, die Vereinbarung der dazugehörigen Zielsetzungen, die Durchführung von Abweichungsanalysen sowie die Steuerung von Eskalationsprozessen.

Diese Tätigkeiten finden im engen Austausch mit den relevanten Finanzbereichen statt. So wurden die Definitionen des KPIs „Energy Consumption" und des KPIs „CO_2-Emissionen" vor ihrer ersten Veröffentlichung im Geschäftsbericht 2011 mit dem strategischen Konzerncontrolling abgestimmt.

4.3.2 ESG-Datenprozesse und ESG-Reporting

Die wichtigsten ESG-Daten werden quartalsweise von den nationalen und internationalen Konzerngesellschaften erfasst. Dort sind die o. g. CR-Manager für die Datenprozesse verantwortlich. Bis 2012 lag sowohl die strategische als auch die operative Steuerung des konzernweiten ESG-Datenprozesses bei GCR.

Seit 2012 ist die operative Steuerung dieses Prozesses die Aufgabe der konzerninternen Service-Einheit „Record-to-Report" (RTR) inerhalb der DT Service Europe (DTSE).

In der Validierung und Freigabe der ESG-Daten sind – ebenso wie bei den Finanzdaten – die zentralen Gesellschaftsbetreuer involviert; dies sind Mitarbeiter DT Service Europe (DTSE) in Accounting-Funktionen.

Die ESG-Datenerfassung findet seit 2011 systemgestützt zusammen mit der Finanzdatenerfassung statt. Auf spezifische Anforderung von GCR wurde das bestehende Finanzdatenerfassungssystem so erweitert, dass es auch für die Eingabe von Non-Financials geeignet ist sowie – basierend auf den Energieverbrauchsdaten und den relevanten Emissionsfaktoren – die resultierenden CO_2-Emissionen automatisiert berechnen kann. Dies führte zu großen Qualitätsgewinnen für das konzernweite CR-Controlling und -Reporting, da nachfolgend mehr Zeit für die inhaltliche Validierung und zielgruppengerechte Aufbereitung der Daten genutzt werden kann.

RTR ist zudem verantwortlich für das interne und externe Reporting mit Fokus auf finanzielle Stakeholder (z. B. Geschäftsbericht). Die wichtigsten ESG-KPIs sind elementarer Bestandteil des Geschäftsberichtes – dieser wird federführend im Bereich RTR und in enger konzeptioneller Abstimmung mit weiteren Fachbereichen – u. a. GCR – erstellt.

Der Bereich „Group Controlling" hingegen ist ein wichtiger Sparringspartner für übergreifende, controllingrelevante Fragestellungen; so z. B. die Prüfung, ob – und wenn ja wie – ESG-Kriterien in den Investitionsprozess integriert werden können.

Im Finanzbereich ist die Verantwortung für den operativen ESG-Datenprozess klar dem Bereich RTR zugeordnet, ebenso die Zuständigkeit des externen Reportings.

Sowohl für die Quartalsprozesse als auch für den Jahresendprozess der ESG Datenerhebung gibt es genaue Prozessbeschreibungen für alle Prozessbeteiligten mit Rollen, Aufgaben und Meilensteinen. Diese Prozessbeschreibungen sind mit allen beteiligten Bereichen abgestimmt und werden regelmäßig aktualisiert und verteilt.

Neue Themen werden entweder als Management-Input eingebracht oder zunächst auf Arbeitsebene zwischen GCR und Finanzbereich verprobt und im Anschluss dem Management mit einer Empfehlung für das weitere Vorgehen vorgelegt.

4.4 Welchen Nutzen bringt das Zusammenspiel von CR- und Controllingfunktionen dem Unternehmen?

Durch den Austausch zwischen GCR und den Finanzbereichen ergeben sich Lerneffekte auf beiden Seiten: GCR kann fachliches Know-how und Erfahrung zu CR-Aspekten einbringen, Bedürfnisse von Stakeholdern mit ESG-Fokus erläutern, Anforderungen der SRI-Shareholder (SRI = „Socially Responsible Investment") benennen sowie den Controlling-Bereichen insbesondere die externen Anforderungen an Reporting, Dialog und Engagement zu qualitativen und quantitativen ESG-Themen vermitteln.

Die Finanzbereiche können Fähigkeiten, Inhalte und Methoden einbringen, die auch für ESG-Kennzahlen relevant sind; so z. B. eine generelle Datenaffinität und Kompetenz in deren Beschaffung, Informationen zu Kennzahlensystematiken, eingespielte und stringente Prozesse sowie zuverlässige, leistungsfähige IT-Systeme.

Ein klarer Mehrwert des Zusammenspiels ist das Einbringen der jeweils fachlichen Sichtweise auf die verschiedenen Aspekte der unternehmerischen Verantwortung der Deutschen Telekom.

Dies trägt wesentlich dazu bei, die Interessen und Bedürfnisse der internen und externen Stakeholder besser zu verstehen und auch zielgerichteter bedienen zu können.

Der Perspektivenwechsel und auch der kritische Dialog mit den Kollegen erlaubt es, Themen fachlich genauer zu konzipieren, zu implementieren und dann nachfolgend effizienter steuern zu können.

Durch die Einbindung der Führungsebenen in ESG-Themen, idealerweise bis auf Vorstandsebene, kann die Wahrnehmung der unternehmerischen Verantwortung einen noch höheren Stellenwert erlangen, in der Konzeption und Umsetzung fokussiert werden und nachfolgend einen Beitrag zur langfristigen Wertschöpfung des Unternehmens leisten.

Die Integration von ESG-Aspekten in Entscheidungsprozesse auf Top-Managementebene kann die Informationsbasis verbessern, die der Alternativen-Auswahl z. B. bei Investitionsprozessen zugrunde liegt. Dadurch werden auch Interessenkonflikte in Entscheidungssituationen transparenter.

Bei sorgfältiger Berücksichtigung aller vorliegenden – und nicht nur finanzieller – Informationen durch das Management können langfristige Ertrags- und Reputationsrisiken zusätzlich minimiert und idealerweise auch weitere Chancen erkannt und realisiert werden.

4.5 Welchen Herausforderungen sieht sich das Unternehmen beim Zusammenspiel von CR- und Controllingfunktionen gegenüber?

Wichtig ist, zu Beginn jeder Kooperation zunächst ein gemeinsames Verständnis der Ausgangslage und auch der Herausforderung zu erreichen. Teilweise ist dafür wichtig, die „Sprache" des anderen Fachbereiches ein Stück weit zu erlernen und die jeweiligen Beteiligten bei allen Projektschritten mitzunehmen – dies gelingt, wenn der Mehrwert für die unternehmerische Wertschöpfung verdeutlicht werden kann.

Allen Projekt- bzw. Prozessbeteiligungen muss der Mehrwert ihrer Tätigkeit jederzeit transparent und überzeugend dargestellt werden können – so z. B. dass die aufwändige ESG-Datenerfassung kein Selbstzweck ist, sondern der internen Steuerung und der externen Positionierung der Deutschen Telekom dient.

Spezifische Prämissen und Restriktionen der beteiligten Fachbereiche müssen verständlich kommuniziert werden. Da Zielvereinbarungen oft bereichsspezifisch sind, ist dies insbesondere zu Projektbeginn wichtig.

Eine Herausforderung ist es, Aufgaben mit CR-Bezug auch in solche organisatorische Strukturen und Stellenbeschreibungen zu integrieren, in denen diese bislang nur einen kleinen, aber steigenden Arbeitsaufwand verursachen – jedoch entscheidend sind für den Erfolg von Prozessen und Projekten.

Insbesondere in Datenprozessen ist es entscheidend, dass das ESG-Datenmanagement den gleichen Ansprüchen Qualität und Zuverlässigkeit genügt, wie dies bei den Finanzdaten üblich ist. Dies ist meist nur durch ein Andocken der ESG-Datenprozesse an die Finanztools und -prozesse des Unternehmens realisierbar.

Dafür müssen die Anforderungen des finanziellen Reportings klar und nachvollziehbar an die CR-Experten kommuniziert werden.

Dies betrifft u. a. den Umgang mit konzernweiten IT-Systemen und auch die frühen Erfassungstermine der Jahresdaten zu Beginn des Folgejahres („Fast Close"). Dies wiederum setzt den geübten Umgang mit Methoden zur Schätzung und Hochrechnung von Daten voraus.

Wie vom Vorstandsvorsitzenden der Deutschen Telekom, Timotheus Höttges, gefordert, bedarf es manchmal einiger Anstrengung, die stellenweise noch vorherrschende „Silo-Mentalität endgültig zu überwinden" und auch andere Konzernbereiche von den jeweiligen fachlichen Notwendigkeiten und dem Mehrwert des Vorhabens zu überzeugen – und im Gegenzug die Anregungen anderer Bereiche wohlwollend zu berücksichtigen.

Wenn verschiedene Sichtweisen integriert werden können, ist ein großer Schritt getan, um gemeinsam die Stakeholder bestmöglich zu erreichen.

5 Was können andere Unternehmen von diesem Beitrag lernen und wo besteht noch Forschungsbedarf?

Wichtig ist, dass zum Gelingen der Zusammenarbeit sowohl fachliche Motivation, persönliche Offenheit sowie die Unterstützung des Top-Managements nötig sind.

Als weiteres Forschungsgebiet wäre es sinnvoll, auch für ESG-Themen zu untersuchen, welchen Einfluss auf verschiedene messbare Aspekte es hat, ob das CR-Controlling rein dem Finanzbereich zugeordnet ist oder partnerschaftlich – wie bei der Deutschen Telekom – im Schulterschluss zwischen GCR-Fachbereich und den einzelnen Finanzbereichen stattfindet.

Literatur

Liang, H., & Renneboog, L. (2013). *Finance and society: On the foundations of CSR*. European Corporate Governance Institute (ECGI) – Finance Working Paper 394.

Silke Thomas ist Senior Expertin im Bereich Group Corporate Responsibility der Deutschen Telekom. Ihr Schwerpunkt liegt auf dem Thema Sustainable Finance und umfasst dabei unter anderem (oder: auch) Design, Implementierung und Steuerung der konzernweiten ESG Datenprozesse (ESG: Ecological, Social, Governance), Implementierung von ESG KPI und das darauf aufbauende, quantitative CR Controlling und Reporting.

Corporate Social Responsibility bei der Deutschen Bahn AG

Richard Lutz und Christina Keindorf

1 Die Deutsche Bahn AG

Der Deutsche Bahn Konzern ist ein internationaler Anbieter von Mobilitäts- und Logistikdienstleistungen und agiert weltweit in über 130 Ländern. Mehr als 300.000 Mitarbeiter, davon rund 196.000 in Deutschland, setzen sich täglich dafür ein, Mobilität und Logistik für die Kunden sicherzustellen und die dazugehörigen Verkehrsnetze auf der Schiene, der Straße, zu Wasser und in der Luft effizient zu steuern und zu betreiben.

Kern des Unternehmens ist das Eisenbahngeschäft in Deutschland mit täglich über 5,5 Mio. Kunden im Schienenpersonenverkehr und mehr als 600.000 t beförderter Güter pro Tag. Nahezu 2 Mio. Kunden sind täglich mit unseren Bussen in Deutschland unterwegs. Insgesamt wickeln wir auf unserem modernen, über 33.400 km langen und für den Wettbewerb geöffneten Streckennetz täglich über 30.000 Zugfahrten ab.

Europaweit (inkl. Deutschland) befördert der DB Konzern im Personenverkehr in seinen Zügen und Bussen nahezu 12 Mio. Personen pro Tag. Im Bereich Transport und Logistik werden im europäischen Netzwerk pro Jahr rund 390 Mio. t Güter auf der Schiene und über 95 Mio. Sendungen auf der Straße transportiert. In den weltweiten Netzwerken werden rund 1,1 Mio. t Luftfracht und rund 1,9 Mio. TEU Seefracht abgewickelt.

(Alle Werte Stand 2014)

C. Keindorf (✉) · R. Lutz
Deutschen Bahn AG, Berlin, Deutschland
E-Mail: Christina.Keindorf@deutschebahn.com

© Springer-Verlag Berlin Heidelberg 2016
E. Günther, K.-H. Steinke (Hrsg.), *CSR und Controlling,* Management-Reihe
Corporate Social Responsibility, DOI 10.1007/978-3-662-47702-1_12

2 Nachhaltige Entwicklung des Geschäftes – das Fundament der strategischen Ausrichtung

Mit der Bahnreform im Jahr 1994 wurde der Rahmen, die Deutsche Bahn in privatrechtlicher Form zu einem profitablen, international agierenden Konzern zu entwickeln, geschaffen. Um erfolgreich zu sein, musste sich das Unternehmen viel stärker als zuvor an den Bedürfnissen der Kunden im Personen- und Güterverkehr orientieren. Nach Innen bestanden die Herausforderungen der DB im Aufbau einer modernen und effizienten Organisation sowie der Verankerung einer wertorientierten Unternehmensführung.

Die vollzogene Restrukturierung, unternehmerische Ausrichtung und Sanierung machten den Konzern und die Geschäftsfelder wettbewerbs- und damit auch zukunftsfähig. Der Fokus lag auf kurz- und mittelfristigen wirtschaftlichen Zielen. Gleichzeitig wurde die Deutsche Bahn größer und internationaler. Als größte europäische Bahn will und muss der DB Konzern nun seine Position im Schienengüterverkehr weiter festigen und ausbauen. Im Personenverkehr gilt es, die gute Marktstellung in Deutschland zu verteidigen und in Europa dauerhaft auszubauen. Zudem ist für die DB nachhaltiges Handeln und nachhaltiger Erfolg ein wesentlicher Faktor zur Sicherstellung der Zukunftsfähigkeit und damit dem erfolgreichen Fortbestand des Unternehmens. Nachhaltigkeit und damit auch Corporate Social Responsibility war somit ein „natürlicher" Entwicklungsschritt in der Unternehmensgeschichte der Deutschen Bahn, abgeleitet aus den Markt- und Kundenanforderungen, der Wettbewerbssituation, aber auch aus den Erwartungen der Stakeholder.

Doch das Geschäftsumfeld der DB befindet sich im stetigen Wandel. Ein Wandel, auf den sich die DB rechtzeitig einstellen muss und im Sinne ihrer nachhaltigen Strategie aktiv mitgestalten kann. Dabei reden wir heute nicht mehr von drei bis vier Megatrends, sondern sehen uns zunehmend mit einer hohen Anzahl miteinander vernetzter Trends konfrontiert. Diese sind wesentliche Rahmenbedingungen für das zukünftige Geschäft und den nachhaltigen Unternehmenserfolg des DB Konzern.

Zwei Beispiele dafür, die gleichzeitig eng mit dem Thema der gesellschaftlichen Verantwortung von Unternehmen verknüpft sind:

Klimaveränderung und Ressourcenverknappung
Der zunehmende wirtschaftliche Wohlstand bedeutet immer noch für viele Gesellschaften einen Gewinn an Lebensqualität. Künftig treten aber noch viel stärker die negativen sozialen und ökologischen Auswirkungen dieser Entwicklung in den Vordergrund. Denn wirtschaftlicher Wohlstand basiert immer noch überwiegend auf dem Verbrauch von Öl und anderen nicht erneuerbaren Rohstoffen für die Herstellung und den Transport von Gütern. Damit werden einerseits die natürlichen Ölvorräte und andere Ressourcen zunehmend knapper – andererseits schädigt die Nutzung fossiler Energieträger durch das Freisetzen von Treibhausgasen das Klima. Künftig wird es zu einer kontinuierlich sinkenden gesellschaftlichen und kundenseitigen Akzeptanz von Geschäftsmodellen kommen, die nicht ihren Beitrag zur Minderung des Klimawandels erfüllen. Die DB nimmt den Klimawandel sehr ernst und arbeitet mit der Verlagerung von Verkehren auf die Schiene und

der Verknüpfung unterschiedlicher Verkehrsträger mit der besonders umweltfreundlichen Schiene daran, wichtige Beiträge zum Klimaschutz zu leisten. Durch seine Vorreiterrolle bei den „grünen Produkten" setzt der DB Konzern Standards für klimafreundliche Mobilität und Logistik.

Demografischer Wandel und Wettstreit um Talente
In den meisten Weltregionen, vor allem aber in den europäischen Heimatmärkten der DB, altern die Gesellschaften. Neben der Hausforderung, zukunftsfähige Mobilitäts- und Logistiklösungen für alternde Gesellschaften bereitzustellen, sind vor allem die Auswirkungen des demografischen Wandels für den Arbeitsmarkt relevant. Die DB steht mit vielen Arbeitgebern in einem immer intensiveren Wettstreit um geeignete Talente – von Schul- und Hochschulabgängern bis hin zu Menschen mit langer Berufserfahrung. Zudem hinterfragen gerade junge Menschen den Sinn ihrer Arbeit heute zunehmend und suchen Unternehmen und Aufgaben, die mit ihren eigenen Werten übereinstimmen. Es geht nicht nur um Vergütung und Karriere, sondern um den Nutzen der Tätigkeit, die gesellschaftliche Akzeptanz und die persönliche individuelle Weiterentwicklung. Diesen Anforderungen muss sich ein Unternehmen heute im Wettbewerb um neue Mitarbeiter stellen.

Die anstehenden Entwicklungen und Trends verdeutlichen, dass sich der DB Konzern sehr unterschiedlichen und keineswegs nur ökonomischen Herausforderungen stellen muss. Eine geeignete Antwort erfordert daher einen breiten Ansatz, der neben ökonomischen Prämissen auch einen umweltschonenden Umgang mit Ressourcen und eine hohe Akzeptanz als Arbeitsgeber als Basis für den langfristigen Erfolg betrachtet. Mit der Strategie DB2020 wollen wir deshalb die Nachhaltigkeitsdimensionen Ökonomie, Soziales und Ökologie miteinander in Einklang bringen, gesellschaftliche Akzeptanz sicherstellen und somit auch soziale Verantwortung als Unternehmen wahrnehmen. Damit aus dieser Vision Realität wird, haben wir die Erreichung dieses Anspruches mit konkreten Zielen und strategischen Stoßrichtungen für jede Dimension hinterlegt.

3 Ein integriertes Zielsystem konkretisiert die Strategie DB2020, misst Fortschritte und zeigt Zielkonflikte auf

Zur Umsetzung der Strategie DB2020 und zur Präzisierung unserer Führungsansprüche haben wir ein integriertes, in allen Geschäftsfeldern gültiges Zielsystem entwickelt, welches zudem die Ableitung konkreter Maßnahmen ermöglicht, Zielkonflikte transparent macht und Umsetzungsfortschritte dokumentiert. Dieses Zielsystem, mit seinen vier Stoßrichtungen und entsprechenden Zielen, bildet die interne Basis für eine mittel- und langfristige Orientierung und unterjährige Steuerung (Abb. 1).

Um die spezifischen Herausforderungen der einzelnen Geschäftsfelder zu berücksichtigen, erfolgt eine Differenzierung in den Kennzahlen und konkreten Zielwerten. Alle Geschäftsfelder haben somit ihr eigenes geschäftsfeldspezifisches Zielsystem definiert, in dem sie ihre Strategie operationalisieren, welches aber insgesamt immer auf die Top-Konzernziele einzahlt.

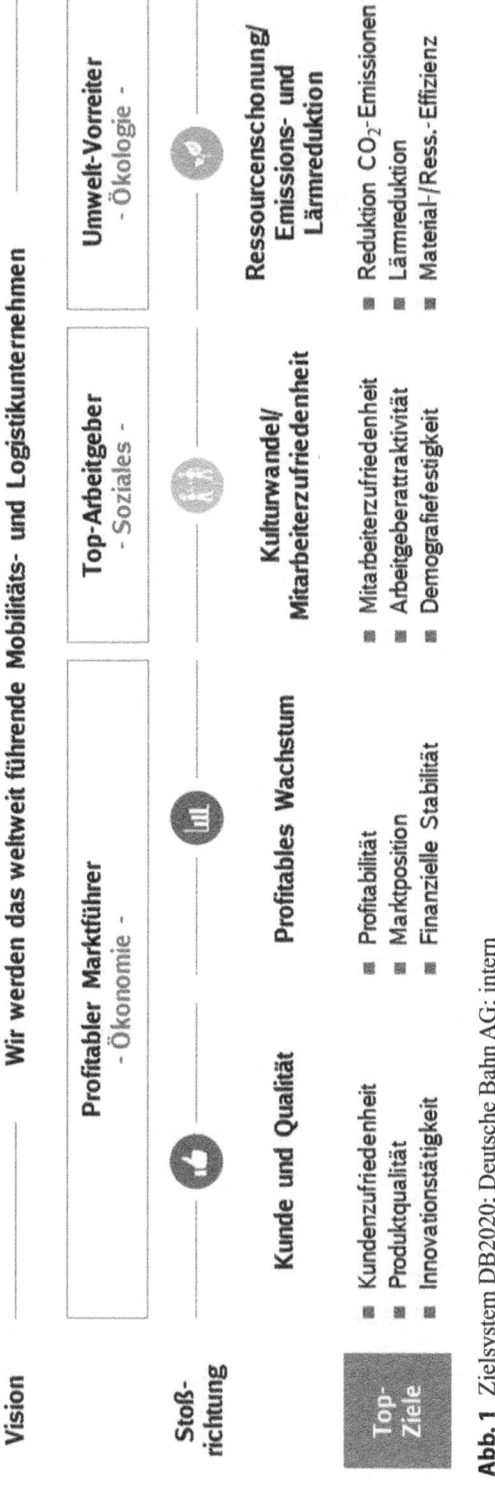

Abb. 1 Zielsystem DB2020; Deutsche Bahn AG; intern

> **Beispiel**
>
> Der DB Konzern hat sich im Rahmen der Strategie DB2020 unter der Stoßrichtung „Kunde und Qualität" das Ziel gesetzt, die Produktqualität zu erhöhen und eine Pünktlichkeitsquote auf der Schiene in Deutschland bis zum Jahr 2020 > 95 % zu erreichen. Das heißt übersetzt für das Geschäftsfeld Fernverkehr, eine definierte Ankunftspünktlichkeit der vertakteten Verkehre sicherzustellen, für die Infrastruktur so zu steuern, dass eine Höchstzahl an Verspätungsminuten je Tausend Zugkilometer aus der Verfügbarkeit der Infrastruktur nicht überschritten werden sowie bestimmte Ankunftspünktlichkeit der Gleichstrom-S-Bahnen im Geschäftsfeld Regio Schiene mindestens zu erreichen. Vergleichbare Zielsetzungen wurden für den Schienengüterverkehr sowie für die Regionalverkehre definiert.

Dieses differenzierte Zielsystem schafft die Voraussetzung dafür, dass trotz unterschiedlicher Geschäftsmodelle und Marktgegebenheiten alle Geschäftsfelder in Richtung der gleichen Zielsetzung arbeiten, aber auch die Verantwortung der einzelnen Akteure spezifisch adressiert und darauf basierend der individuelle Geschäftsfeldbeitrag gemessen werden kann.

Die Elemente dieses Zielsystems spielen seit 2013 zudem eine zentrale Rolle bei der Zahlung variabler Gehaltsbestandteile. Ausgewählte Top-Ziele aus jeder der vier Stoßrichtungen wurden verpflichtend in die Jahresabschlussvergütung übernommen, womit wir die Bedeutung der Strategie DB2020 zusätzlich unterstreichen.

4 Finanzfunktionen spielen eine zentrale Rolle im Prozess der Strategieerarbeitung, Implementierung und Begleitung

Corporate Social Responsibility (CSR) spielte noch vor einigen Jahren in der Finanzfunktion der Deutschen Bahn eine untergeordnete Rolle bzw. existierte nicht. Der Fokus lag fast ausschließlich auf der Erreichung der Kapitalmarktfähigkeit, der wertorientierten Steuerung oder der Implementierung effizienter Strukturen und Prozesse. Planung und Reporting waren die Hauptaktionsfelder der Finanzfunktion. Kundenorientierung, Kulturwandel, soziale Verantwortung und Ressourcenschonung als eigenständige und gleichwertige Zielrichtungen, die es gilt miteinander in Einklang zu bringen sowie aktiv in die Unternehmenssteuerung einzubeziehen, spielten meist nur eine untergeordnete Rolle.

Die Strategie DB2020 sorgt somit auch für Veränderungen und stellt neue Anforderungen an die Finanzfunktion der DB, insbesondere an die Controller und deren Interaktion im Unternehmen. Es galt u. a. zu klären, wie über die finanzwirtschaftlichen Aspekte hinaus auch die Umsetzung der Ziele in den Bereichen Ökologie und Soziales gesteuert werden können, welche Erwartungen seitens der operativen Bereiche an das Controlling gestellt werden und welches Selbstverständnis die Finanzfunktion in diesem Zusammenhang von sich selbst hat.

Im DB Konzern ist der Manager mit DB2020 nicht nur verantwortlich für profitables Wachstum in seinem Cost-, Service- oder Profitcenter, sondern trägt auch die Verantwortung für die Erreichung der Ziele in den Stoßrichtungen Kunde & Qualität, Kulturwandel & Mitarbeiterzufriedenheit sowie Ressourcenschonung. Die Steuerung im operativen und strategischen Bereich ist deutlich mehrdimensionaler geworden. Wenn die Controller als „Co-Piloten" des Managers die Prozesse der Zielfindung, Planung und Steuerung weiter gestalten und begleiten sowie Mitverantwortung für die Zielerreichung tragen wollen, muss auch der Controller-Service mehrdimensional aufgestellt sein, da er ansonsten den Zielsetzungen des Managers nicht umfassend gerecht werden kann. Im DB Konzern muss der Controller damit alle drei strategischen Dimensionen – Ökonomie, Ökologie und Soziales – sowie alle vier strategischen Stoßrichtungen – Kunde & Qualität, profitables Wachstum, Kulturwandel & Mitarbeiterzufriedenheit sowie Ressourcenschonung – in die Steuerung einbeziehen.

Um die Dimensionen Ökonomie, Soziales und Ökologie miteinander in Einklang zu bringen, müssen zunächst Zielkonflikte transparent gemacht werden. Das Aufzeigen der Konflikte soll dann anschließend dazu beitragen, die beste Lösung zu finden. „Im Einklang" heißt dabei nicht, dass die Ziele unterschiedlicher Dimensionen bei jeder Entscheidung mit gleichem Gewicht nach einer mathematischen Formel berücksichtigt werden. Es kann durchaus sein, auch weiterhin im Einzelfall eine Entscheidung für die wirtschaftlichste Alternative zu treffen und damit gegen ein Mehr im Bereich Umweltschutz – oder umgekehrt. In der Summe unserer Entscheidungen muss jedoch der Einklang in den Dimensionen hergestellt sein, um nachhaltigen Unternehmenserfolg zu erzielen. Diese Herangehensweise setzt neue Maßstäbe an die Arbeit der Finanzfunktionen und bedingt eine Erweiterung des bisher üblichen Aktionskreises, der Tools und Instrumente – aber auch der Einstellung.

Im Kern steht die Finanzfunktion und insbesondere das Controlling auch weiterhin für das ökonomische Gewissen im DB Konzern, aber auch zunehmend mehr für Transparenz, gemeinsame Verantwortung sowie umfassendes Chancen- & Risikomanagement, wobei insbesondere das Chancenmanagement mehr und mehr in den Fokus rücken musste. Dabei galt und gilt es, in dieser Rolle eine Balance zu finden, um neben der serviceorientierten Bereitstellung relevanter Informationen gleichzeitig auch Grenzen des ökonomisch Machbaren und Sinnvollen aufzuzeigen sowie für die Durchsetzung interner und externer Standards der kaufmännischen Prozesse zu sorgen und damit als Business Partner eine noch stärker beratende Rolle einzunehmen, um eine deutlich intensivere Maßnahmenorientierung voranzutreiben.

Für das Handeln der Finanzfunktion im Alltag bedeutete dies stärker als bisher, zukunftsgerichtet eigene Empfehlungen zu geben, aktiv Maßnahmen anzustoßen und Veränderungen zu treiben. Ein breites Geschäftsverständnis und lösungsorientiertes Hinterfragen sind dabei ganz wesentliche Kompetenzen, um auf Augenhöhe zu agieren zu können.

Zusammenfassend haben wir dieses Selbstverständnis in einem Leitbild dargestellt (Abb. 2):

Corporate Social Responsibility bei der Deutschen Bahn AG

Abb. 2 Leitbild Finanzen/Controlling der Deutschen Bahn AG; intern

5 Herausforderungen bei der Implementierung eines Zielsystems sind gemeinsam durch Controlling, Operative und Management zu meistern

Die Definition, Implementierung und Weiterentwicklung eines Kennzahlensets im Rahmen DB2020 stellt sowohl das Controlling in seiner Governancefunktion als auch in seiner Service- und Beratungsfunktion, gemeinsam mit den operativ Verantwortlichen vor neue Herausforderungen. Während wir in der Stoßrichtung „profitables Wachstum" allein vor dem Hintergrund externer Standards über gewachsene und implementierte Kennzahlensets und Erhebungsprozesse verfügten, galt es in anderen Stoßrichtungen Kennzahlen- und Prozessdokumentationen zu verbessern sowie die dafür notwendige Systemlandschaft zu identifizieren und abzustimmen. Vor diesem Hintergrund wurde im Dezember 2012 das konzernweite Projekt „integriertes Berichtswesen" für die Erarbeitung eines DB-Konzeptes und den Aufbau der Datenerhebungsprozesse aufgesetzt. In der Projektstruktur wurden dabei sowohl Verantwortlichkeiten in den aus den Stoßrichtungen abgeleiteten Teilprojekten auf Ebene der Konzernleitung, als auch der Geschäftsfelder berücksichtigt. In jedem Teilprojekt sind damit Vertreter aus der Controllingfunktion der Geschäftsfelder eingebunden. Sie fungieren als Koordinator und Ansprechpartner, bringen in ihrer Funktion die geschäftsfeldspezifischen Gegebenheiten in den Prozess ein und tragen gemeinsam mit dem Konzerncontrolling für die Passfähigkeit der Geschäftsfeldziele sowie der Konzernziele Rechnung. Das Projekt unter Leitung des Konzerncontrollings, der Konzernstrategie sowie des Bereiches Investor Relations berichtet regelmäßig an den Konzernvorstand sowie an das Competence Center Nachhaltigkeit (Abb. 3).

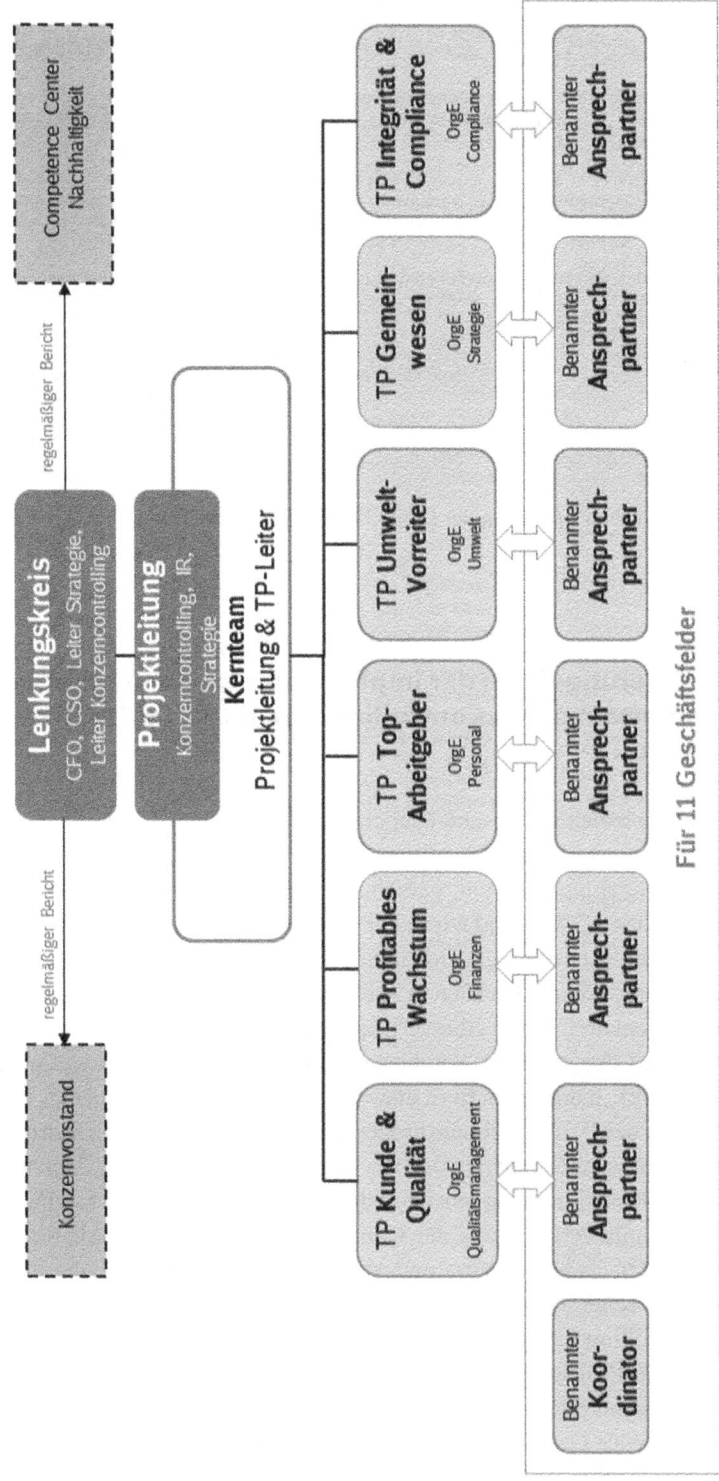

Abb. 3 Projektstruktur „integriertes Berichtswesen" der Deutschen Bahn AG; intern

Bereits ausgehend von der Projektstruktur wird ersichtlich, dass die Kennzahlen zu DB2020 fester Bestandteil der integrierten Berichterstattung sind. Zielsetzungen und Zielerreichung dieser Kennzahlen sind zudem Bestandteil von Planungs- sowie Steuerungsprozessen und werden regelmäßig im Rahmen der internen Berichtserstattung monatlich oder halbjährlich – auf Ebene der Geschäftsfelder und des Konzerns – nachgehalten sowie jährlich im Rahmen der externen Berichterstattung kommuniziert.

Entsprechend den Anforderungen aus externen Standards, aber auch um den berechtigten Interessen unserer Stakeholder gerecht zu werden, wurden darüber hinaus Indikationen und Kennzahlen – auf qualitativer und quantitativer Ebene – ergänzend einbezogen, die damit Bestandteil der externen Berichterstattung werden, jedoch nicht Teil des aktiven Planungs- und Steuerungsprozesses sind. Diese Kennzahlen werden „nur" einmal jährlich im Rahmen des integrierten Berichtes kommuniziert.

Basierend auf den Erkenntnissen der Nachhaltigkeitsberichterstattung bis 2012 wurden folgende Schwerpunkte bei der Weiterentwicklung des Nachhaltigkeitsmanagements und der Nachhaltigkeitsberichterstattung für die Finanzfunktionen formuliert:

- Definition, Festlegungen und Dokumentation des Kennzahlenset sowie der Erhebungs- und Kontrollprozesse mit Fokus auf Wesentlichkeit und Definition von Kernindikatoren
- Beschreibung der Anforderungen an die Weiterentwicklung der IT-Systeme zur Nachhaltigkeitsberichterstattung
- Ausweitung und Harmonisierung der Berichtssysteme insbesondere vor dem Hintergrund der Einbeziehung der ausländischen Gesellschaften, um die Zielerreichung auch weltweit nachhalten zu können
- Zeitliche Synchronisierung der Reportingprozesse
- Sicherstellung externer Standards nach DRS20, der Global Reporting Initiative sowie dem Framework des International Integrated Reporting Councils unter Beachtung höherer Anforderungen an Non-Financials vor dem Hintergrund der „Prüfungsfestigkeit"

Darüber hinaus nimmt die Begleitung bei der Maßnahmenimplementierung und -durchführung zur Zielerreichung der DB2020 in jeder Stoßrichtung auf Ebene der Geschäftsfelder insbesondere für die dezentralen Controllingfunktionen einen hohen Stellwert ein. Dies vor allem vor dem Hintergrund, da die Implementierung und das konsequente Nachhalten der Roadmaps auf Ebene der Geschäftsfelder der wesentliche Erfolgsfaktor für die Umsetzung von DB2020 sind. Nicht zuletzt gilt es dabei auch immer wieder für die Controllingfunktion die Frage zu beantworten, wie die drei Dimensionen Ökonomie, Soziales und Ökologie sinnvoll miteinander verknüpft werden können und wie soziale und ökologische Ziele zum ökonomischen Erfolg beitragen.

6 Verzahnung von strategischem Managementprozess, Mittelfristplanung und Reporting

Der strategische Managementprozess (SMP) verfolgt im DB Konzern das Ziel, konsistente Strategien für den Konzern und die Geschäftsfelder zu formulieren, ein Zielbild zu entwickeln und dieses schrittweise zu operationalisieren. Dieses integrierte Zielsystem wird im SMP jährlich hinsichtlich seiner Passfähigkeit zum Führungsanspruch des DB Konzerns und relevanten Umfeldentwicklungen überprüft. Im gesamten Konzern soll somit eine einheitliches Strategieverständnis und eine hohe Akzeptanz herbeigeführt werden. Darüber hinaus findet unterjährig eine regelmäßige Diskussion der aktuellen Performance des Konzerns und der Geschäftsfelder statt, an der Vorstand, Strategie, Operative und Finanzfunktionen gleichermaßen beteiligt und integriert sind.

Der Prozess der mittelfristigen Unternehmensplanung beinhaltet darauf aufbauend die Konkretisierung der Planungen bis auf Konzerngesellschaftsebene unter der Maßgabe einer Untersetzung der vom Konzernvorstand verabschiedeten TOP-Ziele und strategischen Programme. Dabei werden die im Rahmen des SMP-Prozesses getroffenen Zielvereinbarungen in konkreten Budgets, Programmen, Maßnahmen und Verantwortlichkeiten festgeschrieben (Abb. 4).

Um das integrierte Zielsystem konsequent umsetzen zu können, ist insbesondere in den ersten beiden Prozessschritten (SMP und Mittelfristplanung) eine enge bereichsübergreifende Zusammenarbeit notwendig.

Die Integration der Nachhaltigkeit und damit verbunden der CSR wirkte sich auch auf die zukünftige Berichterstattung aus. Aussagen zur Zielerreichung in allen drei Dimensionen und allen vier Stoßrichtungen sind heute regelmäßiger Bestandteil des internen Managementreports, der damit neben den finanzwirtschaftlichen Ergebnissen Aussagen

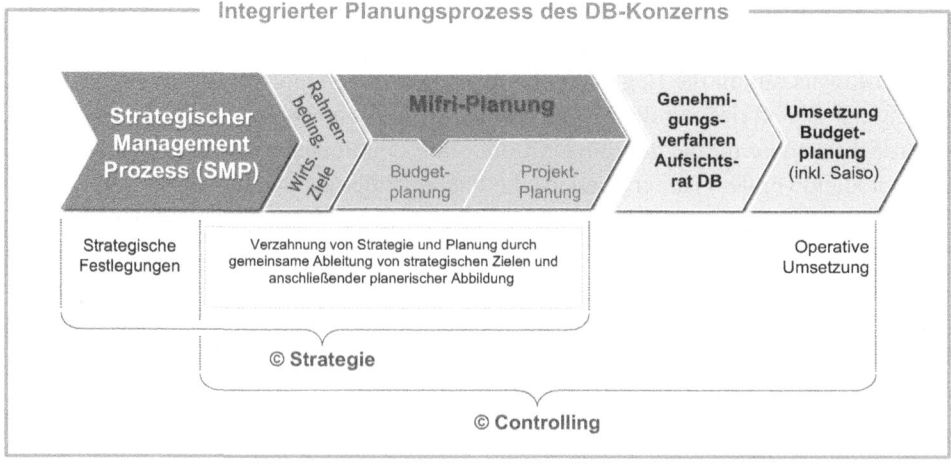

Abb. 4 Integrierter Planungsprozess bei der Deutschen Bahn AG; intern

zur Zielerreichung in den Dimensionen Ökologie und Soziales, auf Ebene des Konzerns und der Geschäftsfelder, enthält.

Auch in Geschäfts- und Nachhaltigkeitsberichten veröffentlicht die Deutsche Bahn seit Jahren regelmäßig ihre Zielerreichung auf Konzernebene. Nachfolgende Tabelle gibt einen Überblick über die Entwicklung der Kennziffern seit 2012 (Tab. 1):

Darüber hinaus haben wir uns intensiv mit der Neuausrichtung des Nachhaltigkeitsberichtes beschäftigt. Im Jahr 2015 werden wir erstmals einen integrierten Bericht auf Basis der Ergebnisse des Geschäftsjahres 2014 veröffentlichen. Dabei verstehen wir unter einer integrierten Berichterstattung mehr als die Zusammenlegung von Jahresabschluss- und Nachhaltigkeitsbericht. Zielsetzung ist die Information zur Strategie DB2020 und deren Verankerung im Unternehmen, die verknüpfend im Sinne eines integrierten Denkens die

Tab. 1 DB2020 Top-Ziele Reporting. (Quelle: Integrierter Bericht DB 2014)

		Ist 2012	Ist 2013	Ist 2014	Ziel 2020
Kundenzufriedenheit	Kundenzufriedenheitsindex B2C	75,3	75,1	76,1	≥79
	Kundenzufriedenheitsindex B2B	65,8	66,6	68,2	≥73
Produktqualität	Pünktlichkeit Schiene Dtl. [%]	94,4	94,0	94,3	>95
Profitabilität	ROCE [%]	8,3	6,8	6,3	≥10
Marktposition	Umsatz [Mrd.€]	39,3	39,1	39,7	>50
Finanzielle Stabilität	Tilgungsdeckung [%]	22,1	20,5	20,9	≥30
Arbeitgeberattraktivität	Rang Arbeitgeber-Ranking	31	22	13	≤10
Mitarbeiterzufriedenheit	Index	3,6		3,7	4,0
Demografiefestigkeit	Frauenanteil Inland [%]	22,1	22,5	22,8	25,0
CO_2 Emission	Reduktion spez. CO_2 Emission [%]	-11,9	-18,7	-22,7	-20
	Anteil erneuerbarer Energien im Bahnstrommix in D [%]	24,0	35,2	39,6	35
Material- und Ressourceneffizienz	Recyclingquote [%]	94,1	94,2	95,6	≥95
Lärmreduktion	Anteil umgerüsteter Güterwagen		650	6.500	60.000
	Lärmsanierte Strecken-km in D	1.200	1.300	1.400	≥2.000

Zukunftsorientierung des Unternehmens aufzeigt, soziale Verantwortung manifestiert und in dieser Form alle Stakeholder gleichermaßen umfassend informiert.

7 Deutsche Bahn Stiftung gGmbH bündelt unser gesellschaftliches Engagement

Als Unternehmen, das in der Mitte der Gesellschaft agiert, tragen wir als Deutsche Bahn besondere Verantwortung. Daher haben wir eine gemeinnützige Körperschaft, die Deutsche Bahn Stiftung gGmbH, gegründet. Die Deutsche Bahn Stiftung wird mit bis zu 0,5 % des operativen Konzerngewinns (vor Steuern und Zinsen) jährlich ausgestattet. Schwerpunkte der Fördertätigkeit sind die Bereiche Bildung und Kultur, Integration und Fürsorge, Klima- und Naturschutz sowie humanitäre Hilfe.

Leitgedanke der Deutschen Bahn Stiftung ist es, eine Gesellschaft mitzugestalten, in der Menschen für sich und andere Verantwortung übernehmen. Das Motto „Anschluss sicher. Verbindung schaffen. Weichen stellen." fasst diesen Auftrag zusammen. Die Zielgruppe sind Menschen, denen gesellschaftliche Beteiligung erschwert ist. Gleichzeitig fördert die Deutsche Bahn Stiftung Menschen, die dieses Anliegen teilen und befähigt sie, sich aktiv zu engagieren.

Mit der Gründung der Deutschen Bahn Stiftung unterstreicht die Deutsche Bahn AG ihre soziale Verantwortung glaubwürdig, wirkungsvoll und praxisnah.

8 Fazit

Corporate Social Responsibility ist für die Deutsche Bahn AG kein losgelöstes modernes Element der PR-Strategie, sondern integraler Bestandteil der nachhaltigen Unternehmensausrichtung und in der Strategie DB2020 fest verankert. Die Verantwortung auf dem Gebiet der Umwelt und im sozialen Bereich steht gleichberechtigt neben den anspruchsvollen wirtschaftlichen Zielsetzungen und ist mit Maßnahmen, Meilensteinen und Verantwortlichen untersetzt.

Wir verfolgen damit den Grundsatz, dass die ökologischen und sozialen Ziele der Strategie DB2020 langfristig auf den ökonomischen Erfolg der DB einzahlen und ökonomischer Erfolg gleichzeitig nur dann nachhaltig sein kann, wenn er auf ökologischen und sozialen Grundwerten basiert.

Finanzfunktionen spielen in diesem Prozess eine entscheidende Rolle – Controller als „Co-Piloten" des Managements müssen den Anforderungen mehrdimensionaler Steuerung gerecht werden und agieren dabei zunehmend in beratender Rolle.

Corporate Social Responsibility heißt aber auch aktives Handeln in der Praxis. Diesen Freiraum haben wir nachhaltig mit der Gründung der Deutschen Bahn Stiftung geschaffen.

Und nicht zuletzt spielt auch die persönliche Überzeugung und Verantwortung der agierenden Personen eine wesentliche Rolle. Vor diesem Hintergrund wird die Funktion des CSO im Konzernvorstand der Deutschen Bahn wahrgenommen und alle grundlegenden Prozesse und Strukturen bereichsübergreifend gesteuert.

Dr. Richard Lutz war von 1989 bis 1994 als wissenschaftlicher Mitarbeiter an einem Lehrstuhl für Betriebswirtschaftslehre an der Universität Kaiserslautern tätig und promovierte dort 1998. Im Jahr 1994 wechselte er zur Deutschen Bahn AG. Hier übernahm er nach verschiedenen Stationen im Jahr 2003 den Bereich Konzerncontrolling. Dr. Richard Lutz ist seit dem 1. April 2010 Vorstand Finanzen und Controlling der Deutschen Bahn AG und der DB Mobility Logistics AG.

Christina Keindorf studierte bis 1993 Betriebswirtschaftslehre an der FHTW Berlin und arbeitete danach in verschiedenen Controllingfunktionen der Bundesdruckerei GmbH. Im Jahr 2004 wechselte sie zur Deutschen Bahn AG, zunächst als Leiterin Planung und Berichterstattung im Bereich Konzerncontrolling. und anschließend als Leiterin des Bereiches „Programme und Projekte" beim Vorstand Finanzen und Controlling der Deutschen Bahn AG. Seit dem 01.10.2015 verantwortet Frau Keindorf zudem das Konzerncontrolling der Gruppen- und Servicefunktionen.

CSR-Controlling am Beispiel Bosch

Stefan Asenkerschbaumer, Bernhard Schwager und Richard Watterott

1   Die Bosch-Gruppe

Die Bosch-Gruppe ist ein international führendes Technologie- und Dienstleistungsunternehmen und erwirtschaftete im Geschäftsjahr 2014 mit rund 290.000 Mitarbeitern einen Umsatz von 49 Mrd. € (Hinweis: Aufgrund geänderter Bilanzierungs- und Bewertungsmethoden, insbesondere der Anwendung der Equity-Methode gemäß IAS 31, sind die Kennzahlen für 2014 sowie 2013 mit den früher veröffentlichten Kennzahlen bis 2012 nur bedingt vergleichbar). Die Aktivitäten gliedern sich in die vier Unternehmensbereiche: Mobility Solutions, Industrial Technology, Consumer Goods, Energy and Building Technology (vgl Abb. 1).

Die Bosch-Gruppe umfasst die Robert Bosch GmbH und ihre rund 440 Tochter- und Regionalgesellschaften in rund 60 Ländern; inklusive Vertriebspartner ist Bosch in rund 150 Ländern vertreten (Stand: 01.04.2015). Dieser weltweite Entwicklungs-, Fertigungs- und Vertriebsverbund ist die Voraussetzung für weiteres Wachstum. Im Jahr 2014 investierte die Bosch-Gruppe rund 5,0 Mrd. € in Forschung und Entwicklung und meldete rund 4.600 Patente an. Das sind durchschnittlich 20 Patente pro Tag. Ziel der Bosch-Gruppe ist es, mit ihren Produkten und Dienstleistungen die Lebensqualität der Menschen durch innovative und nutzbringende Lösungen zu verbessern und Technik fürs Leben weltweit anzubieten (vgl. Bosch 2014a).

B. Schwager (✉) · S. Asenkerschbaumer · R. Watterott
Robert Bosch GmbH, Stuttgart, Deutschland
E-Mail: Bernhard.Schwager@de.bosch.com

© Springer-Verlag Berlin Heidelberg 2016
E. Günther, K.-H. Steinke (Hrsg.), *CSR und Controlling,* Management-Reihe
Corporate Social Responsibility, DOI 10.1007/978-3-662-47702-1_13

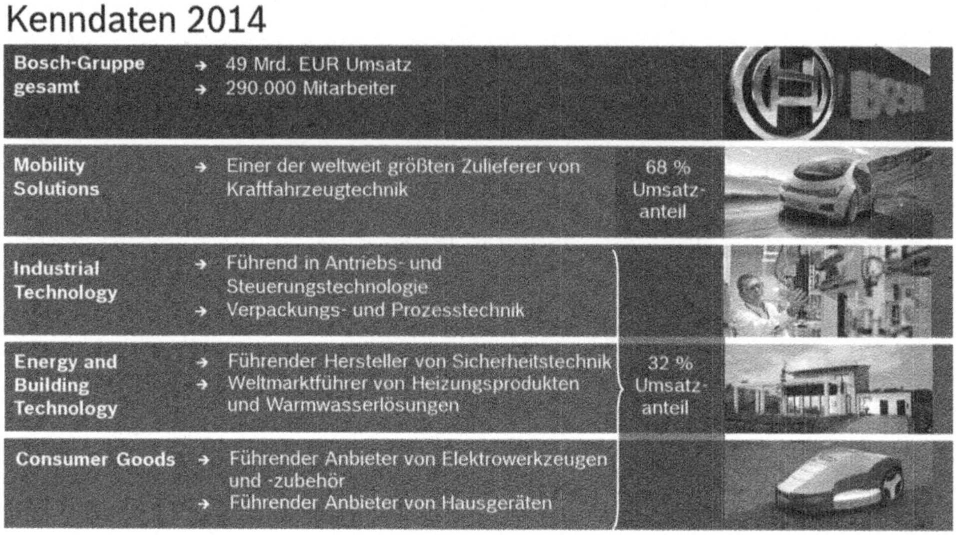

Kenndaten 2014

Bosch-Gruppe gesamt	→ 49 Mrd. EUR Umsatz → 290.000 Mitarbeiter		
Mobility Solutions	→ Einer der weltweit größten Zulieferer von Kraftfahrzeugtechnik	68 % Umsatzanteil	
Industrial Technology	→ Führend in Antriebs- und Steuerungstechnologie → Verpackungs- und Prozesstechnik		
Energy and Building Technology	→ Führender Hersteller von Sicherheitstechnik → Weltmarktführer von Heizungsprodukten und Warmwasserlösungen	32 % Umsatzanteil	
Consumer Goods	→ Führender Anbieter von Elektrowerkzeugen und -zubehör → Führender Anbieter von Hausgeräten		

Abb. 1 Die Unternehmensbereiche der Bosch-Gruppe

2 Das Verständnis von unternehmerischer Nachhaltigkeit

Für die Bosch-Gruppe ist Nachhaltigkeit und eine langfristige strategische Ausrichtung Teil der Unternehmenskultur. Schon dem Unternehmensgründer Robert Bosch, der das Unternehmen 1886 als „Werkstätte für Feinmechanik und Elektrotechnik" in Stuttgart gründete, war die Unabhängigkeit und das langfristige Weiterbestehen seines Unternehmens in seinem „Geist und Willen" ein zentrales Anliegen. Dies gab er auch als Auftrag in seinem Testament an seine Nachfolger und Nachkommen so weiter. Dazu gehörte für ihn ein Ausgleich zwischen unternehmerischen und gesellschaftlichen Belangen, auch wenn er dies nicht als ein leichtes Unterfangen ansah. Die „Verbesserung der Technik und der Wirtschaft sollte immer auch den Menschen und den Völkern nützlich sein" hat Robert Bosch schon 1921 formuliert. Dies wird heute mit dem Slogan der Bosch-Gruppe „Technik fürs Leben" verdichtet.

Diesen „Geist" übersetzte sein Enkel, Christof Bosch, Sprecher der Familie Bosch und Mitglied der Gesellschafterversammlung und des Aufsichtsrats, in seiner Rede zum 125-jährigen Jubiläum: „Ich glaube, ein Begriff beschreibt ihn am besten: Nachhaltigkeit." Er zeigte sich überzeugt, dass Robert Bosch diesen Begriff verwendet hätte, wenn es ihn damals schon außerhalb der Forstwirtschaft gegeben hätte. Dieser Tradition folgend wird heute in der Bosch-Gruppe unter unternehmerischer Verantwortung das Halten der „Balance im Dreieck Wirtschaft, Gesellschaft und Umwelt" verstanden (vgl. Bosch 2011).

Die langfristige und umfassende Ausrichtung, die Wahrnehmung unternehmerischer Verantwortung, setzt daher bereits bei Vision und Strategie des Unternehmens an. Vision, Leitbild und Werte geben eine klare strategische Grundorientierung. Ihre

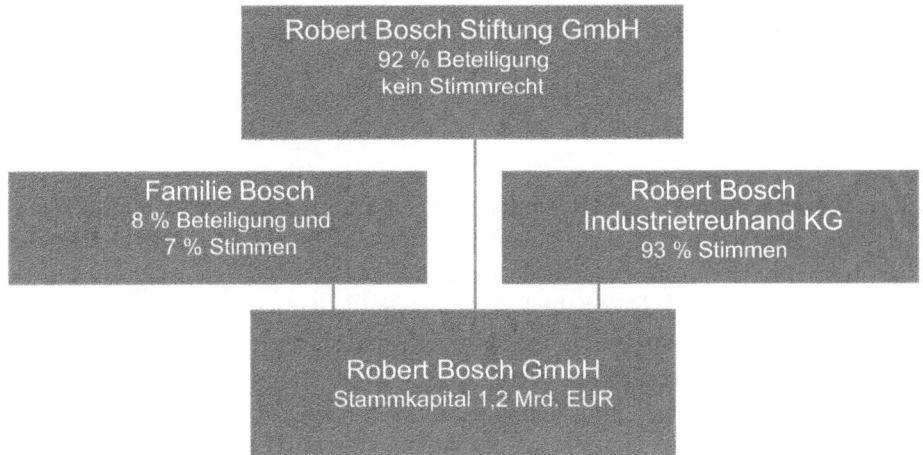

Abb. 2 Eigentümerstruktur

Eckpunkte sind für die Geschäfte, die Bosch betreibt, auf allen Ebenen bindend und schaffen wegen ihrer großen Identifikations- und Integrationskraft ein hohes Synergiepotenzial; sie sind folglich für das Bosch-Portfolio neben allen Wirtschaftlichkeitskriterien von zentraler Bedeutung. So ergibt sich aus dem Wert „Verantwortung und Nachhaltigkeit" als einem der sieben Werte der Bosch-Gruppe, dass die Erzeugnisse und Leistungen vor allem der Verbesserung der Lebensqualität der Menschen und dem sparsamen Umgang mit Ressourcen dienen und dabei die Auswirkungen auf Gesellschaft und Umwelt berücksichtigen. Dies gilt für alle vier Unternehmensbereiche der diversifizierten Bosch-Gruppe.

In gesellschaftsrechtlicher Hinsicht weist Bosch gegenüber der Mehrzahl anderer Unternehmen vergleichbarer Größe eine Besonderheit auf: 92 % des Stammkapitals der Robert Bosch GmbH gehören der gemeinnützigen Robert Bosch Stiftung GmbH. Die Stimmrechte hält mehrheitlich die Robert Bosch Industrietreuhand KG; sie übt die unternehmerische Gesellschafterfunktion aus. Die übrigen Anteile liegen bei der Familie Bosch und der Robert Bosch GmbH (Abb. 2). Die Robert Bosch Stiftung GmbH verwendet die ihr zufließende Dividende ausschließlich für gemeinnützige Vorhaben. So wurden in den vergangenen 50 Jahren rund 1,3 Mrd. € für gemeinnützige Zwecke aufgewandt und mehr als 20.000 Projekte – schwerpunktmäßig zur Völkerverständigung – gefördert. Die Verfassung des Unternehmens gewährleistet die unternehmerische Unabhängigkeit der Bosch-Gruppe und der überwiegende, nicht ausgeschüttete Anteil des erzielten Gewinns kann für Zukunftsinvestitionen verwendet werden. Dies erleichtert die langfristige Ausrichtung des Unternehmens und somit auch die Fokussierung auf nachhaltig stabile ökonomische, soziale und ökologische Belange.

Die besonderen Herausforderungen liegen dabei in der gleichzeitigen Berücksichtigung der Anforderungen aller drei Belange der Nachhaltigkeit. Häufig lassen sich kurzfristig bestehende Zielkonflikte nur durch Innovationen überwinden.

3 Organisation Nachhaltigkeit im Unternehmen

Das Nachhaltigkeitsmanagement benötigt in einem Unternehmen wie Bosch ein solides organisatorisches Fundament. Dazu wurden drei Ebenen eingerichtet:

- Erstens die Geschäftsstelle Nachhaltigkeit. Sie ist Ansprechpartner für interne und externe Anfragen, sie hält Kontakt zu Verbänden, vor allem aber zeigt sie im Unternehmen selbst Probleme und Handlungsbedarf auf.
- Zweitens der Fachbeirat Nachhaltigkeit. Darin sind Leiter von Zentralabteilungen wie Einkauf, Fertigung, Infrastruktur, Personal und Umwelt vertreten, aber auch Bereichsvorstände diverser Geschäftsbereiche.
- Schließlich der Steuerkreis Nachhaltigkeit. Hier werden die wesentlichen Ziele festgelegt und überwacht – und hier ist der CEO selbst Mitglied, gemeinsam mit zwei weiteren Mitgliedern der Geschäftsführung sowie Vertretern aus dem Fachbeirat.

Davon geht ein klares Signal aus: Nachhaltigkeit ist bei Bosch Chefsache – das muss sie in allen Unternehmenseinheiten sein. Die Wirkung des Signals auf die Mitarbeiter ist nicht zu unterschätzen. Dass die Geschäftsführung das nachhaltige Wirtschaften unmittelbar zu ihrem Anliegen macht, unterstreicht nochmals, welche Bedeutung in diesem Anliegen steckt: ein Nutzen für Umwelt, Gesellschaft und schließlich das Unternehmen selbst – nach Bosch-Verständnis eine dreifache „Win-Situation" (vgl. Fehrenbach 2009).

Entsprechend der Zielsetzung dieses Beitrags zum CSR-Controlling liegt der Schwerpunkt der folgenden Betrachtungen auf den Umweltaspekten des Nachhaltigkeitsmanagements.

4 CSR und Controlling

Bei der Betrachtung der Prozesse der Leistungserstellung des Unternehmens anhand eines vereinfachten Unternehmensprozessmodells wird sehr schnell deutlich, dass Inhalte und Aufgaben der Nachhaltigkeit und das damit verbundene Controlling nicht nur in allen Wertschöpfungsprozessen, sondern insbesondere auch in den Unternehmensentwicklungs- und Steuerungsprozessen sowie den Unterstützungsprozessen verankert sein muss (Abb. 3). Das Umweltmanagement ist eine Querschnittsaufgabe, die alle Hierarchieebenen und jede betriebliche Funktion betrifft und zu der jeder Akteur einen Beitrag zu leisten hat (vgl. Horváth et al. 2011).

Das dargestellte Umweltcontrolling im hier verstandenen Sinne bezieht sich stets auf die Geschäftsziele. Es hat daher grundsätzlich das Ziel, Ökologie und Ökonomie zumindest langfristig in eine Balance zu bringen. Was das Denken in langfristigen Horizonten dabei bedeuten kann, macht das folgende Technologiebeispiel aus dem Bereich Kraftfahrzeugtechnik deutlich.

CSR-Controlling am Beispiel Bosch

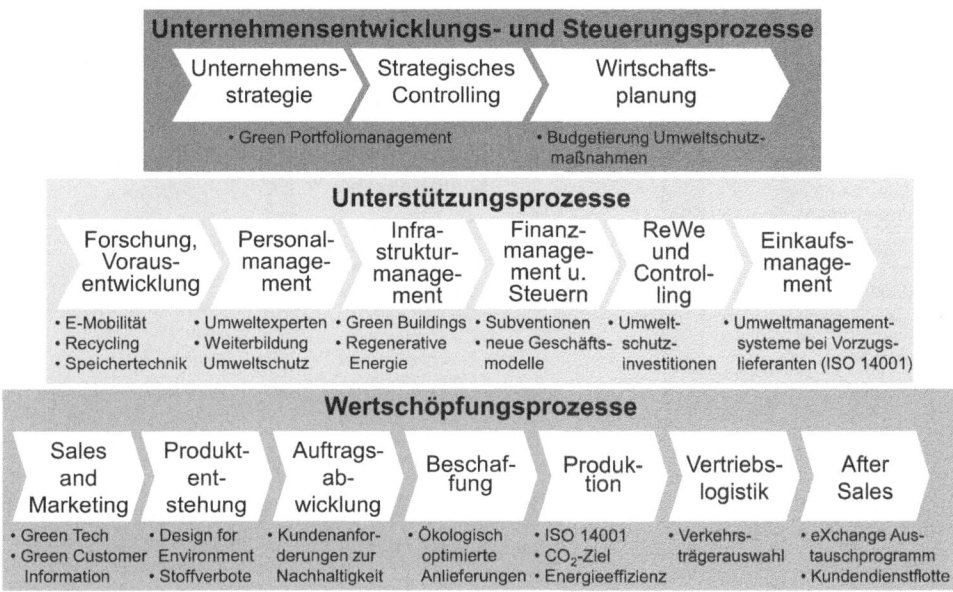

Abb. 3 Nachhaltigkeitsmanagement betrifft alle Unternehmensprozesse (vgl. Asenkerschbaumer und Watterott 2011, S. 454)

Das Blockieren der Räder beim Bremsen schien für ein Serienautomobil lange Zeit nicht lösbar zu sein. Erst als Mitte der 60er-Jahre die Elektronik eine ausreichend schnelle und zuverlässige Bremsregelung versprach, begann Bosch mit der Entwicklung eines für ein Serienauto geeigneten Antiblockiersystems (ABS). Die Entwicklungszeit bis zum Serienstart im Jahr 1978 dauerte 15 Jahre. Aber weitere fünf Jahre vergingen, bis das ABS für Bosch wirtschaftlich wurde. Heute ist die Ausstattung von Neuwagen mit ABS in der Europäischen Union gesetzlich vorgeschrieben. Dieses Beispiel zeigt auf, dass langfristiges Denken teilweise weit über die Zeiträume üblicher Mittel- und Langfristplanungen im Unternehmen hinausgehen muss.

Das Bekenntnis zur unternehmerischen Verantwortung muss sich gleichermaßen im Produktportfolio wie auch in der Verfolgung nachhaltiger Ziele bei den Wertschöpfungsprozessen des Unternehmens widerspiegeln.

Für das Produktportfolio fordert das strategische Leitmotiv „Technik fürs Leben", technische Lösungen für die Verbesserung und den Schutz der Umwelt zu finden. So zielt das Leitmotiv darauf ab, erneuerbare Energien noch wirtschaftlicher, Mobilität noch sicherer, sauberer und sparsamer zu machen sowie generell umwelt- und ressourcenschonende Erzeugnisse zu entwickeln. Ökologie ist somit Motor für Innovationen und wird von der Bosch-Gruppe als wirtschaftliche Chance verstanden.

Das Leitmotiv dient als strategischer Suchfilter für den weiteren Ausbau des Geschäfts mit nachhaltigen Erzeugnissen. Dies gilt sowohl für die Weiterentwicklung bestehender als auch für die Entwicklung von neuen Geschäftsfeldern. Produkt- und Geschäftsideen

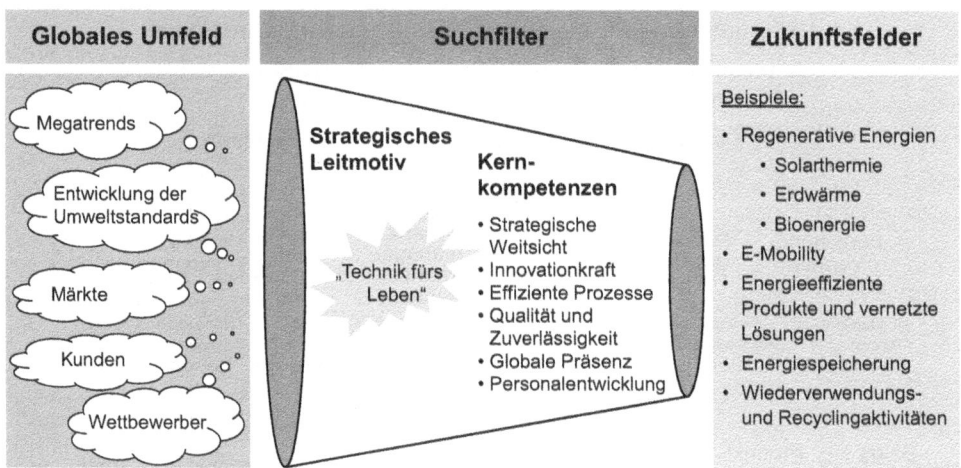

Abb. 4 Fokussierung auf nachhaltige Zukunftsfelder (in Anlehnung an Asenkerschbaumer und Watterott 2011, S. 456)

müssen zusätzlich zu den Kernkompetenzen des Unternehmens passen, wenn sie eine hohe Erfolgswahrscheinlichkeit haben sollen. Abbildung 4 zeigt als Ergebnis des strategischen Portfolioprozesses wesentliche Beispiele von nachhaltigen Zukunftsfeldern, in denen Bosch heute tätig ist.

Die Bosch-Gruppe hat in den vergangenen fünf Jahren mehr als 20 Mrd. € in Forschung und Entwicklung investiert, die das Leben sicherer, komfortabler und umweltverträglicher machen. Von den weltweit 290.000 Mitarbeitern waren 2014 rund 45.700 Mitarbeiter in den Bereichen Forschung und Entwicklung tätig.

Aufgabe des Controllings ist es, das Management des Unternehmens durch die Beurteilung der wirtschaftlichen Chancen und Risiken der Innovationen und der Umsetzung der Unternehmensstrategien zu unterstützen. Die Inhalte des strategischen Controllings beziehen sich zunächst im Wesentlichen auf Erfolgs- und Fähigkeitenpotenziale und somit auf Sachziele. Drei Kernelemente stehen dabei im Vordergrund: das Controlling der Prämissen, das Controlling der Konsistenz der Strategie sowie das Durchführungscontrolling (vgl. Abb. 5). Das strategische Controlling ist dabei umwelt- und unternehmensbezogen und beruht im Gegensatz zum operativen Controlling somit weniger auf Formalzielen wie beispielsweise der Umsatz-, Ergebnis- und Rentabilitätsentwicklung. Jedoch müssen im zweiten Schritt strategische und operative sowie sachziel- und formalzielorientierte Planungen vernetzt werden (vgl. Horváth 2009, S. 221).

Langfristige Entscheidungen sollten auf den Ergebnissen von Umfeldanalysen aufbauen. Daher werden Megatrends analysiert und Geschäftsfelder identifiziert, die zu Bosch passen. In Abb. 6 werden die Haupttreiber für das Beispiel E-Mobility gezeigt. Auf diesem für Bosch strategisch wichtigen Gebiet ist es das Ziel, durch Elektromotoren, die erforderliche Leistungselektronik, regenerative Bremssysteme und vieles mehr, die Elektrifizierung des Antriebs dynamisch voranzutreiben.

CSR-Controlling am Beispiel Bosch

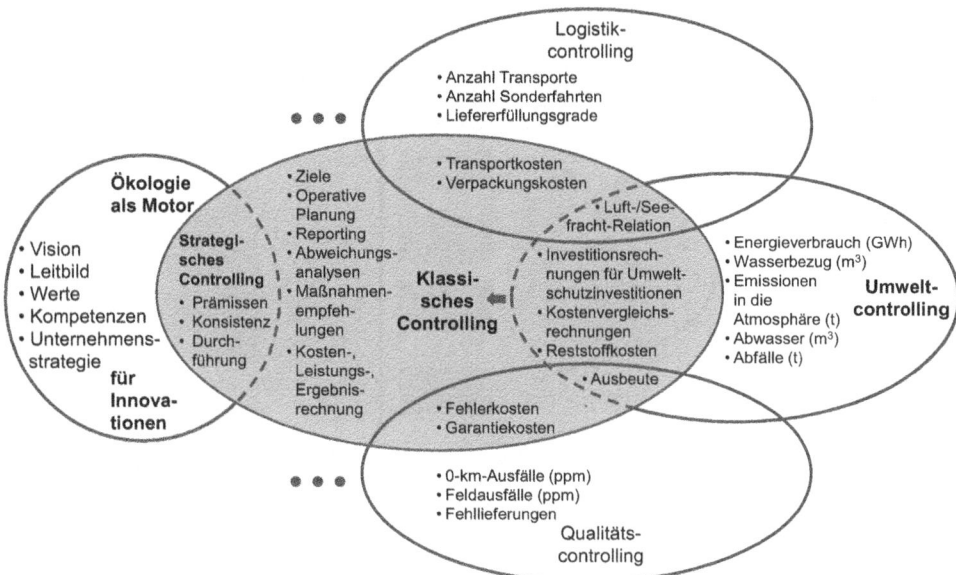

Abb. 5 Inhalte und Aufgaben im Nachhaltigkeitscontrolling (in Anlehnung an Asenkerschbaumer und Watterott 2011, S. 455)

Abb. 6 Haupttreiber für die Elektrifizierung des Antriebs

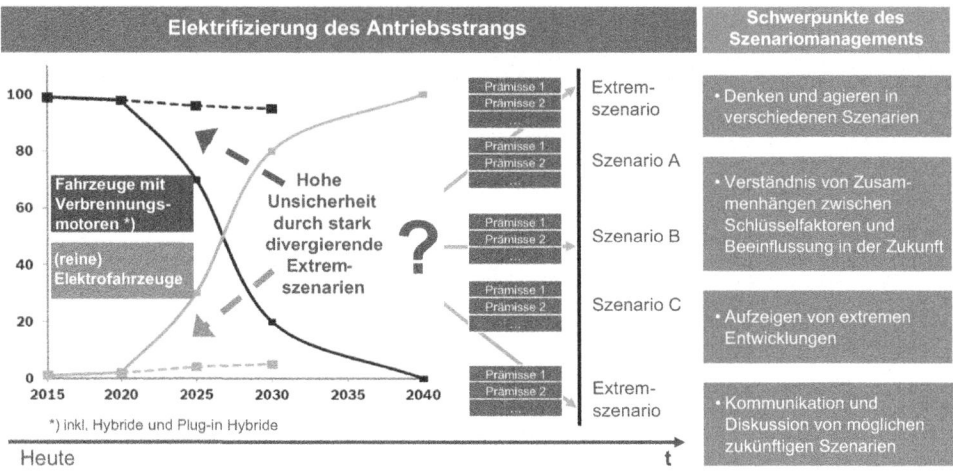

Abb. 7 Anwendung der Szenario-Analyse als Instrument der Entscheidungsfindung unter hoher Unsicherheit

Die Herausforderung des strategischen Controllings liegt darin, dass zwar die Trends eindeutig sind, die Prämissen und Prognosen zu den verschiedenen Technologien und der Marktdurchdringung von E-Mobility jedoch sehr stark variieren. Aus der Controlling-Sicht gibt es in Fällen hoher Unsicherheit im Methodenbaukasten das zentrale Instrument der Szenarioanalyse. Mit dieser lassen sich unterschiedliche Entwicklungen auf Basis klar verstandener Zusammenhänge zwischen Schlüsselfaktoren bewerten und prämissenbezogen verfolgen (vgl. Asenkerschbaumer 2012, S. 339). Aus den extrem unterschiedlichen Szenarien müssen sich alle am strategischen Prozess Beteiligten auf ein realistisches Szenario verständigen (vgl. Abb. 7). Für dieses sind dann die erforderlichen Ressourcen zu definieren. Hierzu müssen beispielsweise Kapazitäts- und Kompetenzaufbau, Investitionen, Budget, M&A-Planungen, Marktstrategien und Organisationsentwicklung konsistent miteinander verzahnt werden. Dabei müssen klare Ziele gesetzt und diese konsequent verfolgt werden.

Für das Controlling sind dann auch die Fragen der Finanzierung der Ressourcen in Verbindung mit der angenommenen zukünftigen Marktdurchdringung zu beantworten. Am Beispiel der Elektrifizierung des Antriebs bedeutet das, die verschiedenen konkurrierenden Konzepte, die Bosch im Portfolio hat, zu betrachten und Maßnahmen zur deren Finanzierung abzuleiten (vgl. Abb. 8). Für die Elektrifizierung des Antriebsstrangs wendet die Bosch-Gruppe jährlich rund 400 Mio. € auf.

Bei der strategischen Ausrichtung der Bosch-Gruppe obliegt es den zentralen Abteilungen Unternehmensstrategie, Controlling und M&A, das Management auf dem Weg zu mehr Nachhaltigkeit zu unterstützen. Hier sind insbesondere beim Finden und Beurteilen neuer Geschäftsfelder Erfolgspotenziale darzustellen, die sich als Chancen und Risiken beschreiben, aber in der Regel nicht einfach quantifizieren lassen. Die Plausibilisierung der zentralen Prämissen ist hierbei eine der Hauptaufgaben des strategischen Controllings.

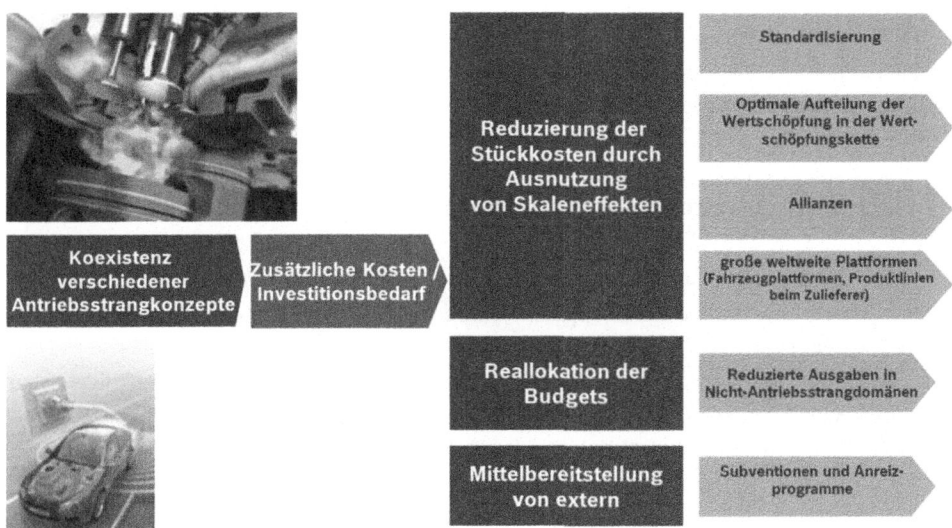

Abb. 8 Maßnahmen zur Finanzierung zukünftiger Antriebsstrangkonzepte (vgl. Asenkerschbaumer 2013)

Das mehr operativ geprägte Umweltcontrolling ist ein funktionsbereichsspezifisches Controlling, etwa vergleichbar mit dem Logistik- oder Qualitätscontrolling (vgl. Schäffer und Weber 2005, S. 389 ff.). Funktionsbereichsspezifisches Controlling erfolgt bei Bosch, ebenso wie das klassische Controlling zur finanziellen Unternehmenssteuerung, überwiegend in den Managementeinheiten, die sich in die vier genannten Unternehmensbereiche, mit jeweils mehreren Geschäftsbereichen gliedern. Die Geschäftsbereiche erhalten von der Geschäftsführung im Planungsprozess Ziele für ihr weltweites Geschäft, die sie auf Produktbereiche und andere Einheiten oder Standorte entfalten und mit den jeweils Verantwortlichen vereinbaren. Dies gilt in gleicher Weise auch für die Ökologiezielsetzung der CO_2-Reduzierung, der Arbeitsplatzzielsetzung zu Unfallzahlen oder der Managementzielsetzung zum Anteil von Frauen in Führungspositionen.

Der weit überwiegende Anteil der Aufgabenausführungen zum Nachhaltigkeitsmanagement erfolgt dezentral an den Standorten. Die kommunizierten Kennzahlen zum Umweltschutz im Rahmen der Nachhaltigkeitsberichterstattung betreffen überwiegend technische Kennzahlen, die nicht vom klassischen finanziellen Controlling, sondern von Fachexperten, beispielsweise für Umwelt oder Energie, zusammengetragen und interpretiert werden. Da es für die Kennzahlen Zielwerte und regelmäßige Überprüfungen des Fortschritts gibt, bilden diese Kennzahlen somit das direkte Controlling-Instrument für die Steuerung im Bereich Umweltschutz (vgl. Bosch 2014b).

Die Aufgaben des Umweltschutzes und Umweltcontrollings werden in der Bosch-Gruppe durch die Zentralabteilung Arbeits-, Brand- und Umweltschutz koordiniert. An den Standorten weltweit werden die Aufgaben von Experten in den entsprechenden Fachbereichen, insbesondere des betrieblichen Umweltmanagements, im Facility Management und der Fertigungsplanung koordiniert. Dabei unterstützt sie das lokale finanzielle Controlling bei Investitionsrechnungen und der Budgetierung von Umweltschutzmaßnahmen.

Nachfolgend sollen anhand von Beispielen aus dem Unterstützungsprozess Infrastrukturmanagement sowie dem Wertschöpfungsprozess Produktion, Elemente der Nachhaltigkeit und die damit im Zusammenhang stehenden Controllingaufgaben aufgezeigt werden.

5 Nachhaltigkeitsmanagement in Infrastruktur und Produktion

Der Umweltschutz im Unternehmen betrifft viele Aspekte und wird seit der ersten Umweltschutzrichtlinie der Bosch-Gruppe aus dem Jahr 1973 durch zentrale Regelungen verbindlich vorgegeben.

Ein zentraler Schwerpunkt im Umweltschutz ist die Energieeffizienz, auf die in den folgenden Beispielen aus Infrastruktur und Produktion näher eingegangen wird. Als wichtigster Indikator hierfür wird üblicherweise der Kohlendioxidausstoß verwendet. Daher hat die Bosch-Geschäftsführung im Jahr 2008 das Ziel verabschiedet, bis 2020 den Kohlendioxidausstoß relativ zur Wertschöpfung im Vergleich zu 2007 um 20 % zu senken.

5.1 Energieeffiziente Infrastruktur

In Gebäuden werden Potenziale zur Senkung des Energiebedarfs analysiert und in Techniken für Licht, Heizung, Kühlung, Warm- und Kaltwasser sowie Druckluft investiert. Eine sehr wirksame Maßnahme zur Senkung des Energieverbrauchs ist die Steuerung der Haustechnik mittels einer zentralen Leittechnik. Mit ihr können alle Energieverbraucher an einem Standort, die über Messpunkte erfasst werden, ständig dem aktuellen Bedarf angepasst werden. Ein eigenentwickeltes Beleuchtungssystem sorgt dafür, dass sich die Lichtzufuhr in den Fertigungshallen selbst reguliert – abhängig vom Tageslicht und davon, ob Personen im Raum anwesend sind. Das innovative System senkt den für die Beleuchtung benötigten Energiebedarf um bis zu 60 %. Lüftungsanlagen werden seit Jahren mit einer Wärmerückgewinnung ausgestattet. Die höheren Investitionen dafür amortisieren sich über niedrigere Heizkosten. Wärmepumpen werden ebenso für die Rückgewinnung von Prozesswärme von Prüfständen und Fertigungseinrichtungen eingesetzt, was effizienter als die Nutzung von sonstiger Umgebungs- oder Erdwärme sein kann. An sonnenreichen Standorten wird auf ausreichenden Sonnenschutz geachtet und Photovoltaik- und Solarthermieanlagen installiert, wo es wirtschaftlich ist.

Bei der Erstellung von neuen Standorten oder Gebäuden und der Sanierung von Heizzentralen wird grundsätzlich geprüft, ob gasbetriebene Blockheizkraftwerke wirtschaftlich eingesetzt werden können. Diese erreichen bezogen auf den eingesetzten Brennstoff einen Wirkungsgrad bei der Stromerzeugung von rund 40 % Die entstehende Abwärme kann unmittelbar zur Heizung, Kühlung und/oder Warmwasseraufbereitung verwendet werden. Dadurch kann ein Gesamtwirkungsgrad von bis zu 90 % erreicht werden. Grundvoraussetzung für einen ökologisch und wirtschaftlich sinnvollen Einsatz von Blockheizkraftwerken ist, dass die entstehende Abwärme auch in vollem Umfang genutzt werden kann.

Neben den standardmäßig anwendbaren Techniken werden auch spezielle lokale Gegebenheiten genutzt: In Blaichach werden jährlich 13.000 MWh Strom aus einem boscheigenen Wasserkraftwerk gewonnen. Die neu erbaute Zentrale in Shanghai deckt bis zu 80 % der Wärme oder bis zu 60 % der Kühlleistung im Sommer aus 275 Erdwärmesonden, die 120 m in die Tiefe reichen. Im französischen Rodez hat Bosch ein Biomasseheizwerk in Betrieb genommen, das durchschnittlich 90 % der benötigten Heizwärme bereitstellt.

Dabei werden grundsätzlich für alle Investitionsmaßnahmen Investitionsrechnungen mit jeweils an die Technik angepassten Betrachtungszeiträumen durchgeführt. Für die Realisierung der vorgesehenen Maßnahmen, ist die Wirtschaftlichkeit nachzuweisen, da Ökologie und Ökonomie keine Gegensätze sein dürfen, sondern in eine Balance gebracht werden müssen.

5.2 Energieeffiziente Produktion

Mit effizienter Gebäudetechnik und Gebäudedämmung alleine kann das bei Bosch gesteckte Klimaziel nicht erreicht werden, denn das größte Potenzial zur Energieeinsparung liegt im Bereich der Fertigung. Dort werden 70 bis 80 % der Energie eines Fertigungsstandortes eingesetzt.

Viele Werkzeugmaschinen, die bei Bosch in der industriellen Fertigung zum Einsatz kommen, sind mit drehzahlvariablen Pumpenantrieben ausgestattet. Im Vergleich zu Standardpumpen erkennen sie beispielsweise Teillastbetriebe oder Pausenzeiten und passen ihre Drehzahlen flexibel an den aktuellen Bedarf an. Das spart nicht nur Antriebsenergie, sondern reduziert auch die Wärmeentwicklung – viele Maschinen kommen seitdem ohne eigene Kühlung aus.

Über dieses Beispiel hinaus gilt es, viele weitere Ideen zur Energieeinsparung in der Fertigung umzusetzen. Alle Geschäftsbereiche und größere Standorte haben dafür Energieeffizienzberater im Einsatz. Ein weltweiter Ideenwettbewerb aller Mitarbeiter soll zu mehr Energieeffizienz führen und zugleich das Umweltbewusstsein schärfen. Die Aktivitäten werden durch ein zentral koordiniertes Projekt „Energieeffizienz in der Fertigung" unterstützt. Dort werden mittels einer Social-Business-Plattform Best-Practice-Lösungen, Beispiele realisierter Projekte, Standards und Empfehlungen sowie Neuigkeiten zur Verfügung gestellt.

Die Auswirkungen der Schärfung des Umweltbewusstseins sowie die gesteuerten Umweltschutzprojekte schlagen sich in den Umweltdaten nieder, die nach Input und Output gegliedert, seit 2003 weltweit von allen relevanten Standorten der Bosch-Gruppe erhoben werden (vgl. Abb. 9). Dies erfolgt mittels eines zentralen IT-gestützten Umweltinformationssystems. In dieses Datenbanksystem geben die zuständigen Fachexperten aller Fertigungsstandorte sowie aller sonstigen Standorte mit mehr als 100 Mitarbeitern die relevanten Daten ein. Diese Umweltkennzahlen sind zentraler Bestandteil des Umweltcontrollings, das mit Hilfe eines Plausibilisierungssystems die Entwicklung der verschiedenen Kennzahlen bis in die einzelnen Standorte weltweit verfolgt. Die geprüften Daten werden dann im Internet in einem Präsentationstool bis auf Landesebene veröffentlicht.

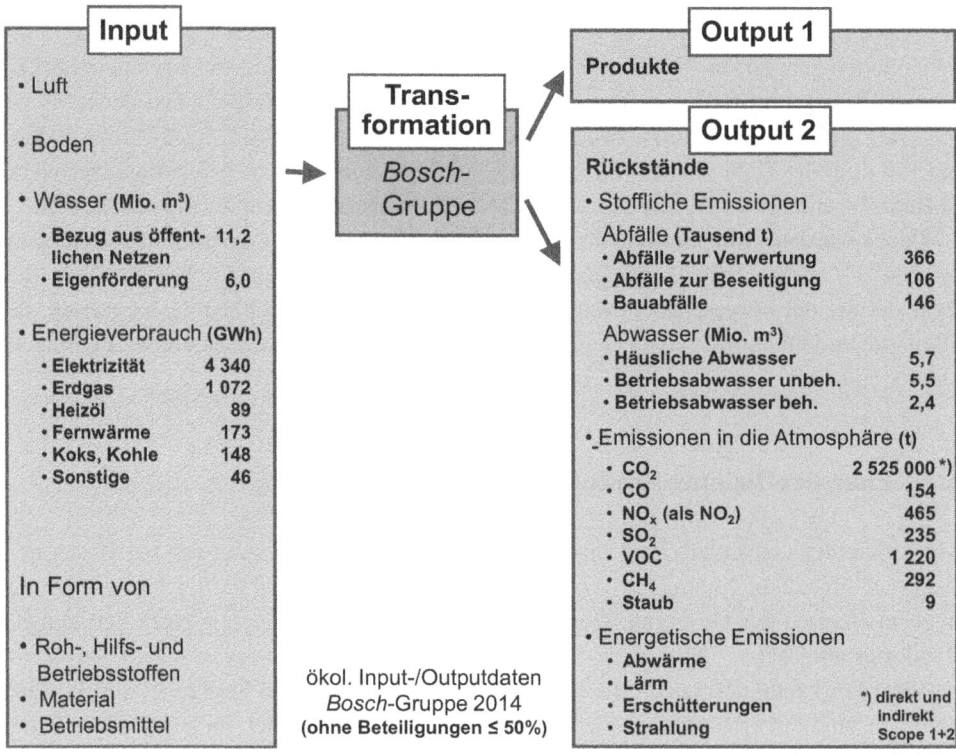

Abb. 9 Ökologische Input- und Outputfaktoren des betrieblichen Produktionsprozesses (Input-/Outputstruktur in Anlehnung an de Boer 1996, S. 10)

Die Entwicklung einiger ausgewählter Nachhaltigkeitskennzahlen im Zeitraum von 2007 zu 2014 wird in Abb. 10 gezeigt. Die Betrachtung der Kennzahlen erfolgt dabei relativ bezogen auf den Umsatz abzüglich des Materialaufwands. Dies hat den Vorteil, dass die Entwicklung der Kennzahlen interpretiert werden kann, auch wenn Bereiche oder Standorte strukturellen Änderungen unterliegen (z. B. Wachstum, Schrumpfung, Veränderung der Fertigungstiefe). Gleiches gilt auch für die Kennzahlen der Bosch-Gruppe in Summe. Ein Blick auf die Zahlen zeigt, dass die CO_2-Emissionen in diesem Zeitraum relativ um 19 % gesunken sind. Der Wert liegt somit auf dem Zielpfad zur Erreichung des selbst gesteckten Ziels der Reduzierung von 20 % bis 2020.

Das dezentral angesiedelte „klassische" Controlling der Fertigungsstandorte hilft mit seinem betriebswirtschaftlichen Methodenwissen den für Energieeffizienz Verantwortlichen aus der Fertigungsplanung oder Fertigung und dem Facility-Management beim Nachweis der Wirtschaftlichkeit der beabsichtigten Umweltschutzprojekte. Dabei sollten die der Bewertung zugrunde liegenden Prämissen hinterfragt, aber auch Anregungen für den Einsatz geeigneter Mittel gegeben und Budgetspielräume ausgelotet werden.

Das Controlling unterstützt das Management der Geschäftsbereiche durch die zusammenfassende Bewertung der Chancen und Risiken der Zielerreichung mit den geplanten

Nachhaltigkeitskennzahlen Bosch-Gruppe 2007 - 2014
(Veränderung relativ zu Umsatz - Materialaufwand)

	2007 absolut	relativ	2014 absolut	relativ	relative Veränderung
Umsatz (in Mrd. EUR)	40.6 **)		49.0		
Materialaufwand (in Mrd. EUR)	18.1 **)		21.8		
Umsatz - Materialaufwand	**22.5 **)**		**27.2**		
Inputdaten *)					
Wasser (in Mio. m3)	17.300	0.769	17.200	0.632	**-18%**
Energie (in TWh)	6.707	0.298	6.105	0.224	**-25%**
Outputdaten *)					
Abwasser (Mio. m3)	13.900	0.618	13.600	0.500	**-19%**
CO_2 (in Mio. Tonnen)	2.586	0.115	2.525	0.093	**-19%**
Abfälle (in Mio. Tonnen)	0.520	0.023	0.472	0.017	**-25%**
Umweltschutzinvestitionen *) (in Mio. EUR)	21.1	0.938	36.5	1.342	**43%**
Umweltschutz-Kosten*) (in Mio. EUR)	105.8	4.702	104.9	3.857	**-18%**

*) ohne Beteiligungen ≤ 50 %   **) vereinfacht ohne quotale Konsolidierung BSH, ZFLS

Abb. 10 Entwicklung ausgewählter Umweltkennzahlen Bosch-Gruppe (Daten: csr.bosch.com)

Maßnahmen. Es achtet bei Umweltprojekten darauf, dass die strategische Planung die ökologischen Zielsetzungen berücksichtigt und in der operativen Mittelfristplanung konkrete Umweltschutzinvestitionen mit den entsprechenden Ressourcen durch die dezentralen Organisationseinheiten eingeplant sind.

6 Fazit und Ausblick

CSR berührt das gesamte Unternehmen, alle Funktionen und alle Hierarchieebenen. Corporate Social Responsibility muss sich in der Vision und der Unternehmensstrategie und somit auch im Produktportfolio widerspiegeln sowie in den Wertschöpfungsprozessen implementiert und im gesamten Unternehmen gelebt werden.

Das strategische Leitmotiv der Bosch-Gruppe „Technik fürs Leben" ist hier der Ansatzpunkt für das Produktportfolio. Beispiele in diesem Beitrag zeigen, dass sich für die Bosch-Gruppe der Schutz der Umwelt und nachhaltige Ökonomie ergänzen und beflügeln. Umweltschutz ist der Motor für zahlreiche Innovationen, neue Produkte und Dienstleistungen. Aus diesem Grund wendet Bosch rund 55 %, also mehr als 2,5 Mrd. € des Forschungs- und Entwicklungsetats für die Entwicklung von Ressourcen und energiesparenden Erzeugnissen auf und erzielt mit solchen Produkten nahezu 40 % des Umsatzes.

Die Grundwerte von Bosch bilden den Rahmen für die strategische Planung. Das strategische Controlling ist in Vision und Werte des Unternehmens eingebettet und muss die langfristigen Planungen, insbesondere im Bereich der nachhaltigen Zukunftsfelder, aber auch die Auswirkungen von sich ändernden Umweltbedingungen wie dem Klimawandel, für die Entscheidungen des Managements transparent bewerten und die Umsetzung unterstützen. Das strategische Controlling kann dabei für ein Mehr an Nachhaltigkeit stehen, wenn es als umfassende Führungsaufgabe verstanden wird.

Die Kennzahlen des operativen Umweltcontrollings zeigen, dass die Bosch-Gruppe an den vielfältigen Elementen nachhaltigen Wirtschaftens arbeitet. Durch erhöhte Transparenz, Abweichungsanalysen und Zielgespräche mit den operativen Bereichen wird die Umweltleistung zur Verringerung der ökologischen Belastungen verfolgt.

Literatur

Asenkerschbaumer, S. (2012). Strategisches Controlling bei Bosch: Volatilität ist die neue Normalität. *ZfCM, 56*(5), 336–340. Wiesbaden: Springer Professional.

Asenkerschbaumer, S. (2013). *Herausforderungen und Maßnahmen der Unternehmenssteuerung in unsicheren Zeiten*, Vortrag auf dem Deutschen Betriebswirtschafter-Tag der Schmalenbachgesellschaft 18./19. September 2013.

Asenkerschbaumer, S., & Watterott, R. (2011). Controlling-Steuerungsimpulse für ein Mehr an Nachhaltigkeit am Beispiel Bosch, *Controlling, 23*(8/9), 453–460. München: Vahlen.

de Boer, E. (Hrsg.). (1996). *Ein computergestütztes Informationssystem für das betriebliche Umweltcontrolling: Entwicklung einer Gesamtkonzeption und prototypische Realisierung am Beispiel eines Informationssystems zur Beurteilung der Umweltverträglichkeit von Einsatzmaterial*. Göttingen: Unitext.

Bosch, C. (2011). Rede zu 125 Jahre Bosch, Galaveranstaltung in Stuttgart. Zugegriffen: 19. Mai. 2011. Gerlingen: Bosch Media Service.

Bosch (2014a). *Geschäftsbericht der Bosch-Gruppe*. Gerlingen.

Bosch (2014b). *Nachhaltigkeitsbericht der Bosch-Gruppe*. Gerlingen.

Fehrenbach, F. (2009). Die regenerative Kraft der Krise: Unternehmerische Verantwortung gerade jetzt!, Vortrag auf dem Nachhaltigkeitskongress in Stuttgart.

Horváth, P. (2009). *Controlling* (11. Aufl.). München: Vahlen.

Horváth, P., Isensee, J., & Michel, U. (2011). „Green Controlling" – Bedarf einer Integration von ökologischen Aspekten in das Controlling. In M. Tschandl & A. Posch (Hrsg.), *Integriertes Umweltcontrolling* (2. Aufl.). Wiesbaden: Springer.

Schäffer, U., & Weber, J. (Hrsg.). (2005). *Bereichscontrolling – Funktionsspezifische Anwendungsfelder, Methoden und Instrumente*. Stuttgart: Poeschel.

Dr. Stefan Asenkerschbaumer ist als stellvertretender Vorsitzender der Geschäftsführung der Robert Bosch GmbH, Gerlingen-Schillerhöhe, zuständig für Einkauf und IT-Bereich sowie die zentralen Funktionen Betriebswirtschaft, Finanzen und Bilanzen, Planung und Controlling, internes Rechnungswesen und Organisation.

Bernhard Schwager ist Leiter der Geschäftsstelle Nachhaltigkeit innerhalb der Zentralabteilung Unternehmenskommunikation, Markenmanagement und Nachhaltigkeit.

Dr. Richard Watterott ist im internen Rechnungswesen zuständig für die Koordination betriebswirtschaftlicher Grundsatzfragen und das Konzept der wertorientierten Unternehmenssteuerung der Bosch-Gruppe.

Corporate Social Responsibility (CSR) und Controlling bei der DATEV eG

Claudia Maron und Madeleine Grüner

1 DATEV eG stellt sich vor

Die 1966 gegründete DATEV eG ist das Softwarehaus und der IT-Dienstleister für Steuerberater, Wirtschaftsprüfer und Rechtsanwälte sowie deren Mandanten. Im Mittelpunkt steht unter dem Motto „Zukunft gestalten. Gemeinsam" die Förderung der Mitglieder mit Dienstleistungen zur Nutzung der Datenverarbeitungs-, Informations- und Kommunikationstechnik. Das Leistungsspektrum umfasst vor allem die Geschäftsfelder

- Rechnungswesen, Personalwirtschaft, Steuern,
- Betriebswirtschaftliche Beratung und Organisation sowie
- Enterprise Resource Planning (ERP).

Die Unterstützung der Kanzleien und ihrer Mandanten stehen im Fokus der DATEV-Programme. Neben den Software-Lösungen runden Beratungsleistungen, Präsenz- und Online-Seminare sowie Fachliteratur das Angebot ab.

Nicht nur deutschlandweit, sondern auch in Europa zählt die DATEV zu den größten Informationsdienstleistern und Softwarehäusern. Mit derzeit fast 40.300 Mitgliedern, über 6.600 Mitarbeitern und einem Umsatz von rund 803 Mio. Euro im Jahr 2013 belegte das Unternehmen beispielsweise im November 2013 Platz acht der TOP-100 Softwareanbieter Europas. Beim Arbeitgeberwettbewerb durch Focus und XING wählte die Belegschaft

---

M. Grüner (✉) · C. Maron
DATEV eG, Nuremberg, Deutschland
E-Mail: madeleine.gruener@datev.de

C. Maron
E-Mail: claudia.maron@datev.de

DATEV auf Platz 2 bei den IT-Unternehmen mit mehr als 2.000 Mitarbeitern (XING AG 2015).

Neben dem Hauptsitz in Nürnberg verfügt die Genossenschaft über 26 weitere Niederlassungen in Deutschland, Informationsbüros in Brüssel und Berlin sowie Beteiligungen in Polen, Tschechien, Österreich und Italien.

2 Welches Verständnis hat das Unternehmen von der Rolle des Controllers?

Schon heute das tun, woran andere erst morgen denken. Gerade mit dem aktiven Aufgreifen neuer betriebswirtschaftlicher Themen können Controller wertvolle Business-Partner für das Management sein. Sie unterstützen die Führungskräfte mit ihrer Methoden-, Prozess- und Systemkompetenz. Durch die ganzheitliche Betrachtungsweise helfen sie bei der effektiven und effizienten Umsetzung aller unternehmens- und controllingrelevanten Themen.

Bei DATEV leisten die Controller begleitenden betriebswirtschaftlichen Service für das Management zur zielorientierten Planung und Steuerung des Unternehmens sowie seiner Beteiligungen. Dabei sind die Leitlinien controllerischen Handelns an das Leitbild des Internationalen Controllervereins (ICV) angelehnt. Die wesentlichen Eckpfeiler lassen sich wie folgt zusammenfassen:

- Der Controller ist betriebswirtschaftlicher Partner.
- Der Controller versorgt die Manager zielgruppenorientiert mit den benötigten Informationen, so dass SELF-Controlling statt Kontrolle gelebt werden kann.
- Controlling ist Aufgabe für Manager UND Controller.

3 Welches Verständnis von CSR hat das Unternehmen?

> „Gerade in der heutigen Zeit voller Dynamik und Veränderungen ist Nachhaltigkeit besonders wichtig. Denn nachhaltiges Handeln heißt für Unternehmen, die Umwelt und das Umfeld im Blick zu haben und gesellschaftliche Verantwortung zu übernehmen: Für die DATEV eine Selbstverständlichkeit (DATEV eG Geschäftsbericht 2012 2013)."

Als Genossenschaft ist die nachhaltige Geschäftsentwicklung fest in den Unternehmenszielen verankert. Dabei ist die ‚Corporate Social Responsibility' ein wesentlicher Teilbereich. DATEV versteht darunter das nachhaltige Engagement im Kerngeschäft (Abb. 1).

Die Firma DATEV ist schon aufgrund ihrer Rechts- und Wirtschaftsform als Genossenschaft nicht am Kapitalmarkt orientiert, vielmehr ist das Unternehmen auf die langfristige Förderung ihrer Mitglieder ausgerichtet. Ihren Mitgliedern ist eine nachhaltige Unternehmensführung wichtig. Das Unternehmen definiert Nachhaltigkeit als intelligenten Ausgleich zwischen ökonomischen, sozialen und ökologischen Aspekten, wobei eine erfolgreiche Geschäftsentwicklung die Grundlage bildet. Die CSR-Aktivitäten stehen dabei in engem Zusammenhang mit dem Förderauftrag der DATEV, als Genossenschaft vorwiegend die beruflichen Interessen ihrer Mitglieder zu unterstützen.

Abb. 1 Triple Bottom Line bei der DATEV eG, © DATEV eG, alle Rechte vorbehalten

Mitarbeiter	Umweltbelange	Regionalität
Förderung der Work-Life-Balance	DATEV IT-Campus	Langjährige Kooperationen in der Region
Felxible Arbeitszeitregelungen	Geothermie	Patronat für das Dürer-Gymnasium in Nürnberg
DATEV-Kita	Naherholungsgebiet für die Öffentlichkeit, z. B. Schachfelder, Bocciabahn	Sportliche Events: Triathlon DATEV-Challenge Roth, B2RUN-Firmenlauf

Abb. 2 Ausgewählte CSR-Aktivitäten der DATEV eG, © DATEV eG, alle Rechte vorbehalten

Das CSR-Engagement umfasst verschiedene Maßnahmen für Mitarbeiter und Umweltbelange, soweit das Unternehmen dazu im Kerngeschäft einen direkten Beitrag leisten kann. Insbesondere bei gesellschaftlichen Anlässen steht die Regionalität im Vordergrund. Dazu einige Beispiele in Abb. 2.

4 Wie erfolgt im Unternehmen das Zusammenspiel von CSR und Controlling?

4.1 Wer verantwortet im Unternehmen das Zusammenspiel von CSR und Controlling und warum?

Bei DATEV sieht die Struktur der Verantwortlichkeiten wie folgt aus (Abb. 3):

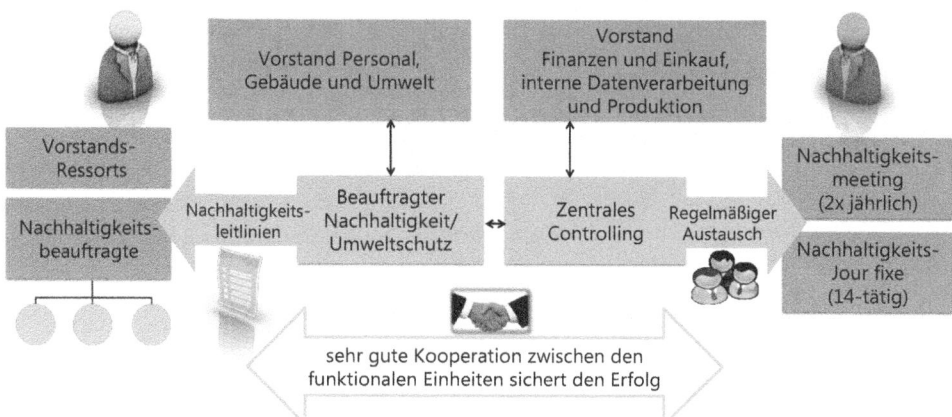

Abb. 3 Zusammenspiel CSR und Controlling (Controlling & Management 2012), © DATEV eG, alle Rechte vorbehalten

- Das Nachhaltigkeitsmanagement sowie alle CSR-Aktivitäten verantwortet der Vorstand für Personal, Gebäude und Umwelt. Ihm unterliegen damit die zwei Dimensionen Soziales (Personal) und Ökologie (Umwelt).
- Die Organisation für den unternehmensweiten Nachhaltigkeitsprozess sowie die Nachhaltigkeitsaktivitäten obliegen dem Beauftragten für Nachhaltigkeit und Umweltschutz.
- Die Dimension Ökonomie (Rechnungswesen, Controlling) untersteht dem Vorstand für Finanzen und Einkauf, interne Datenverarbeitung und Produktion. Das Nachhaltigkeitscontrolling ist im zentralen Controlling verankert.
- Gleichzeitig gibt es in allen Vorstandsressorts Nachhaltigkeitsbeauftragte. Deren Aufgabe ist es, in ihren funktionalen Einheiten als Ansprechpartner und Multiplikatoren für Nachhaltigkeit zur Verfügung zu stehen.

Wie sieht eine Aufgabenverteilung konkret aus? Beispielsweise organisiert der Umwelt- und Nachhaltigkeitsbeauftragte das zwei Mal jährlich stattfindende Nachhaltigkeitsmeeting, erstellt den monatlichen Nachhaltigkeits-Newsletter und bringt ökologische Themen, wie Green-IT, Geothermie oder E-Mobile voran. Soziale Themen, wie Arbeitgeberattraktivität sowie die Vereinbarkeit von Familie und Beruf, sind im Personalbereich angesiedelt. Das Nachhaltigkeitscontrolling wird von der Abteilung Betriebswirtschaft im zentralen Controlling verantwortet. Diese unterstützt z. B. bei der Bereitstellung von Berichten, dem Festlegen von internen und externen Reportingstandards sowie der stärkeren Verankerung in den Steuerungs- und Entscheidungsprozessen.

Eine enge und übergreifende Zusammenarbeit der beteiligten Einheiten trägt wesentlich dazu bei, Nachhaltigkeitsmanagement und -steuerung mit überschaubarem Aufwand effizient im Unternehmen zu etablieren.

4.2 Welche CSR-Inhalte werden im Controlling abgebildet und warum?

Ökologisches und soziales Engagement wird bei DATEV seit langem gelebt und kontinuierlich weiterentwickelt. Bereits 1996 entstanden die ersten Umweltleitlinien. 2011 wurde Nachhaltigkeit erstmals im Geschäftsbericht veröffentlicht. Seit 2012 unterstützt das Controlling die Nachhaltigkeitsverantwortlichen bei der Umsetzung. Ziel ist es, nachhaltiges Handeln stärker in operative Planungs-, Steuerungs- und Entscheidungsprozesse zu integrieren. Neben den ökonomischen Fakten sollen auch ökologische und soziale Aspekte berücksichtigt werden. Mit der stärkeren internen Verankerung soll das Verständnis von nachhaltiger Unternehmensführung in der Genossenschaft gestärkt werden (Abb. 4).

Die konkreten Nachhaltigkeitsziele der DATEV sind an dem Konzept der Triple Bottom Line als gleichrangige Berücksichtigung der drei Dimensionen Ökonomie, Ökologie und Soziales ausgerichtet. Hierbei hat sich DATEV folgende konkrete Ziele gesetzt: langfristiger Unternehmenserfolg, Werteschaffung für die Anteilseigner, Kunden und Mitarbeiter, aber auch gleichzeitig gesellschaftliche Verantwortung zu übernehmen. Dadurch wird eine nachhaltige Unternehmensführung in der DATEV verwirklicht.

Ausgehend von dieser Zielsetzung ist nachhaltiges Handeln inzwischen fester Bestandteil der kurz- und langfristigen Unternehmensziele. In der Unternehmenszielsetzung kommt klar zum Ausdruck, dass bei allen Maßnahmen auf eine Verbesserung der Nachhaltigkeitsleistung zu achten ist. Die operative Umsetzung und Steuerung erfolgt über ein fest definiertes Set an Kennzahlen (siehe Abb. 6). In der Mittelfristplanung wird die konkrete Planung durchgeführt. Darüber hinaus haben die Center und funktionalen Einheiten die Möglichkeit, im Rahmen ihrer Produkt- und Bereichssteckbriefe spezifische Beiträge zur Nachhaltigkeit einzubringen.

Seit 2013 sind alle Entscheidungsvorlagen, die in den Vorstand eingebracht werden, verpflichtend nach Nachhaltigkeitsaspekten zu beurteilen. Anhand einer Checkliste und

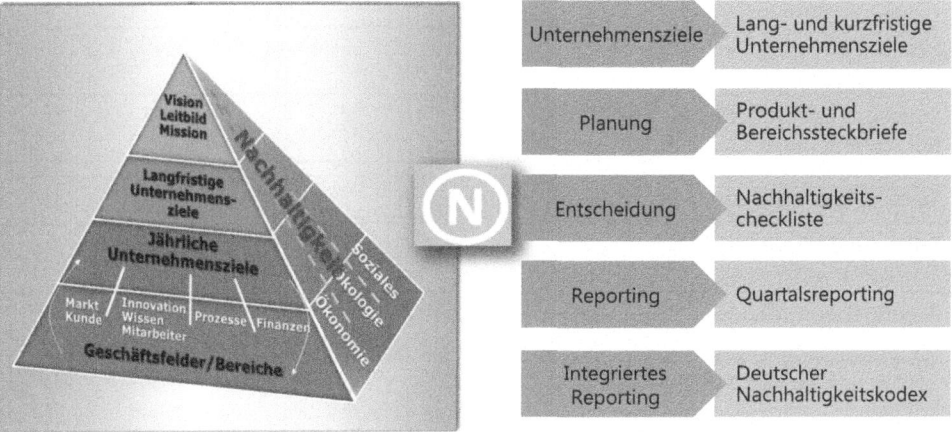

Abb. 4 Nachhaltigkeit stärker intern und extern verankern – it's a long way to the top, © DATEV eG, alle Rechte vorbehalten

vordefinierten Kriterien wird angegeben, wie sehr die jeweilige Maßnahme sowohl zu den ökonomischen als auch den ökologischen und sozialen Zielen des Unternehmens beiträgt. In Einzelfällen darf von dieser Regelung abgewichen werden, wenn dies mit Begründung im Management Summary der Entscheidungsvorlage vermerkt wird. Dazu gehören z. B. der Jahresabschluss oder gesetzliche Vorschriften. Durch die Vorgabe klarer Kriterien und den verpflichtenden Charakter dieser Maßnahme wurde eine höhere Verbindlichkeit erreicht. Die Nachhaltigkeitscheckliste ist inzwischen zum Standard geworden und wird über ein monatliches Monitoring ausgewertet. Als Dienstleister punktet DATEV häufiger im Themenbereich Soziales. Die Nutzung der Kommentarfelder ist unterschiedlich ausgeprägt. Diese werden vor allem ausgefüllt, wenn es sich um abweichende Beurteilungen von neutral handelt (Abb. 5).

Parallel dazu wird das Management quartalsweise über die Ergebnisse zur Nachhaltigkeit informiert. Dies erfolgt anhand ausgewählter ökologischer und sozialer Kennzahlen.

Abweichend von den ökonomischen Reports, deren Schwerpunkte auf einem Plan/Ist-Vergleich beruhen, stehen bei der unterjährigen Berichterstattung zur Nachhaltigkeit die Leistungsentwicklung (Vorjahresvergleich) und der Fortschritt (Erreichung der

Ökonomische Auswirkungen	positiv		neutral		negativ
Maßnahme im Budgetrahmen Kurzkommentar *Mit vorhandenen Ressourcen durchführbar*	o	o	X	o	o
Sonderprojekt / Amortisationszeit Kurzkommentar ---	o	o	o	X	o
Sonstiges Kurzkommentar ---	o	o	X	o	o

Ökologische Auswirkungen	positiv		neutral		negativ
Energieverbrauch Kurzkommentar ---	o	o	X	o	o
Ressourcenverbrauch Kurzkommentar ---	o	o	X	o	o
Sonstiges *Ökologisches Handeln* Kurzkommentar *Glaubwürdiges Handeln wird gestärkt*	o	X	o	o	o

Soziale/ gesellschaftl. Auswirkungen	positiv		neutral		negativ
Image und Reputation Kurzkommentar ---	o	X	o	o	o
Arbeitgeberattraktivität Kurzkommentar ---	o	X	o	o	o
Sonstiges *Mediale Wirkung* Kurzkommentar *Eine gewisse Mediale Wirkung in Nürnberg*	o	o	X	o	o

Abb. 5 Intern stärker verankern – Nachhaltigkeit in Entscheidungen einbinden, © DATEV eG, alle Rechte vorbehalten

Jahresziele) im Vordergrund. Darüber hinaus gibt es noch eine Besonderheit. Erstmals wurde eine externe Kennzahl in das interne Reporting aufgenommen. Über die Arbeitgeberbewertungsplattform kununu.com können Mitarbeiter ihre Zufriedenheit mit DATEV über das Internet bewerten. Aus dem Controlling Cockpit heraus kann diese Kennzahl tagaktuell aufgerufen werden.

Mit dem Berichtsjahr 2015 wird der unterjährige Nachhaltigkeitsbericht auch allen Mitarbeitern zur Verfügung gestellt. Damit erhält die gesamte Belegschaft regelmäßig Informationen über die Entwicklung der Nachhaltigkeitsergebnisse. Mit der offenen Kommunikation und dem Einbinden der gesamten Belegschaft wachsen Akzeptanz und Bereitschaft der Mitarbeiter, sich mit diesem für das Unternehmen wichtigen Thema auseinanderzusetzen. Ziel dieser stärkeren Transparenz ist es, das Bewusstsein für die nachhaltigen Unternehmensinteressen der DATEV zu schärfen und sich nicht eindimensional auf die ökonomischen Aspekte zu beschränken (Abb. 6).

Auch in der Gesellschaft, bei den Stakeholdern und unseren Kunden nimmt das Interesse an nachhaltiger Unternehmensführung zu. Eine gesetzlich verpflichtende Nachhaltigkeitsberichterstattung für größere Unternehmen wurde gerade erst im Rahmen der EU-Richtlinie zur Offenlegung nicht-finanzieller Informationen verabschiedet (European Union 2015). Um vorbereitet zu sein, hat sich das Controlling gemeinsam mit dem Verantwortlichen für Nachhaltigkeit frühzeitig mit einem externen Berichtsstandard beschäftigt. Der Deutsche Nachhaltigkeitskodex (DNK) wird zurzeit verprobt sowie eine Evaluierung von Nutzen und Aufwand durchgeführt. Ziel ist es, die von DATEV individuell gesetzten Kriterien zu CSR-Themen durch den Standard eines Kodex abzulösen, um die Glaubwürdigkeit, Transparenz und Nachvollziehbarkeit bei der Darstellung einer nachhaltigen Unternehmensentwicklung weiter zu erhöhen.

	Nachhaltigkeit	Einheit
Ökologie	Stromverbrauch (inkl. Niederlassungen)	MWh
	Papierverbrauch im Druckzentrum	t
	Abfallaufkommen	t
	Kraftstoffverbrauch Leasingflotte	l/100 km
	Firmen-Abonnements	Anzahl
	Power Usage Effectiveness-Wert	-
Soziales	kununu-Arbeitgeberbewertung (Mitarbeiter)	Punkte
	Weiterbildungstage	Tage
	Mitarbeitergesundheit	%
	Frauenanteil	%
	Frauen in Führungsfunktion	%
	Fluktuation	%

Abb. 6 Intern stärker verankern – Nachhaltigkeit ins Reporting einbinden, © DATEV eG, alle Rechte vorbehalten

Die Evaluierung hat dazu geführt, dass das strukturierte Vorgehen anhand externer Standards beim Einkauf in die Audits bzw. Jahresgespräche mit den Lieferanten der DATEV aufgenommen wurde. Entstanden ist eine Checkliste zur Nachhaltigkeit, die sich am Deutschen Nachhaltigkeitskodex orientiert. Gerade um mittelständische und kleine Lieferanten nicht mit administrativem Aufwand zu überfrachten, wurde der DNK an die Belange der DATEV-Lieferkette angepasst (Abb. 7).

4.3 Welchen Herausforderungen sieht sich das Unternehmen beim Zusammenspiel von CSR und Controlling gegenüber?

Die Firma DATEV verfügt über ein integriertes und ganzheitliches Verständnis nachhaltiger Unternehmensführung. Durch das sehr gute Zusammenspiel der Verantwortlichen von CSR und Controlling wurde mit den stärkeren Verankerungen in den internen Prozessen und Systemen eine gute Basis geschaffen, um die weiteren gemeinsamen Herausforderungen zu meistern.

Während es auf Unternehmensebene gelungen ist, CSR-Aspekte in Entscheidungen zu integrieren, wird Nachhaltigkeit von den dezentralen Geschäftseinheiten noch vielfach als Pflichtübung angesehen. Die Herausforderung besteht darin, die Steuerungskriterien dahingehend zu schärfen, dass die operativen Einheiten sowohl die Sinnhaftigkeit als auch ihren Beitrag zur Zielerreichung noch besser erkennen und akzeptieren. Denn diese verantworten die CSR-Aktivitäten entlang der Wertschöpfungskette im Unternehmen. Neben der konzeptionellen Weiterentwicklung kommt dem Gespräch und der Kommunikation eine entscheidende Rolle zu. Durch kompetente Beratung in Verbindung mit einem gezielten Eingehen auf die Anforderungen wird eine wesentlich höhere Akzeptanz erreicht. Gerade die den funktionalen Einheiten zugeordneten Nachhaltigkeitsbeauftragten spielen dabei eine wichtige Rolle.

Zunehmend betrifft CSR auch die vor- und nachgelagerten Lieferketten. Immer mehr Kunden fordern von ihren Lieferanten Audits und/oder Zertifizierungen anhand externer Standards. Damit entwickelt sich aus einer freiwilligen CSR-Berichterstattung ein stärker verbindlicher Governance-Prozess. Die Firma DATEV hat sich ihre Nachhaltigkeitsziele selbst gesetzt. Sowohl die Inhalte des internen Reportings als auch die externe Berichterstattung im Geschäftsbericht sind daran ausgerichtet. Um Einzel-Lösungen in den administrativen Kunden- und Lieferantenprozessen zu vermeiden, wird zurzeit untersucht, inwieweit externe Standards dazu beitragen können, einzelvertragliche Regelungen zu vermeiden. Zur Diskussion steht dabei eine Veröffentlichung und/oder Zertifizierung nach dem Deutschen Nachhaltigkeitskodex. Alternativ werden auch weitere CSR-Plattformen sowie deren Audits geprüft. Ziel ist es, die Vertragsabteilungen zu unterstützen und die Prozesse durch eine professionelle Abwicklung schlank und effizient zu halten.

Eine weitere Aufgabe wird es sein, die zukünftige Offenlegungspflicht im Rahmen der EU-Richtlinie zur Offenlegung nicht-finanzieller Informationen auszugestalten. Die bisher freiwillige Berichterstattung zur Nachhaltigkeit wird laut dieser CSR-Richtlinie für Unternehmen von öffentlichem Interesse mit durchschnittlich mehr als 500 Mitarbeitern während des Geschäftsjahres verpflichtend. Hierbei wurde dem nationalen Gesetzgeber

Themen	Erläuterung
Nachhaltigkeit	
Strategie	• Existieren Standards, Leitlinien, Kodexe, Ziele (qualitativ, quantitativ) und/oder Kennzahlen zur Nachhaltigkeit?
Regeln und Prozesse	• Gibt es offizielle Verantwortlichkeiten für Nachhaltigkeit im Unternehmen (Unternehmensführung, Mitarbeiter, etc.)? • Gibt es Leistungsindikatoren zur Nachhaltigkeit in Planung, Kontrolle, Entscheidungen, der internen Steuerung und der internen und externen Kommunikation?
Anreizsysteme	• Sind Zielvereinbarungen und Vergütungen für Führungskräfte und Mitarbeiter auch an der Erreichung der Nachhaltigkeits-Ziele orientiert?
Stakeholder-engagement	• Existieren ein regelmäßiger Dialog und/oder ein systematischer Einbezug in den Nachhaltigkeits-Prozess?
Innovations- und Produkt-management	• Gibt es Initiativen bzw. Innovationen bei Produkten und Dienstleistungen, die Nachhaltigkeit im Unternehmen oder beim Kunden verbessern? • Beispiele: Höhere Energieeffizienz, niedrigerer Energiebedarf, Verringerung der Ressourcennutzung, Einsatz erneuerbarer Energien, Umweltauswirkung minimiert
Arbeitnehmer-rechte und Diversity	• Wie wird die Mitarbeiter-Beteiligung gefördert? • Existieren Weiterbildungsmaßnahmen für die Mitarbeiter? • Gibt es spezielle Maßnahmen, beispielsweise zu Chancengerechtigkeit, Gesundheitsschutz, Integration von Migranten und Menschen mit Behinderung, angemessene Bezahlung sowie Vereinbarkeit von Beruf und Familie? • Wie wird Diskriminierung verhindert?
Gemeinwesen	• Wie trägt das Unternehmen zum Gemeinwesen bei? • Gibt es Spenden- und/oder Sponsoring-Aktivitäten?
Politische Einflussnahme	• Existieren Eingaben bei Gesetzgebungsverfahren, Lobby-Aktivitäten durch Eintrag in Lobby-Register, Zahlungen von Mitgliedsbeiträgen, Zahlungen an Regierungen, Spenden an Parteien und Politiker?
Korruption	• Welche Systeme und Prozesse zur Vermeidung von rechtswidrigem Verhalten insbesondere von Korruption existieren und wie werden diese Systeme geprüft? • Wie wird Korruption aufgedeckt, verhindert und sanktioniert?

Abb. 7 Audit bzw. Jahresgespräch, orientiert am Deutschen Nachhaltigkeitskodex (DNK), © DATEV eG, alle Rechte vorbehalten

jedoch offengelassen, die Definition der Unternehmen von öffentlichem Interesse in der nationalen Gesetzgebung enger zu fassen. Welche Unternehmen also direkt von der CSR-Richtlinie betroffen sind, bleibt noch abzuwarten. Der Ausweis der Nachhaltigkeitsinformationen ist auf jeden Fall im Lagebericht vorgesehen.

5 Was können andere Unternehmen von diesem Beitrag lernen und wo besteht noch Forschungsbedarf?

Gesellschaftliche Unternehmensverantwortung ist fester Bestandteil der Unternehmensführung von DATEV. Über selbst definierte Nachhaltigkeitsziele hat das Unternehmen ein Verständnis entwickelt, wie es als Dienstleister im IT-Bereich ökologische und soziale Verantwortung versteht. Dabei kommt dem nachhaltigen Wirtschaften eine zentrale Bedeutung zu, denn die ökonomische Leistungs- und Wettbewerbsfähigkeit bildet die wirtschaftliche Basis für den Erfolg nachhaltigen Engagements.

Der Firma DATEV ist es in den letzten Jahren gelungen, Nachhaltigkeit erfolgreich in den internen Unternehmensprozessen zu verankern. Damit wurden ökonomische Denk- und Handlungsstrukturen um soziale und ökologische Aspekte ergänzt. Das Zielsystem wurde um ein Set von Kennzahlen erweitert, die regelmäßig an alle Mitarbeiter berichtet werden. Auf diese Weise werden die Aktivitäten zur Nachhaltigkeit transparent, nachvollziehbar und messbar gemacht. Aus erfolgreich umgesetzten Maßnahmen, die in die gelebte Nachhaltigkeit des Unternehmens eingebettet sind, entstehen einzelne PR-Stories.

Auch in Bezug auf relevante Entscheidungsprozesse erfüllt DATEV die Anforderungen an ein effektives internes Nachhaltigkeitsmanagement. Während dies auf Unternehmensebene durch die Nachhaltigkeits-Checkliste sehr gut gelingt, werden Entscheidungen in den operativen Geschäftseinheiten noch primär nach Kundenmehrwert, Wettbewerbsgesichtspunkten und ökonomischen Kriterien getroffen. Die Frage stellt sich also, ob und wie CSR stärker in diese Einheiten integriert werden kann. Oder kann es für Dienstleistungsunternehmen nicht wesentlich effektiver sein, Nachhaltigkeit aus der Unternehmenssicht heraus zu steuern?

Forschungsbedarf ergibt sich im Umgang mit konkurrierenden Zielen und Zielkonflikten. Wurden bisher schwerpunktmäßig ökonomische Bewertungskriterien bei der Entscheidungsfindung berücksichtigt, fließen nun auch ökologische und soziale Wirkungszusammenhänge in die Betrachtung mit ein. Welche lösungsorientierten Ansätze gibt es zur Unterstützung einer strukturierten Entscheidungsfindung nach Nachhaltigkeitsgesichtspunkten? Wie können qualitativ ausgerichtete Kriterien zur Ökologie und zum Sozialen qualifizierter als bisher mit den eher ökonomischen Fakten in der Entscheidungsfindung berücksichtigt werden?

Als Genossenschaft ist CSR eng mit dem Förderauftrag der DATEV verbunden. Gleichzeitig spiegeln die Kunden/Anteilseigner der DATEV wider, dass das nachhaltige Engagement der DATEV als IT-Dienstleister trotz einer umfassenden Kommunikation nicht in gleichem Ausmaß wahrgenommen wird. Daher stellt sich die Frage an die Wissenschaft, wie Nachhaltigkeit in einem IT-Unternehmen ausgestaltet werden kann, damit sie in der Wahrnehmung von Gesellschaft, Kunden und Mitarbeitern stärker mit dem Geschäftsmodell in Verbindung gebracht wird.

Als Dienstleistungsunternehmen ist für die DATEV die soziale Verantwortung gegenüber ihren Mitarbeitern besonders wichtig. Demografischer Wandel, Frauen in Führung, Aus- und Weiterbildung, moderne Arbeitsplätze, Gesundheitsmanagement und Vereinbarkeit von Familie und Beruf sind nur einige Beispiele, die beitragen, die Bindung und Zufriedenheit der Mitarbeiter zu stärken. Der Fokus liegt nicht nur auf ökologischen Projekten, die Triple Bottom Line wird tatsächlich gelebt.

Literatur

Controlling & Management. (2012). „Aus 2 mach 1" – *Integrierte Planung und Steuerung bei DATEV eG*. Gabler.

DATEV eG. (2013). *Geschäftsbericht 2012*.

European Union. (2015). Richtlinie 2014/95/EU des Europäischen Parlaments und des Rates vom 22. Oktober 2014 zur Änderung der Richtlinie 2013/34/EU im Hinblick auf die Angabe nichtfinanzieller und die Diversität betreffender Informationen durch bestimmte große Unternehmen und Gruppen. http://eur-lex.europa.eu/legal-content/DE/TXT/?uri=uriserv:OJ.L_.2014.330.01.0001.01.DEU. Zugegriffen: 17. Feb. 2015.

XING AG. (2015). Focus, XING und kununu zeichnen Deutschlands beste Arbeitgeber aus. http://www.kununu.com/pressetexte/119/Focus,+XING+und+kununu+zeichnen+Deutschlands+beste+Arbeitgeber+aus. Zugegriffen: 17. Feb. 2015.

Claudia Maron ist seit 1989 bei DATEV eG, IT-Dienstleister in Nürnberg, im Controlling und Rechnungswesen tätig. Seit Februar 2012 leitet sie die Abteilung Betriebswirtschaft. Zuvor leitete sie die Unternehmensplanung und die Rechnungsschreibung. Zu ihrer aktuellen Verantwortung gehören das Unternehmens-Reporting, das Risikomanagement sowie das Beteiligungs- und Nachhaltigkeitscontrolling. Weitere Tätigkeitsschwerpunkte sind die Unternehmensziele und neue betriebswirtschaftliche Themen. In diesem Zusammenhang engagiert sich Frau Maron im Internationalen Controller Verein (ICV). Sie ist Mitglied des Facharbeitskreises „Green-Controlling 2.0" und Gründungsmitglied des Facharbeitskreises „Moderne Budgetierung". Seit April 2012 leitet sie den regionalen Arbeitskreis Franken des ICC. Sie publiziert Fachartikel und hält Seminar- und Konferenzvorträge zu controlling-relevanten Themenstellungen.

Madeleine Grüner ist Mitarbeiterin des zentralen Controllings der DATEV eG. Ihre Aufgabengebiete umfassen das Unternehmens-Reporting, das Nachhaltigkeitscontrolling sowie die Unternehmensziele.

The manufacturer's authorised representative in the EU is Springer Nature Customer Service Centre GmbH, Europaplatz 3, 69115 Heidelberg, Germany. If you have any concerns regarding our products, please contact ProductSafety@springernature.com

Printed and bound by CPI Group (UK) Ltd, Croydon, CR0 4YY
25/03/2026
02078210-0006